幼儿教师继续教育丛书

学前儿童心理健康

主　编★傅　宏
副主编★倪　敏　徐　群

南京师范大学出版社
NANJING NORMAL UNIVERSITY PRESS

图书在版编目(CIP)数据

学前儿童心理健康/傅宏主编.—南京:南京师范大学出版社,2002.5(2022.6重印)
(幼儿教师继续教育丛书)
ISBN 978-7-81047-758-1

Ⅰ.学… Ⅱ.傅… Ⅲ.学前儿童-心理卫生-健康教育 Ⅳ.G479

中国版本图书馆CIP数据核字(2002)第035702号

书　　名	学前儿童心理健康
主　　编	傅　宏
责任编辑	朱海榕
出版发行	南京师范大学出版社
地　　址	江苏省南京市玄武区后宰门西村9号（邮编：210016）
电　　话	(025)83598919(总编办)　83598412(营销部)　83598312(邮购部)
网　　址	http://press.njnu.edu.cn
电子信箱	nspzbb@njnu.edu.cn
印　　刷	江苏中山印务有限公司
开　　本	850毫米×1168毫米　1/32
印　　张	9.5
字　　数	238千
版　　次	2002年6月第1版　2022年6月第20次印刷
印　　数	60201-63800
书　　号	ISBN 978-7-81047-758-1
定　　价	20.00元
出 版 人	张志刚

南京师大版图书若有印装问题请与销售商调换
版权所有　侵犯必究

《幼儿教师继续教育》丛书编委会

编委会主任　　周稽裘

编委会副主任　杨九俊　孙建新　黄朝生
　　　　　　　陆志平　鞠　勤

编委会委员　　（按姓氏笔画排序）
　　　　　　　万迪人　尹坚勤　刘明远
　　　　　　　许卓娅　李兰芳　徐　群
　　　　　　　傅　宏

序

我国现代化建设在新世纪里面临着更为伟大、更为艰巨的任务,迫切需要加快全面推进素质教育的步伐,努力培养有理想、有道德、有文化、有纪律的一代新人,为提高国民整体素质发挥应有的作用。近年来,通过学习贯彻第三次全国教育工作会议精神,深入学习、宣传江泽民同志《关于教育问题的谈话》,素质教育思想逐步深入人心,广大教育工作者推进素质教育的自觉性不断增强。在理论上和实践上进行的认真探索,使教育教学改革不断深化,积累了许多有益的经验。

但是,从整体上看,当前我国基础教育中的素质教育尚未取得突破性的进展,基础教育的质量、推进素质教育的速度和成效同21世纪我国经济、社会发展的要求相比还存在着明显的差距。党中央、国务院从国际政治经济全局出发,着眼于我国社会主义事业的兴旺发达和中华民族的伟大复兴,突出强调新形势下教育在国际竞争和我国社会主义现代化建设中所具有的先导性、全局性、基础性的重要地位,作出了《关于基础教育改革与发展的决定》,把"积极推进课程改革,改进和加强德育,改革考试评价制度,建设高素质的教师队伍"提到促进素质教育取得突破性进展的关键位置上。

教育进步,离不开教育改革;教育改革,离不开课程建设。世纪之交,基础教育课程改革在世界范围内受到前所未有的重视。近年来,世界上许多国家特别是一些发达国家,往往都从基础教育课程改革入手,反思本国教育的弊病,对教育发展提出了新的目标和要求;通过改革基础教育课程,调整人才培养目标,改革人才培养模式,提高人才培养质量。他们把基础教育课程改革作为增强国力、积蓄未来国际竞争实力的战略措施加以推行。为此,我们必须从实施科教兴国战略的高度,从提高民族素质、增强综合国力的高度,来认识推进基础教育课程改革,建立具有中国特色符合素质教育要求的基础教育课程体系,加强投身基础教育课程改革的使命感、责任感和紧迫感。

基础教育课程改革的总目标是以邓小平同志关于"三个面向"和江泽民同志"三个代表"的重要思想为指导,全面贯彻党的教育方针,全面推进素质教育。具体表现为:在课程功能方面,不仅传授知识技能,而且要使学生学会学习,形成正确的价值观;在课程结构方面,改变强调学科本位,更多体现综合性、选择性、均衡性;在课程内容方面,改变繁难偏旧,适应不同地区学生发展需求;在课程实施方面,改变强调机械训练、死记硬背的做法,倡导学生参与,乐于探索,勤于动手。这就要求我们的教师必须进一步更新观念,树立新的课程观、知识观、学生观;要求我们的教师调整改变教学行为和策略,转变角色,不再是知识的占有者、传递者,而应成为学生发展的指导者、促进者;要求我们的教师更新知识结构、能力结构,提高学科素养。不然,我们的教师就难以适应新一轮基础教育课程改革的需要,就难以完成课程改革目标所赋予的教育教学任务。

基础教育课程改革不仅对我们的教师提出了更新更高的要求,同时也对我们的教师教育提出了严峻的挑战。目前,江苏省已建立了一支数量可观的幼儿园教师队伍,他们的整体素质正在逐步得到提高,但从总体上讲,这支队伍还不适应全面推进素质教育的要求,不能适应新一轮基础教育课程改革的需求。广大教师的教育思想、思维方式、知识结构有待更新,教育教学能力和管理能力,特别是创造能力和自我发展能力还有待提高。幼儿教师整体素质提高了,幼儿的素质教育才能顺利实施。因此,"十五"期间我们要认真组织实施幼儿园教师继续教育工程,开展全员培训,突出骨干培训。以基础教育课程改革为核心内容,大力加强幼儿教师继续教育,全面提高我省幼儿教师的整体素质,努力建设一支符合素质教育要求的高质量的教师队伍,创建高水平、高质量的基础教育,为实现教育强省的奋斗目标提供有力的支撑。

为了迎接基础教育课程改革的浪潮,回应基础教育课程改革对教师教育提出的挑战,适应广大幼儿园教师学习进修的需要,我们编辑出版了《幼儿教师继续教育》丛书。它包括《现代幼儿教师素养新论》、《学前儿童心理健康》、《幼儿园课程理论与实践》、《幼儿园教育活动案例精选》四种。这套丛书立足于幼儿教育教学实际,突出时代性、针对性和实效性,用现代教育思想、教育理论、教育技术和新的学科知识发展动态指导教师教学实践,拓宽幼儿教师的知识面,培养教师的创新意识和实践能力。

《幼儿教师继续教育》丛书由南京师范大学出版社出版,这是一件非常有意义、值得庆贺的事。我相信《幼儿教师继续教育》丛书会受到广大幼儿教师的欢迎,会在提高幼儿教师的综合素质方面发挥积极的作用。

王斌泰
2001年12月30日

目 录

序 …………………………………………………………（1）

第一章　绪论 ……………………………………………（1）
　一、儿童心理健康与心理辅导………………………（2）
　二、儿童心理教育与心理辅导的历史………………（11）
　三、影响儿童心理成长的因素分析…………………（16）

第二章　学前儿童心理健康指导 ………………………（26）
　一、学前儿童心理健康指导的一般问题……………（26）
　二、学前儿童心理健康指导的目标…………………（33）
　三、学前儿童心理健康指导的方法…………………（36）

第三章　学前儿童常见行为问题分析（上） …………（94）
　一、情绪问题…………………………………………（94）
　二、睡眠问题…………………………………………（110）
　三、进食问题…………………………………………（116）
　四、咬指甲……………………………………………（123）
　五、吮吸手指…………………………………………（128）
　六、口吃………………………………………………（133）
　七、性别角色错位……………………………………（138）
　八、遗尿………………………………………………（141）
　九、习惯性阴部摩擦…………………………………（149）

十、虐待与自虐行为 …………………………………… (155)
十一、心理身体疾病 …………………………………… (161)

第四章 学前儿童常见行为问题分析（下） ………… (168)
一、"害怕"——恐怖与恐怖障碍 ……………………… (168)
二、"好动"——注意缺陷与多动障碍 ………………… (189)
三、"不断重复"——强迫性障碍 ……………………… (198)
四、"好斗、惹事"——攻击性行为 …………………… (209)
五、"自闭"——缄默与孤独障碍 ……………………… (216)

第五章 学前儿童行为评价 ………………………………… (227)
一、学前儿童行为评价的一般问题 ……………………… (228)
二、访谈法 ………………………………………………… (235)
三、行为观察法 …………………………………………… (239)
四、标准化测验法 ………………………………………… (246)

第六章 早期预防与诊察 …………………………………… (263)
一、建立三级预防保健网络 ……………………………… (263)
二、早期诊察，早期干预 ………………………………… (269)
三、创设环境，早期训练 ………………………………… (273)

附表 5-1-1 幼儿一般健康情况观察表 ……………… (281)
附表 5-2-1 幼儿社会能力评估表 …………………… (282)
附表 5-3-1 幼儿习惯评估表 ………………………… (288)

后　记 ………………………………………………………… (293)

第一章 绪 论

本章主要内容
- ◆ 学前儿童心理健康教育的特殊问题
- ◆ 儿童心理教育与心理辅导的历史
- ◆ 学前儿童行为障碍与行为偏差的异同
- ◆ 影响儿童心理成长的因素分析

幼儿,又可以被叫做学龄前儿童,意指尚处于人生发展早期准备阶段的儿童。学龄前儿童在生活中虽然还没有开始系统地学习知识和接触社会,但发展身心健康已经成为他们的一项重要任务。他们通过游戏、与父母和同伴互动等方式开始学习生活和发展自我,这些活动直接刺激他们在肉体和精神领域的发展和变化。幼儿教育工作者除了要学会照看儿童和传授知识技能之外,还应该学会关心和协助他们在心理上健康成长,并能为他们提供相应的支持和援助手段。包括弗洛伊德、华生以及皮亚杰在内的心理学大师们都看到了儿童生命早期心理健康发展对日后成长的重要影响意义。正因为如此,学前教育工作者们很有必要对有关儿童阶段心理健康与辅导的知识做一番了解,这不仅仅是出于专业学习或研究的需要,同时也是为了能够更加合理地面对我们的孩子。

1978年,国际初级卫生保健大会发表的《阿拉木图宣言》提出:"健康是基本的人权,达到尽可能的健康水平,是世界范围内的一项最重要的社会性目标。"(贾伟廉,1988)依照世界卫生组织

(WHO)宪章所言,"健康是指生理、心理和社会适应的完美状态",显然,心理健康是人类健康的一个重要标志。与此同时,作为"心理健康的彼岸",心理障碍在时刻威胁着我们的健康生活。研究如何解除人的心理障碍,是在设法增进心理健康时不可回避的一项基本课题。

围绕着这样一个目标,心理咨询或辅导作为一项帮助人们解除心理障碍和增进心理健康的专业活动,在我国已经越来越受到人们的重视。但是,专门对于学龄前儿童心理健康教育或咨询辅导的讨论和研究文献目前在国内还不是很多。本书将重点围绕学前儿童的心理问题展开讨论。当然,由于考虑到儿童心理成长的连续性,本书也会对处在婴幼儿阶段或学龄阶段的儿童做适当的讨论。

一、儿童心理健康与心理辅导

(一)儿童的阶段性心理特点

幼儿阶段的社会化过程是最为迅速的。从最初的无拘无束的家庭活动,进入到一个具有相对约束和存在一定任务要求的幼儿园,以及随后很快面临的对进入更加严格要求的小学环境的准备,儿童将经历着决定其一生发展的关键时期,无论在生理和心理方面都在迅速成长和变化。这种变化,不仅对于心理健康成长具有特殊的含义,而且对于如何合理看待儿童心理问题和辅导儿童也极具提示作用。

1. 临床症状的年龄意义

很多心理行为症状的变化是与这一阶段的年龄相对应的。比如,3岁前后的儿童通常较多害怕黑暗、与父母分离,而到了5、6岁时,则通常会对某些动物、坏人以及自己身体的受伤害等感到恐惧。造成这种年龄对应特性的原因主要有两个:首先,与儿童神经系统的发育有关。随着儿童年龄的增长,不同儿童的神经系统在发育上逐渐显示出先后快慢的差异。实际上,不少儿童神经系统发育障碍纯粹属于成熟延迟所致。如功能性遗尿,5岁儿童的发生率在男孩为7%,女孩为3%,10岁男孩为3%,女孩为2%;而到18岁,男性仅为1%,而女性为0。由此可见,这些神经系统发育障碍会随着儿童年龄的增长逐渐减轻,以至消失。不少神经系统发育障碍在到18岁以后就很少见了,说明这时神经系统发育已经成熟。(张继志,1994)其次,受某些障碍的病程演变影响,也会表现出年龄特点。最典型的如注意缺陷与多动障碍(ADHD),在学前儿童身上主要表现为粗心和活动过度,但这些特点往往又被他们在发育中的正常运动所掩盖:老师和家长常常会把这类儿童看成是比较活泼或调皮一些而已;等进了小学以后,因为他们的活动频率加剧,并且和学校活动不相协调,因此有超过90%的这类孩子被其父母或教师确定为问题儿童;而到了青春期以后,虽然活动过度减少了,可是由于注意缺损而带来的学习问题却依然存在。

2. 神经系统发育的年龄含义

学前儿童的神经系统从总体上讲还是比较脆弱的,大部分的器官尚处在发育完善的过程之中,很容易受到伤害。与之相对应的心理功能(如个性、智力)也在完善之中,尚未定型。这一阶段,他们的行为发展和身体发育一样,也表现出有规律的变化,其最大特点是波浪式和不等速,行为发展的速度随年龄的变化出现快慢或暂时停顿的现象。这种有规律的变化构成了儿童行为发展的一个重要里程碑。

著名动物习性学家考拉德·劳伦兹关于小鸭如何获得母亲印刻的研究,有力地证明了这种儿童行为发展的阶段性假设。劳伦兹在研究中发现,小鸭出生后的最初阶段,有追随第一眼所见到的动物的行为特点,并且将之作为一种行为方式固定下来,终身不变。劳伦兹把这一印象的获得称做"母亲印刻",并且把发生"母亲印刻"的这段时间叫做"关键期"。另一位动物行为学家哈洛在对恒河猴社交行为的研究中,也同样证明有"关键期"存在。他发现,如果将刚出生的恒河猴完全隔离2~3个月,再放回到猴群中,其正常的社会行为基本不受影响;如果延长隔离时间至出生后6个月,则其社会行为会受到影响,但仍可逐渐得到补救;如果在出生以后头2年中始终被隔离,以后即使回到群体中,其社会行为亦会受到严重伤害,且无法补救。

对于人类行为的研究结果也是一致的。美国著名的教育心理学家布卢姆根据多年的研究经验得出结论:如果以人17岁的智力为100计算,有约50%的智力是在怀孕到4岁之间获得的,30%是在4~8岁之间获得,20%在8~17岁之间获得。这些研究提醒我们,儿童时期具有很大的可塑性,在受到不良环境刺激时很容易形成行为问题和不良习惯;但是,如果教育训练或治疗矫正及时的话,问题也较容易得到解决。

(二)针对学前儿童进行心理健康教育和辅导的特殊问题

作为心理辅导的基本原理在服务于人的毕生发展时是具有一些共同的来源的,但是,在应用于学前儿童这个特殊年龄阶段时,也需要考虑一些特殊问题,这在很大程度上往往决定着心理健康教育的成败与心理辅导的效果。因此,我们有必要在这里对此作一些专门的讨论。

1. 考虑让家庭参与其中

与其他学前教育活动相仿,对于这一阶段儿童的心理健康教育或辅导活动通常必须考虑让家庭成员参与到其中。大部分学前儿童的行为问题与其家庭结构、父母教养方式、父母行为习惯以及情绪表达方式直接相关(参见本章"文化的考虑——家庭—学校—社区模型")。让家庭介入的具体做法是:第一,帮助家庭成员统一思想,做到积极配合;第二,让父母(最好是双方一起)始终参与孩子的心理健康教育或辅导过程(除非某些需要独立进行的治疗程序);第三,在帮助儿童心理健康发展的同时与父母讨论问题,并在必要时进行家庭辅导或夫妻治疗(如夫妻恳谈会、肯定训练、妻子讨论会、丈夫讨论会等等);第四,必要时还要考虑让家庭以外的社区介入其中(譬如,对于某些具有暴力或其他行为问题的家庭)。

事实上,由于儿童时期的心理发展是基于亲子互动中对压力承受水平的表达,因此,要想从根本上帮助幼儿心理健康成长,解决儿童心理成长中的问题,家庭就必须介入,否则很难实现实质性的突破,对于那些已经有问题的儿童的帮助也不会深入,而且经常会令这些孩子把原有的问题转换成为其他障碍。不过,在这里,有正反两个方面值得考虑:第一,当家庭回避面对问题或拒绝配合时,应根据实际情况决定是否应通过比较婉转的方式去说服他们,或者也可以选择暂时停止对其子女进行心理辅导,待日后寻找适当的时机重新开始辅导;第二,在说服家庭参与儿童辅导时,注意不可以给父母制造压力(如过多谴责父母),让父母产生严重内疚或罪恶感,这种情况往往会削弱父母愿意配合的动机。

2. 用儿童可理解的方式进行心理健康教育或辅导

心理辅导并非仅仅针对成人进行的,也同样可用于学前儿童,而且事实上往往运用于幼儿的效果会更好。但是,要达到相应的目标,还需要特别注意到儿童本身的特性,并且相应于这种特性进行有针对性的教育和辅导。与学前儿童进行沟通不仅需要考虑一些技术问题(如奖赏或惩罚技巧),同时,还需要体验他们,真正深入到他们的内心世界中去。做到这一点,实际上是很不容易的。经常有些刚刚开始做心理教育或咨询辅导的人,他们自以为是地去经验当事人,不能与当事人取得真正的同感(empathy)。他们用他们的成人经验去体验对方,令儿童青少年感到厌烦。(林孟平,1996)

设身处地和将心比心是取得同感的最好方法。人本主义心理学家卡尔·罗杰斯曾经说过,同感便是意味着去经验当事人的内心世界,仿佛身临其境一般。而只有经常地站在对方的立场上想问题,才能真正取得身临其境的体验。罗杰斯举例说,譬如当一个小孩子在努力尝试着把一串珠子穿起来,而一再失败的时候,他会愤怒地将这些珠子摔掉;与此同时,他的父亲见状,挥手打了儿子一个耳光。当你以一个教育工作者或辅导者的身份经验这件事的时候,如果你的头脑中首先闪现出的概念是"孩子不该把珠子摔了"或是"父亲不该打孩子",说明你在经验对象的时候,还没有能够真正取得同感。事实上,一种怀有同感的经验应该是:孩子摔掉珠子,固然行为冲动了一些,但是其动机是好的,在孩子的内心是很想做好这件事情的,但是,因为孩子的理解力所限,他并不明白这种失败是因为自己技能发展不够的原因所致;同样的道理,父亲打孩子,反映了这位父亲希望自己孩子的行为更好的心态。如果我们忽视了这对父子的良好动机一面,而一味地谴责他们,我们就会令当事人感到委屈而又难以辩解。

由于中国心理健康教育和心理辅导事业这几年才刚刚起步,大部分人对于辅导儿童缺乏经验,这里有必要简单讨论一下如何经验儿童的问题。经验儿童的最好办法是观察和参与。虽然我们曾经都是儿童,但是,现在的经验已经使我们失去了童年时的感觉。因此,花一些时间,经常和儿童在一起讨论问题是十分有用的,也只有这样才能开始真正的有意义的心理健康教育与辅导。当与儿童交谈之初的时候,不必急于进入主题,可以通过一些闲聊谋求认同。如果在这个过程中,你发现彼此实在缺少默契,可以将其转介给其他老师或辅导者。

3. 注意躯体变化

儿童的行为问题与他们的躯体反应联系紧密,尤其对于年龄较小的儿童来说,躯体反应往往是心理障碍的提示信号。他们不知道该如何去表达自己的内心需要,因此一些躯体症状便成为他们的一个表达途径(参见本书有关儿童身心障碍的相关章节)。一个教育工作者在面对儿童行为问题的同时,对于他们的一些躯体改变应该加以注意,对于父母的一些身体症状也要适当注意。具体的注意事项包括:第一,了解儿童的个人病史。对于某些在早期阶段曾经因为患肺炎、支气管炎等疾病而长期休息过的孩子,要注意他们现在的症状是否与受到父母的过度照料有关。第二,注意观察儿童现在的躯体症状。如疼痛、发烧、腹泻等,这往往反映了他们的某种潜在的需求。第三,注意他们的父母(尤其是母亲)是否患有某些慢性病。譬如,神经衰弱、哮喘、头疼等,这些可能提示父母与儿童行为障碍的关系。

(三)分清儿童行为障碍与行为偏差

虽然学前儿童确实存在不少行为障碍,在精神疾病诊断分类标准中也已列出了各种诊断指标,但是,仍然有相当一部分并不属于这种情况,而仅仅是属于行为偏差。譬如像遗尿、害怕某些事物、害羞、爱发脾气、孤僻等等,大多数情况下是属于正常心理发展过程中的一些情绪或行为偏异,是暂时性的,通常都会随年龄增长而自行消失。有大量的研究都已经证明了这一结论是合理的。(Robin,1966)那么,如何分清儿童的行为问题究竟是属于行为障碍还是仅仅是行为偏差?下面将作简要讨论。

1. 如何区分行为障碍和行为偏差

学前儿童的行为问题与其生理、心理、社会等多方面的因素有关(参见本章有关内容)。各种生理因素、教养方式、社会环境以及心理创伤等等,都可能干扰和阻碍儿童的正常发展,导致他们产生情绪或行为偏差。但是,大多数学前儿童的问题都只是在他们发展的一定阶段出现,并随着年龄的增长逐渐恢复正常。譬如,学前期前期儿童的尿床、夜惊等睡眠障碍,学前期后期出现的对与父母分离的恐惧障碍、依恋替代行为(咬指甲、舔被子等替代物),以及学龄儿童常见的孤僻、爱发脾气、害羞等,这些问题在没有造成过分突出影响的情况下,都应该判断为正常现象,而不是行为障碍。因此,在这里,有三种情况需要加以区分:第一是正常行为,第二是行为偏差,第三是行为障碍。

从统计学意义上讲,这三者分布在一个连续的线段上。如果我们假定线段的一端为心理健康,而另一端为心理障碍的话,那么,这三种现象就分别处在从健康到障碍的不同位置上(图1-1)。

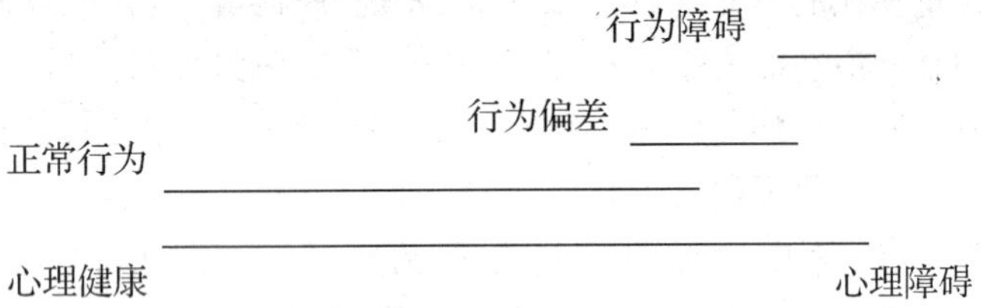

```
                            行为障碍  _____

                   行为偏差 _____
正常行为 _____

心理健康                                          心理障碍
```

图1-1 从心理健康到心理障碍的连续分布示意图

应该说大部分的儿童都是健康的,只有当行为问题非常突出,妨碍了个人的正常发育、成长或学习、生活,或者在不该出现的年龄阶段出现了一些行为障碍时,我们才应该去考虑这种问题是否应被列为行为偏差或是行为障碍。

儿童一般的行为偏差其临床表现主要有:第一,问题突出发生在某一个年龄阶段,在这之前或之后表现都不明显,如害羞;第二,无论是情绪或是行为问题,通常表现形式比较单一,如仅仅有害羞的症状,不存在明显的综合症候群,也就是说,个体的其他行为基本良好;第三,没有类似的人格缺陷或家族继承性,通常与父母的管教方式或生活环境有关,如来自山村的孩子,初次接触大城市,会显示出明显的恐惧行为。儿童一般行为偏差的发生率在国外资料中的统计差异比较大。根据我国现有的一些在江苏、浙江和上海等地区所取得的不完全统计资料显示,这种儿童青少年的检出率约在20%左右。(陈家麟,1986;朱家雄,1986)

比较起来,行为障碍的程度则要严重得多。具有心理或行为障碍的儿童,对他们临床症状的判断可以依据以下几点:第一,具有比较严重的和广泛的生活和社会功能损伤,并且,其损伤的原因主要是精神性的,如孤独症儿童比较深度的语言障碍,单调而且仅仅是刻板重复别人的语言;第二,持续时间长久,通常不会随年龄增长自行消失;第三,许多问题与家族继承性有关,通常在一些直系亲属中可以找到相关或类似问题,或者其父母当中至少有一方具有一些人格缺陷。

2．儿童行为偏差的具体表现

根据美国心理学家 MacFarlane 等人(1954)对 126 名从出生后 21 个月到 14 岁期间的儿童青少年所做的追踪研究报告,一般的行为偏差可以包括生理机能方面的问题,如大小便控制障碍;社会行为方面的问题,如攻击性行为;与性格相关的问题,如过分敏感、害羞;行为习惯问题,如咬指甲等(表 1-1)。这些问题的出现,大多随着年龄的增长呈逐渐减少的趋势,并且大部分会逐渐消失或被其他问题所取代。

表 1-1　21 个月～14 岁男女儿童的行为问题分布

行为问题	年龄	21月	3岁	3岁半	4	5	6	7	8	9	10	11	12	13	14
遗尿	男	+													
	女	+													
多梦	男						+				+	+			
	女										+				
睡眠不安	男	+													
	女														
食欲不佳	男														
	女						+								

续表 1-1

行为问题		21月	3岁	3岁半	4	5	6	7	8	9	10	11	12	13	14
饮食过分挑剔	男		+												
	女	+	+	+			+								
咬指甲	男													+	+
	女									+		+			
吮吸手指	男														
	女	+	+												
活动过多	男		+	+	+	+		+	+	+					
	女		+	+	+	+									
说谎	男		+	+	+	+		+							
	女		+	+	+	+									
过分敏感	男			+	+	+		+	+	+	+	+			
	女			+	+	+	+	+	+	+	+	+	+	+	+
特殊性害怕	男		+	+	+	+	+	+	+	+		+			
	女	+	+	+	+	+	+					+			
对身体的羞涩感	男			+											
	女					+									
情绪波动大	男							−	−	−	+	+		+	
	女											+			
阴郁	男					+									
	女						+								
违拗	男			+		+									
	女				+										
发脾气	男	+	+	+	+	+	+	+	+	+	+	+	+		
	女	+	+	+	+		+	+					+		
嫉妒	男					+			+	+	+	+			
	女			+		+		+			+			+	
过分含蓄	男	−	−	−		+	+					+	+		
	女					+	+	+	+	+		+	+		+

＊＋阳性者指该年龄组 1/3 以上儿童有上述症状。

＊－表示资料不全。

(资料来源:李雪荣,1987)

一部分具有一般行为偏差的儿童,其问题也会很严重,具有多种症状,并且持续时间比较长,可以被判断为持续行为偏差。根据上海地区提供的判别标准,在下列28个一般行为偏差症状中,如果一个儿童同时具其中7～8项,就可以被诊断为持续行为偏差:①拔头发或吮吸手指;②咬指甲或磨牙;③挖鼻孔;④口吃;⑤遗尿⑥动作笨拙⑦抽动症;⑧情绪易变;⑨过分哭闹;⑩不能与父母分离⑪不愿意去上学;⑫怕陌生人;⑬多种恐惧;⑭暴怒;⑮任性;⑯在家呆不住;⑰大声喊叫;⑱爱吵架;⑲打人;⑳攻击性行为;㉑破坏性行为;㉒说谎;㉓过分依赖;㉔懒散;㉕不爱与同伴玩耍;㉖畏缩和屈从;㉗白日梦;㉘屏气发作(指不能满足要求时就放声哭闹、屏住呼吸、面色发紫,直至抽搐的行为)。(朱家雄,1994)

实践与思考

1. 简述儿童行为障碍与行为偏差的区别。
2. 儿童心理辅导为什么需要同时注意其躯体变化?
3. 分析与判断:
(1)在针对儿童的心理辅导中,不一定需要家庭介入。
(2)儿童的很多心理行为症状变化是与某个阶段的年龄相对应的。
(3)心理辅导仅仅针对成人进行,不可用于儿童。
(4)设身处地和将心比心是取得同感的最好方法。
4. 举例说明学前儿童各种行为偏差的表现。

二、儿童心理教育与心理辅导的历史

虽然在很长的时间里,人们一直对儿童心理障碍的辅导与治疗怀着浓厚的兴趣,并且做了大量的工作,但是,实际上有确切文献记载的儿童心理治疗的历史,却是从 20 世纪初期才刚刚开始的。(Achenbach,1974;Kanner,1948)与此相比较而言,针对成人进行心理治疗的历史则要悠久得多。以临床心理学(clinical psychology)为例,作为一项主要针对成人的各种心理障碍的病理机制进行研究和试图探索相应的治疗方法的一门科学,虽然它的正式确立主要与 20 世纪初 L. Witter 开设的心理诊所及创办名为《心理学临床》的专业期刊有关(陈仲庚,1997),但对于异常心理的探讨则最早可见于古希腊时代,当时的西波克拉底等人对于心理异常现象已经作过很多精辟的论述。可是,在儿童心理治疗的历史中,大多只能见到百年以内的文献记载,唯有针对弱智儿童的治疗一项例外,它的历史比一般儿童心理治疗的历史要显得长一些。

在西方国家中,最早的有系统的和有计划的针对弱智儿童的治疗活动可以追述到 1799 年 Itard 针对一些"野孩子(wild boy of aveyron)"进行教化的工作。到了 19 世纪中期,Edward Seguin 在 Itard 的工作基础之上,进一步研究有关弱智的成因、本质以及相应的治疗方法。(Achenbach,1974)这项工作的结果,导致一批针对弱智儿童的寄宿学校开始出现,最早的有 1848 年建于美国麻萨诸塞州和 1851 年建于纽约州的弱智学校。这种学校最早建立时是作为教育研究实验基地的,它并不是像教养院一样仅仅用来监护那些孩子的,而是更像一所普通的寄宿学校。他们设想这种学校可以通过提供必要的训练,从而帮助这些儿童在将来能够得到更好的社会适应技能和得以重返家庭和社会。然而,这种理想在实践中却没有得到令人满意的支持,因为只有少数孩子在接受教育后能够重返家庭和社会。到了 19 世纪末,这些由地方办的训练学校虽然仍然被叫做专门用于教育弱智儿童的"州立学校",但实际上已经又重新变成了一种监护性的治疗机构。

一直到 20 世纪初期,儿童心理健康教育与辅导工作才首先在美国得到大力发展,并逐渐扩散开来。对于儿童心理辅导发展有贡献的工作主要包括以下几项:①心理卫生运动;②儿童青少年行为指导机构的建立;③心理动力学的发展;④行为主义的发展;⑤心理测量运动。

(一)心理卫生运动

事实上,心理卫生的思想在很早以前就已经被人们提出过:古希腊的西波克拉底曾经提出过医学的和谐与神圣的信条;中国的医学典籍《黄帝内经素问》中亦曾指出:"上古圣人之教也,皆谓之虚邪贼风,避之有时,恬詹虚无,真气从之,精神内守,病安从来?"但是,心理卫生运动的直接起源却是在美国。

在20世纪初的时候,Clifford Beers对于美国在心理障碍治疗中的错误导向提出了尖锐的批评。作为一名耶鲁大学的法学专业学生,他曾经因为抑郁和有自杀倾向而入院治疗。出院后Beers出版了一本名叫《一颗失而复得的心》(A Mind That Found Itself, 1908)的书,在书中他描写了他以及他的病友们在精神病医院里所受到的种种不公正待遇。这本书受到了公众的普遍关注,并使许多人对于地方医院对精神病人的不适当待遇感到不满。在一些知名专家的帮助下,Beers在美国建立了国家心理卫生协会(the National Committee for Mental Hygiene),并以此来呼吁社会对于住院精神病患者的生活境遇予以关注,进而发展更加完善的和可以确保患者个人利益的有效治疗方法。进一步,在Beers等人的大力推动下,终于在1930年在美国召开了第一届国际心理卫生大会,包括中国在内的53个国家参加了这次大会。这次大会确定的宗旨是:完全从事慈善的、科学的、文艺的和教育的活动,尤其是世界各国人民心理健康的保持和增进,心理疾病、心理缺陷的研究、治理和防止,以及全体人类幸福的增进。这些工作导致了学校心理卫生计划的建立和儿童青少年指导运动的开始。(Kauffman, 1981)

(二)儿童青少年行为指导机构的建立

事实上,美国儿童青少年指导运动的历史早在 1896 年的时候便已经开始了,这个时间比 Beers 发表他的著作要早得多,当时,宾夕法尼亚大学的 Lightner Witmer 建立了一个心理临床诊所。但是,这项运动真正获得激发还是直到 Beers 的著作发表之后以及 1909 年由 William Healy 在芝加哥主持建立的少年心理病理研究所(现在叫做少年研究所)。这个研究所的工作人员们专门研究少年违法者,并研究如何对他们实行强化法规的工作。一批精神病学家、心理学家以及社会工作者们聚集在一起共同对实际的个案进行研究,他们尤其重视那些影响儿童青少年行为变异的复合因素的作用。

在 Beers 的国家心理卫生协会的资助下,美国的许多地方都建立起了儿童指导诊所,用来帮助大量的有各种行为障碍的儿童青少年。据 Kanner(1948)报告,及至 1930 年,在美国已经有大约 500 所类似的临床诊所。

(三)心理动力学的发展

20 世纪初期心理动力学开始从欧洲发展起来,并随即在美国兴旺和扩展开来。这个学派的主要代表人物西格蒙德·弗洛伊德(Sigmund Freud)认为,成人的人格变态直接地复写着童年的经验,而且这种经验主要地来源于性本能。由于弗洛伊德强调成人的精神病症状是儿童时期经验的结果,所以他的思想对于人们重视有关儿童的心理治疗工作起了积极的推动作用。事实上,弗洛伊德的影响,不仅仅是应用精神分析的原理来治疗精神障碍,而且还巧妙地、间接地和无意识地影响着儿童教养试验。(朱智贤,1982)

有趣的是,"虽然弗洛伊德非常清楚童年经验对于情绪发展的影响",但是,他的许多理论并非出自于他的临床经验,"他的有关童年期性经验的理论早在他实际治疗第一个儿童三年之前(1905

年)就已经发表了"。(Kanner,1948)到了1909年,弗洛伊德发表的"小汉斯(Little Hans)"的个案,标志着心理动力学对于儿童期问题开始正式重视起来。同样有趣的是,虽然弗洛伊德根据小汉斯的症状和经历正式建立了关于恐惧症的病因学理论,但是他从未直接为小汉斯治过病,而是由汉斯的父亲在弗洛伊德的指导下为汉斯进行治疗。

虽然小汉斯的问题成功地得以解决,但是由于这种心理动力学的儿童治疗方法非常繁琐而难以被推广应用,直到大约15~20年之后,由于弗洛伊德的学生Melanie Klein和他的女儿Anna Freud对于儿童心理治疗的改进,才使得这项工作被广泛接受。他们的改进使得儿童心理治疗变得更加适合于儿童,并且使得更多的人愿意接受这一技术。这种变化的一项主要内容就是以角色扮演活动来代替传统的自由联想和对梦的解释,并由此了解儿童的心理问题。(Knopf,1979)这种改变以及对于角色扮演活动的强调,在一定程度上也影响了后来许多儿童心理治疗方法的发展。

(四)行为主义的发展

无独有偶,正当弗洛伊德借助小汉斯的个案来发展他的心理动力学思想时,美国的行为主义代表人物华生(John B.Watson)也在对儿童的情绪反应做研究。他用实验的方法证明了儿童是如何学会情绪反应的。他以7个月的小阿尔伯特(Albert)为实验对象,在他身上成功地复制了恐惧反应。由于Watson的研究具有很好的实验性,很容易被操作和应用于实际,因此也得到了非常广泛的响应(关于上述这两部分争论的详细内容,请参阅第二章中有关儿童恐惧症的病因讨论部分)。

(五)心理测量运动

20世纪初出现的心理测量运动,对于客观地研究儿童青少年也起了积极的推动作用。1904年,比耐(Alfred Binet)受法国教育部委托编制一份用来筛选有智力障碍儿童的测量工具。这项工作的成功,使得人们开始注意到采用客观方法测量正常儿童和特殊儿童在认知方面的差异,进而使得社会增加了对智力、能力、兴趣和人格类型方面的个别差异的研究。

总结这段历史以及后来的发展,不难看出,儿童青少年心理治疗之所以发展到今天,决不仅仅是由于一两个人的贡献,而是很多人共同努力的结果。

至于中国的情况,虽然1936年我国就在南京成立了最早的"中国心理卫生协会",但是,由于战争和解放后国内极左思想的影响,直到1982年,才在南京建立起第一个中国儿童心理卫生研究中心。此后逐步在北京、上海等国内大中城市推广开来。目前我们还是处在进行初期研究和逐步上升的阶段,在人员、研究水平及研究条件方面和许多发达国家还存在很大差距。

实践与思考

1. 论述心理卫生运动的意义。
2. 简单比较心理动力学与行为主义观点的异同。
3. 简短回顾当代中国心理卫生发展历史。

三、影响儿童心理成长的因素分析

影响儿童心理成长的因素十分复杂,在心理健康与辅导中的讨论也是由来已久,但目前已达成明确共识的观点认为,个人与生俱来的生物因素、一些既有的心理行为因素以及后来外部世界中的社会文化因素在共同作用和影响着个体的心理成长。同时,笔者还以为,在这三个因素当中,由于社会文化因素属于后天可改变因素,其操作性最强。

(一)发展的考虑:生物—心理—社会模型

个体从孕育开始到成长为一个成熟的社会成员,经历了从一个近乎纯粹的生物体逐渐转变为具有丰富心理内容的社会实体的过程。这种转变反映了人类行为的复杂性和多样性。作为一个成熟的个体,在本质上,他的心理和行为既受到他的生物性因素影响,同时又受到他的心理和社会性因素影响,生物、心理、社会三方面的因素彼此有层次有系统地交织在一起,发挥作用。从这个意义上讲,我们必须从多个角度去分析儿童青少年的各种从正常到异常的行为现象,才可能更加客观,从而避免简单化、片面化。

生物、心理和社会这三方面的因素是如何既彼此独立,又交织在一起,对个体发挥影响的呢?以下模型有助于我们理解这个问题(图 1-2)。

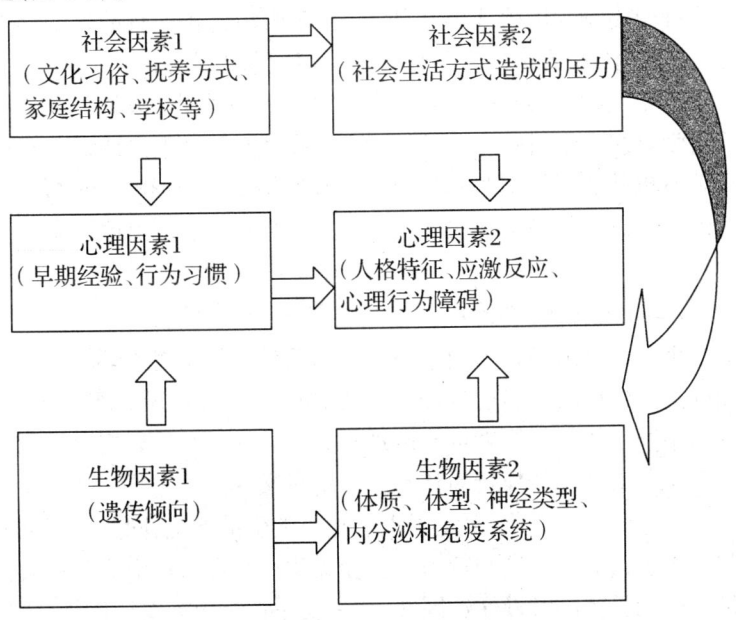

图 1-2 影响个体发展的生物—心理—社会模型示意图

从图 1-2 可以看出,生物、心理、社会这三项因素对于个体的影响虽然是错综复杂、糅合在一起的,但是仍然有其密切的内在联系。其中,生物因素是基础,它决定了个体基本形态构造上的差异,同时,又影响着个体行为习惯及人格等心理因素的获得。虽然通常意义上讲,生物因素是遗传决定的,但是,个体的生活方式和所经验的社会压力,也会给这些生物因素造成影响,并使之发生顺应变化。另一方面,后天社会环境中的文化习俗、父母抚养方式、家庭结构及学校等因素,提供给个体在心理发展上一个基本导向,使得个体按照一定社会文化的要求去相应地发展自己的心理和行为,它们和生物因素共同决定了个体的心理行为走向。因此,当个体自身素质和社会影响这两个方面的因素在个体身上形成压力和具有不和谐成分时,个体就会出现应激反应或产生障碍。譬如,当一个神经类型为敏感或弱型的学生,在面临比较严重的外部学习压力的时候,很容易出现各种不适应症状和心理障碍。

由于生物—心理—社会模型已经获得心理学、医学和其他行为科学等多个学科的广泛认同,因此采用这一思想去认识儿童心理障碍也就成了一个基本的原则。我们不能忽视影响儿童行为的任何一个方面的因素而去研究他们,否则就无法全面地认识和理解他们。

(二)文化的考虑:家庭—学校—社区模型

由于心理障碍是人们在一定文化条件下依据对于环境的解释而确定的(譬如,在美国好朋友见面接吻可能被看做是正常的,可是在中国这样的行为就可能被理解为是异常的),所以文化的因素对于研究人类的特异行为具有独特的意义。

一定的社会文化,决定了人们相应的生活方式,同时也就从外部影响了人们的心理和行为。社会文化在心理治疗中应该被看做是一项很具体的可操作性因素,它主要是透过个人身边的社区、学校或单位以及家庭而发生影响的。所以,考虑社会文化因素的影响,首先必须从家庭、学校和社区入手,尤其对于儿童来说,家庭和学校(包括幼儿园)对儿童心理、行为的影响占据了绝大部分内容。在中国现阶段社会中,由于独生子女已经成为儿童的主体,所以要研究家庭还必须对这种新型的中国家庭结构形态以及与之相应的学校和社会做一番认识。

如果说家庭影响是儿童行为发展的基础,那么,家庭中的亲子关系对于儿童行为发展的影响则是最为根本的。现代社会生活方式使得家庭结构发生了变化,这是导致家庭和社会在对子女教育训练方面面临困难的根源,也是儿童行为问题产生的起点。

现代家庭结构的变化主要包括以下三项内容:其一,由于独生子女普遍化,造成子女数量结构的变化。这种变化减少了父母可以比较和对子女进行公平合理教育的机会,也使得儿童在家庭中失去了很多学会互助和自助的机会。其二,由于夫妻、父子等关系改变而造成的角色结构的变化。现代中国的小家庭已经改变了传统大家庭以长辈为核心的做法,而是转向以孩子为核心了。但是,这种转变仍然保留了中国传统上有明确核心的高凝聚力特点。其三,从相对缺乏到相对富裕的家庭经济结构的变化。现代社会经济的进步,使得家庭生活水平普遍提高,在这种情况下,家庭成员的需求水平也逐步提高。依据社会定向理论,其成员的心理社会定向由此而从那种愿意承受眼前压力的目标定向转变为更愿意享受生活的角色定向。

与传统社会相比较,现代中国家庭结构在形式和内容上都发生了巨大变化。但是,在这种变化的背后,也隐含了一些不变的东西。虽然社会的进步和经济的发展对于家庭结构的变化做出了很大贡献,但是,从根本意义上讲,文化传统(习惯)的压力依然很大,它仍然用隐含的方式牵制着家庭结构的变化。

以下具体讨论上述家庭结构变化的内容。

1. 子女数量结构变化

由中国的国策所决定,现在大部分的家庭中(尤其是城市家庭中)都已经只有一个孩子了。同时,由于现代社会生活方式的发展,传统的以家族为单位的几代同堂的大家庭逐渐瓦解,而转向以父母和自己的孩子生活在一起的小家庭。根据《中国社会统计资料》所提供的数据,在1911年的时候,我国家庭平均人数为5.17人(其他资料不详);到了1982年,家庭平均人数降到了4.43人的水平,两代户占家庭总数的64.71%,三代户及三代户以上的为18.79%;而1990年人口普查时,家庭平均人数进一步降低到4人以下,为3.97人,两代户家庭进一步扩大到68.05%,三代户及三代户以上家庭降至17.18%。(国家统计局社会统计司,1990)

这种"三位一体"的家庭结构,与传统家庭结构的差异主要表现在以下方面:首先,父母在抚育孩子上无法进行尝试和比较,没有学习机会。很多父母因此而诚惶诚恐,不敢放开手脚。其次,这种家庭结构还减少了父母可以对子女进行公平教育的机会,也使得儿童在家庭中失去了同伴和很多学会互助和自助的机会。不过,这种结构问题在孩子进一步长大之前还不明显,"对独生子女的打击通常来自以后(例如,在学校中),即当他不能在学习中成为关怀的中心时"。(赫根汉,1986)当然,好处也是存在的,因为这些孩子从小便和成人生活在一起,因此受到了较多的理性和认知熏陶。

2. 家庭角色结构演变

这是结构变化中最重要的部分。

中国的家庭角色结构,已经从传统社会中以父亲或家族中的长者为核心的形态,转向了一种以孩子为核心的形态(图1-3)。这种变化的特点是,处于中心位置的人易位了,它使得独生子女享有更多的权利,更容易形成自我中心的意识。并且,不同于过去,因为这个位置是很早就获得了的,所以,他们没有尊重他人和忍受压力的经验。不过,尽管如此,这种变化仍然是表面的,因为以特定个人为核心的传统倾向没有变化,只是这个核心由父亲尊长转向了孩童。

图 1-3 家庭角色结构形态示意图

回顾中国文化传统,"夫为妻纲,父为子纲"的核心倾向家庭有两方面的意义,一方面是可以增加家庭内部的凝聚力,维持传统农业经济社会的劳作和生计。杨国枢先生指出:"由于家庭是农业经济生活的核心,家庭的保护、延续、和谐及团结自是备极重要,因而形成了中国人凡事以家为重的家族主义(familism)想法与做法。"(杨国枢,1988)另一方面,造成家庭中人际关系的等级现象,个别人处于特权位置,受到特殊的保护;而另一些人则处于这个结构的边缘,受到歧视和慢待。譬如,在中国封建社会家庭中的女性往往便是充当了这类角色。

以孩子为中心的结构形式为什么不合理?理由很简单,因为它使儿童获得了不合理的自我认同。"他通常处于全家人溺爱的地位。"正如阿德勒所说:"娇宠的孩子永远不能自立。他缺乏通过自己努力获得成功的勇气。"他们一方面表现出有雄心和抱负,但是另一方面,他们又显得懒惰,不愿意为之付诸努力。"懒惰表明这种雄心掺合着悲观。他的雄心如此之高,以致自认根本没有实现的希望。"(Adler,1931)因此,这些孩子在性格上是脆弱的。

从家庭结构的变化来看,最初,当两个独立的男女结合在一起宣布成立家庭时,他们便获得了夫妻的角色,并彼此尽职。接着,当他们有了孩子之后,他们便又获得了另一组角色,即父母。可问题是,往往许多人在成为父母之后,便开始淡忘了夫妻角色,并很少再为之尽职,这是很危险的。如果一位母亲和父亲都只是努力地用行动去向孩子表示,"你是我生活中最重要的,在这个世界上,我所做的一切就是为了让你过得更好",这时,孩子便开始获得一种错误的信号,即父母彼此之间的感情关系是不重要的,唯有我是最重要的。这种信念往往成为儿童日后同伴关系的基础。当他们把这种概念引入社会生活的时候,他们便开始犯类似的错误了:一方面,依恋父母,缺乏独立能力;另一方面,又蔑视同伴关系,强调自我中心,希望受到过分的重视。实际上,在这种情况下父母已经透过自己的态度在无形中教育了儿童,并使孩子发生了潜移默化的改变。

3. 家庭经济结构变化

社会经济水平的变化对家庭和个体心理是有着直接影响的,其中主要的一点便是人们开始从基本的生存需要和安全需要向较高层次的精神需要转变。这种需要转变的心理学含义实际上也就是一种定向转变,是个体从一种以生存为中心的目标定向向以自我满意为中心的角色定向的转变。(格拉瑟,1995)

当社会经济水平还相对落后时,个体因为物质缺乏而不得不更倾向于去追求那种实际上可能并非自己自觉选择的目标,因为只有这种目标定向,才有可能使个体体验到自己价值的实现和被社会接受。在他的周围,无论是父母、爱人、子女或是亲友,都以他是否能争取到安全的职业和适当的生活水平为标准来衡量他的价值。在这种环境下成长起来的人,更容易受到鼓励去发展那些与追求目标相一致的心理品质,他们被训练得更多地具有那种为实现目标而忍耐和克制自己的真实愿望的特点。举例来说,一位家庭妇女在过去参加工作(当一名民办教师),其目的可能只是为了获得稳定的收入来维持或改善生活(目标定向)。在这种情况下,她无法更多地去对工作提出要求,无论这份工作对她来说是否满意或喜欢,她都无法选择,否则她将失去生活来源。这时,她兢兢业业地工作、努力教书、尊敬领导并安守本分,因为她缺乏安全感,她需要这份工作,需要从优异的工作中获得赞赏。校长的肯定评价使她获得了一种安全感。(傅宏,1998)可是,随着社会经济水平的发展,在变得相对富裕起来的家庭中,人们的观念开始发生根本性的转变:具有目标定向的父母们努力在孩子身上投入关怀,并以此来弥补自己的缺憾。这时,逐渐成长起来的孩子们在定向上已经悄悄发生转变:开始从目标定向转向角色定向。他们开始注重追求个人价值的实现,变得更加强调自我满意、注重享受生活和追求直接兴趣。这时他们选择参与生活与否的理由只有一条,那就是"我喜欢!"或者"我不喜欢!"在这种情况下,定向的特点进一步强化了现代家庭中孩子们的自我中心意识。

不过这种角色定向比起目标定向来说,也并非一无是处。因为这种定向是以自己的喜好为前提条件的,所以,具有角色定向的人,通常在工作上显得更少束缚和更加投入。如果上面例子中的那位教师不再为经济问题所困扰,这时她的需要也随之发生了变化。虽然她继续去学校教书,可教书的理由已经开始不同于从前了:现在她教书是因为她喜欢孩子,是因为在教职员中有她的朋友,是因为她是一个快乐而成功的人(角色定向)。因此,她已经不再是拘谨和小心翼翼的工作机器,而逐渐地把自己看作是一个独立和自由的人了。在这种情况下,她会发现自己在工作中表现得更加自然流畅、更满意自己。从社会的角度看,显然她这时会是一个更好的教师,因为她已经转变了角色。

由于家庭结构的复杂变化,因此,针对这种现象进行的教育训练也应该是综合的:一方面要考虑在父母之间进行理解和沟通训练,帮助他们学会做好榜样;另一方面,在对于儿童的教育训练上要注意针对独生子女的特点,加强团体训练,协助他们获得竞争、合作、互助等社会适应技能,进一步,对于大部分儿童来说,还应该进行协助他们学会承受生活压力的耐受力训练和生活计划性练习。

实践与思考

1. 简述生物—心理—社会模型。
2. 课堂讨论：
(1)独生子女心理分析。
(2)学校该如何与社会配合起来对儿童施加有效影响？

本章小结

作为全书的导论部分,本章主要阐述了学前儿童心理健康与心理辅导的意义以及在针对学前儿童心理健康中需要特别注意的问题。此外,本章还简要探讨了儿童心理教育与心理辅导的历史,分析了儿童行为障碍与行为偏差之间的异同,并在此基础之上,为了帮助读者更好地把握儿童心理健康与辅导的实质,重点对影响儿童心理健康成长的各种因素做了比较详尽的讨论,包括生物—心理—社会模型和家庭—学校—社区模型。

本章参考文献

1. 贾伟廉:《健康心理学》,人民卫生出版社 1988 年版,第 2 页。
2. 陈仲庚:《实验临床心理学》,北京大学出版社 1997 年版,第 2 页。
3. 朱智贤:《心理学大词典》,北京师范大学出版社 1997 年版。
4. 林孟平:《辅导与心理咨询》,商务印书馆 1996 年版,第 189 页。
5. 张继志:《精神医学与心理卫生研究》,北京出版社 1994 年版,第 2 页。
6. 章颐年:《心理卫生概论》,商务印书馆 1936 年版。
7. 陈家麟:《5～7 岁幼儿心理健康问题研究》,载《心理科学通讯》1986 年第 4 期。

8. 朱家雄:《上海地区儿童行为偏异的调查报告》,载《学校卫生》1986 年第 2 期。
9. 朱家雄:《学前儿童心理卫生》,人民教育出版社 1994 年版。
10. 李雪荣:《儿童行为与情绪障碍》,上海科学技术出版社 1987 年版。
11. 朱智贤:《儿童心理学史论丛》,第 7 页;华生 R.J.:《儿童心理研究简史》,北京师范大学出版社 1982 年版。
12. 国家统计局社会统计司:《中国社会统计资料》,中国统计出版社 1990 年版,第 31~33 页。
13. 赫根汉:《人格心理学导论》,海南人民出版社 1986 年版,第 110 页。
14. 杨国枢:《中国人的心理》,桂冠图书公司 1988 年版,第 41 页。
15. 威廉·格拉瑟:《认同社会》,桂冠图书公司 1995 版。
16. 傅宏:《对现代中国人社会定向差异的测验》,载《社会心理研究》1998 年第 1 期。
17. Achenbach, T. M. (1974). *Developmental psychopathology*. New York: Ronald Press.
18. Adler, A.. *What Life Should Mean To You*. New York: Putnam, 1931, p.151.
19. Kanner, L. (1948). *Child Psychology*. Springfield, IL: Charles C Thomas.
20. Kauffman, J.M.(1981). *Characteristics of children's behavior disorders*. Columbus, OH: Merrill.
21. Knopf, I.J. (1979). *Childhood psychopathology*. Englewood Cliffs, NJ: Prentice-Hall.
22. Morris, R.J. & Kratochwill, T.R.. *Treating children's fears and phobias*, 1983, Elmsford, NY.
23. Worchel, S. & Shebilske, W.. *Psychology: Principles and Application*. Prentice-Hall, Inc., N.J.. 1983, p.15.

第二章 学前儿童心理健康指导

本章主要内容
- ◆ 心理健康指导的意义
- ◆ 心理健康指导的涵义
- ◆ 实施心理健康指导的注意要点
- ◆ 心理健康指导和心理健康教育、心理咨询、心理治疗之间的关系
- ◆ 心理健康指导的目标
- ◆ 心理健康指导的策略包括增进合理行为的策略和消除不合理行为的策略

一、学前儿童心理健康指导的一般问题

（一）学前儿童心理健康指导的意义

学前期,是人的一生中身心各方面发展最迅速、最重要的时期。在此期间,学前儿童会经历许多转折,同时也会面临许多矛盾和困难,如断奶、认生、入托、入园等;再加上社会的急剧变化、社会竞争的日益激烈、生活节奏不断加快、人际关系日益复杂、家庭环境与居住环境的改变等,都在无形之中增加了学前儿童在成长过程中的紧张因素或不利因素,致使学前儿童在成长过程中出现这

样或那样的问题。

资料一　据上海的一份资料统计,儿童身体有疾病的比例已经下降为1.3%;而在行为、情绪、注意力、性格等方面有障碍以及有心身疾病的儿童占18%～30%。

(摘自《学前教育研究》1995年第5期)

资料二　我国目前在学前儿童中主要有六方面的心理卫生问题:①小儿多动症。据国内部分地区调查,患此症的儿童约占2%～3%,男孩多于女孩。②社会行为问题。包括爱发脾气、好打架、争吵、说谎、嫉妒、强欺弱、恶作剧、不能和别的儿童友好相处、有破坏行为、偷窃等。③性格和情绪问题。包括任性、自私、固执、娇气、胆怯、退缩、易哭泣、懒惰、自卑、过分敏感、过度幻想等。④神经功能障碍。包括排泄机能障碍、言语障碍、睡眠障碍、强迫行为、神经紧张等。⑤不良习惯。包括吸吮手指、咬指甲、眨眼、皱额、挖鼻孔、耸肩、咬衣服、玩弄生殖器等。⑥学习上的问题。包括注意力不易集中、反应迟钝等。

(摘自《学前教育研究》1995年第5期)

由上可见,目前学前儿童中确实存在不少问题,但学前儿童期出现的问题也有程度区分,有的只是情绪或行为上的偏异,如任性、胆怯、好哭、自卑、好打架、有破坏行为等;有的则属于相对较严重的心理问题,如多动症、睡眠障碍等。

学前儿童在心理方面的异常或障碍,大多是属于发育过程中特有的问题,通常表现为行为方面的某种独立的偏异,或表现为行为的某些特征方面的问题。这类行为在一定的发育阶段出现,属于正常现象,只有当它表现过分突出或者在不适宜出现的发育阶段出现时,才被认为是问题行为,与心理疾病一般没有特殊的关系。比如,有的幼儿身体和智能发育都与其实际年龄相符合,但却时时表现出与大多数同龄儿童不一样的情绪和行为,如冲动性行为、攻击性行为、破坏性行为、孤独退缩性行为、不良习惯等。偶尔出现一种或两种问题行为的幼儿很常见。

学前儿童发育过程中的行为偏异并不是无关紧要的。一个人心理上的失调或异常,并不是无缘无故突然产生的,其根源大多在儿童时期,尤其是在儿童的早期阶段。因此,学前儿童的问题行为不仅有可能阻碍其正常的心理发育和发展,影响学前儿童的生活和学习,而且也有可能是成人期心理障碍和社会适应不良的先兆。所以,学前期是加强心理健康指导的重要时期。若为儿童创造融洽、和谐的心理环境,注重培养儿童健全的人格,及早帮助儿童矫治不良的行为,则儿童一些行为上的偏异会得到矫正,或者完全消失,或者即使终生保留也不会引起其他行为方面的问题,有利于促进学前儿童身心健康的发展,也有益于一个人一生的健康。反之,学前期儿童的问题行为若不及时矫治,那么,以后的矫治就会变得十分困难,或者这个问题解决了,那个问题又出现了。

目前,对行为的异常发展缺乏必要的教育干预手段。有的采取忽视的方式,有的把教育的责任都推给家长,对于一些有特殊问题的儿童则干脆不予接收。

幼儿园教育也存在不足,在引导幼儿行为上,教师对幼儿的过失性行为往往采用比较简单的方法,很少作具体细致的分析,常把它一概归为思想品德问题,极少进行心理学上的分析研究,矫正技术、技能也十分贫乏,往往采用否定性词语来矫正幼儿的言行,采用批评、惩罚的方式来对待幼儿,从反面对幼儿进行限制和干涉较多,正面教育和引导不够。

有人在对山西省太原市某 3 所日托幼儿园 17 个班的全部 32 名在任教师的调查研究过程中发现:有 43.2% 的幼儿感到怕老师,34.7% 认为老师经常训或骂小朋友,18.5% 认为老师经常推、拉、拽、打或罚站班里的小朋友,14.2%认为老师经常训或骂自己,13.0%认为老师从不让自己参加班里的各种活动,10.0%的幼儿认为老师不喜欢自己。教师在实施教育行为时,往往忽视了幼儿的心理,这不利于幼儿心理的健康发展。所以,加强学前儿童心理健康指导,提高教师处理常见问题的能力非常重要。

(二)学前儿童心理健康指导的概念

学前儿童心理健康指导是指教师或教育工作者运用专业知识和技能,给学前儿童以有针对性的帮助,引导其形成健康的心理和良好的社会适应能力。它是教育者根据个体的特点,主动实施的教育干预行为,是心理卫生保健工作的重要组成部分。

学前儿童心理健康指导具有预防和矫治两层含义:一方面教育者要培养学前儿童良好的心理素质,维护和促进学前儿童的心理健康;另一方面教育者要及早发现异常发展的儿童及问题行为,并在可能情况下给予适当的矫治。前者在目前幼儿园课程中已有所体现,如社会适应能力的培养,对学前儿童来说,主要是教给他们人际交往的态度、规则、技能等,这些已成为学前儿童社会教育领域的重要内容;又如勇敢、意志力、坚持性等心理品质的培养在幼儿园各领域活动中也有体现。有的幼儿园还进行了专门的幼儿心理健康教育活动的尝试,如抗挫折教育、自信心的培养等。目前幼儿园教师要注意的是,将这些心理健康指导的资源整合起来,分析学前期各年龄阶段的特点,将学前期所需要培养的心理素质有目的、有计划地安排到各年龄班的活动中,并能使该目标真正实现。后者是目前幼儿园教育中比较缺乏的,本书将在这一章及下面的章节中着重讨论。当然,在学前儿童心理健康指导中应贯彻"预防为主",注重幼儿的发展,因为我们面对的是全体儿童,而且教师的素养也未能达到治疗层次,更重要的是预防比矫治更有积极意义。

目前,国际上一般将问题行为的预防工作分为三级:第一级预防,目的在于从根本上消除问题行为产生的原因,以达到预防疾病发生的目的;第二级预防,也就是希望早期发现问题,早期进行干预,从而防止问题的进一步发展;第三级预防,目的在于减少精神病理的后作用,实际上属于治疗、康复计划的范畴(详见第六章)。幼儿园的教育涉及第一级和第二级预防。

(三)实施心理健康指导的注意要点

1. 指导的主要对象是正常儿童

心理健康指导更强调正常儿童的教育与发展,它不同于侧重心理与行为障碍矫治的心理治疗。前面已经提及学前儿童由于受生理、心理、社会等因素影响,在其成长的过程中可能会出现的问题,有的是情绪或行为偏差,有的是心理问题,但有问题行为不一定就是问题儿童。心理健康与不健康是一个连续体,连续体的两极是健康和不健康(心理障碍),而在这之间又存在几种不同现象(参见本书第一章)。

我们的目标是使大多数儿童趋于更健康的发展,逐步养成其合理行为,消除其不合理行为。

2. 指导需要专业知识技能

心理健康指导者需要具备一定的专业知识,如要具备一定的普通心理学、发展心理学、人格心理学、变态心理学、教育心理学、教育学、社会心理学、精神医学等知识,并掌握一些初步的技能,如会谈、观察、同感、倾听、心理测量等,还要了解一些相关的治疗理论。

3. 指导需要和谐民主的环境

心理健康指导需要教师和学前儿童之间建立一种民主和谐的关系,其特点是真诚、亲密、相互尊重,且教师要持一种非批评的态度。

4. 指导要有自己独特的目标

学前儿童心理健康的总目标与幼儿教育目标一致,但其着眼点应有其独特之处,它注重儿童个体的健全发展,并能与周围环境相适应。

5. 指导的形式灵活

心理健康指导的形式应根据实际情况灵活掌握,可以是团体的方式,也可以以个别指导的方式进行。

(四)心理健康指导与其他助人活动的关系

为了更好地理解学前儿童心理健康指导的实质,必须明确心理健康指导与教育、心理咨询、心理治疗这几种助人活动的关系(图2-1)。

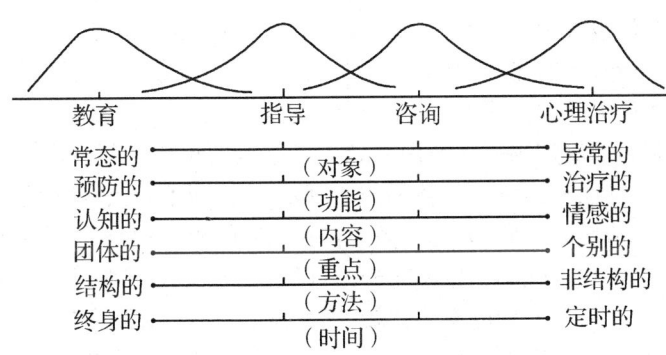

图2-1 几种不同助人活动的关系比较

由上图可以看出,教育、指导、咨询、治疗各自以一个连续体的不同区段作为自己的重心。据此我们可以知道:从服务对象上看,教育、指导通常针对正常学生;咨询以有轻度或中度个人问题的人为主;治疗则主要是面对有心理疾患、有个人无法处理之心理问题的人。从功能上讲,教育和指导重在发展和预防;而心理治疗重在矫治与重建。从内容上讲,教育给认知活动以足够重视;指导在注重资料的提供与获得、认知与环境因素改善的同时,也重视学生的需要、情感活动;咨询与治疗则侧重当事人的情感活动以及人格的重建与发展。在活动方式上,教育多采用团体活动方式进行,咨询与治疗多是个别对待;指导兼用团体指导与个别指导两种形式。

在方法上,教育方法中有更多的结构化的、预先设定的成分;心理咨询与治疗的方法更加专门化,它的使用也更加富有弹性和综合性。从时间上看,教育是终身的,指导伴随着整个教育过程,治疗与咨询总有一个或长或短的时限。当然,应该看到的是,这里述及的各项区分都是相对的。事实上,教育、指导、咨询与治疗在上述连续体的分布上存在着部分重叠与交叉。

从另一角度看,上述四种助人活动,就服务范围的广度而言,教育、指导、咨询与治疗依次存在着包含关系。教育的服务范围最广,教育包含指导,指导包含咨询。咨询可视作指导的一种重要方式。此外,它们之间的细微差别还可以从其他方面进行描述。例如,就解决问题的深度而言,指导与咨询只是处理一般情境中的问题,而心理治疗则往往要深入到人格结构的里层。就当事人自我表露程度而言,在指导、咨询与心理治疗中,我们经常要营造一种宽松的情境,使当事人有更多的自我表露的机会;而在一般的教育性谈话中并不强调学生做充分的自我表露。如果拿教育与指导影响学生心理与行为的方式比较,则大致上可以说,现行的教育更多的是企图从外在的约束中控制学生的行为,使其符合规范;而指导更希望学生能从内在的自发约束中做到自控自治,从而发展个人的合理合法行为。

实践与思考

1. 什么是学前儿童心理健康指导?
2. 心理健康指导与心理教育、心理咨询、心理治疗的关系如何?
3. 分析与判断:
(1)只要有足够的耐心和热情,任何人都可以对学前儿童进行心理健康指导。
(2)学前儿童心理健康指导面对的是问题儿童。

(3)学前儿童心理健康指导主要是对儿童进行个别指导。

(4)学前儿童心理健康指导需要指导者和幼儿之间有一种民主和谐的关系。

(5)只要儿童有问题行为即是问题儿童。

(6)学前儿童心理健康指导重点应在发展与预防。

4．举例说明对学前儿童实施心理健康指导的必要性。

二、学前儿童心理健康指导的目标

学前儿童心理健康指导的目标是选择和确定指导内容、制定指导方案的重要依据，它是指引心理指导方向、调控心理指导过程的参照，是检验、评估心理指导工作有效性的标准。心理健康指导的目标有一般目标和特殊目标之分，一般目标与幼儿教育的目标是一致的，也可以说，心理健康指导的目标就是要促成幼儿教育目标的实现。但心理健康指导毕竟只是幼儿教育的一个方面，其目标应有自己的独特之处。

目前，关于这方面目标的深入具体探讨不多。有学者依据幼儿心理健康的具体内涵的不同表述，将幼儿心理健康的内涵归纳为四个方面：①积极的情绪特征；②良好的意志特征；③对现实(包括社会、集体、他人、自己)的良好态度特征；④良好的社会适应能力。其中对现实的态度特征更多地属于道德品质问题，如合作、谦让、同情、进取、诚实、友好、自信、自尊等，因此，应被归入社会教育领域，成为幼儿社会性发展的目标。对"社会适应"则应包括对生活环境的适应和对人际关系的适应，而幼儿对生活环境和人际关系的适应困难，突出地表现为情绪问题。"社会适应"中的重要内容"对人际关系的适应"，对幼儿来说，主要是教给他们人际交往的态度、规则、技能等，而这些内容又与幼儿的社会性发展密切相关，因此又成为幼儿社会教育领域的重要内容。这样,"社会适应"一部分划归到社会教育领域,另一部分划归到心理健康教育的情绪情感培养中。所以,学前儿童心理健康指导的目标可设定为:①培养幼儿积极的情绪情感(快乐向群、积极参与、好奇求知、天真活泼);②培养幼儿良好的意志特征(坚持性、毅力、不怕失败、勇于探索)。

根据幼儿的年龄特点,不同年龄班有不同的层次目标。

1. 快乐向群
小班:高高兴兴上幼儿园;不纠缠成人,离开父母不哭;遇到不高兴的事不生气、不哭闹;愿意与小朋友一起玩。

中班:在各种活动中保持愉快的情绪,遇到不高兴的事告诉父母、老师,乐意与小朋友一起共同完成成人委托的任务。

大班:受了委屈、挨了批评、没占上风不迁怒于人,不无理取闹;遇事与小朋友一起商量。

2. 积极参与
小班:积极参加各种游戏活动,乐意完成老师布置的任务。

中班:积极参加幼儿园的各项活动并能主动回答老师的问题。

大班:乐意参加竞赛活动,懂得重在参与。

3. 好奇求知
小班:对周围的人和事表现出乐于探索的热情。

中班:爱动脑筋,遇事喜欢问为什么。

大班:遇事多动脑,思考问题懂得求异。

4. 天真活泼
小班:敢在人多时或陌生人面前讲话。

中班:真实而自然地表达情感。

大班:敢于在人面前表现自己。

5. 坚持性和毅力
小班:知道不吃苦就做不成事。

中班:养成做事有始有终的习惯。

大班:学会做事一心一意,为达到目的而坚持到底。

6. 不怕失败和勇于探索

小班:事情没有做好不哭,重新再来。

中班:懂得做任何事情不可能总是一次成功,没有做好可以重新再来。

大班:失败了不灰心不气馁,总结经验重新再来。

由于幼儿的认知水平有限,幼儿的语言、内省机制发展尚不完善,所以幼儿对自己的心理问题难以描述,教师通常只能从幼儿的一些外部表现加以观察判别。因此,对幼儿的心理健康指导,我们也只能从行为矫正入手。依据以上目标和各方面关于幼儿心理健康教育的阐述,笔者认为学前儿童心理健康指导的内容主要包括增强幼儿的合理行为和消除幼儿的不合理行为两个方面。具体内容如下:

合理行为是,高高兴兴上幼儿园;不纠缠成人;离开爸爸、妈妈不哭;遇到挫折不生气、不哭闹、不迁怒于人、不无理取闹;愿意和小朋友一起玩或合作完成任务;积极参加各种活动;对周围的人和事充满好奇,乐于探索;能坚持做完一件事,做事有始有终;爱动脑筋,对同一问题喜欢并能够思考不同答案;敢在人面前讲话或表现自己;事情没做好不哭,重新再来;自己的事情会自己干;会释放不满情绪。

不合理行为是,害怕上幼儿园;过度依恋父母、老师;遇到挫折哭闹、发脾气;不愿意和小朋友一起玩,自私、与人不会合作;不愿参加幼儿园的各种活动;不爱动脑筋,做事不愿尝试;不敢在人面前讲话或表现自己;不能坚持完成一件事,活动转换快;爱冲动,有破坏性行为、攻击性行为;有不良习惯如挑食、偏食、吸吮手指、咬被角、咬指甲等;有不良品德行为如说谎、讲脏话、独占玩具等。

实践与思考

仔细观察小班、中班、大班幼儿的生活、学习、游戏活动,将不同年龄班幼儿的比较突出的不良行为表现罗列出来,并分析讨论学前儿童心理健康指导目标如何设定。

三、学前儿童心理健康指导的方法

(一)增进合理行为

前面述及,学前儿童心理健康指导要做好教育和矫治两方面的工作,幼儿行为偏差或异常行为的矫治方法主要依据治疗理论和方法技术,结合幼儿实际,采取有针对性的矫正措施。目前,心理治疗的心理学流派众多,理论繁复,方法多种多样,归纳起来主要有这样几大类:(1)在心理动力学基础上建立起来的精神分析疗法;(2)在行为主义理论基础上形成的行为疗法以及认知疗法;(3)在人本主义理论基础上确立起来的患者中心疗法和以心理—神经生理—生物学综合模式为基础的催眠暗示疗法等。其中行为疗法较适合学前儿童,而患者中心疗法中的游戏疗法也较适合学前儿童。结合幼儿园开展行为矫治的实际,以及幼儿发展的特点,现将有关方法介绍如下:

1. 积极强化法

从巴甫洛夫、华生以及斯金纳开始,一大批行为心理学家就开始重视研究有关刺激和行为反应之间的联接问题,采用这种联接学说进行有关的行为治疗的尝试。积极强化即是其中的一种方法。

所谓积极强化,是指在一定的情景中,当个体作出某个行为之后,随即出现的行为或事物如果导致个体增加从事这个行为的机会,那么该个体便获得了积极强化。如:一个胆小的幼儿突然举手发言,老师马上给予表扬和肯定,那么该幼儿以后可能会经常举手发言。在这种方法中积极强化物十分重要,它直接刺激并导致行为发生的概率增加。

实施积极强化的操作程序:

(1)准确选择所要强化的行为。所要强化的行为应该是具体明确的行为,如学会保持静坐 10 分钟,而不是笼统的行为,如不调皮。

(2)合理挑选强化物。

● 选择积极强化物必须因人而异,把个体差异考虑进去,且应易用。

● 挑选的强化物需要在满意行为一旦出现后,能立刻使用。

● 强化物要能够反复使用而不会很快让人生厌。

(3)适度运用强化。

● 强化实施前,把计划告诉被矫治儿童,以期取得积极配合。

● 满意行为一旦出现后立刻实行奖赏。

● 强化的同时伴随口头叙述,这是一种社交性强化,如你这一堂课能够集中注意听讲,很不错。叙述不能太笼统,如说"你是一个好孩子",这样儿童不易把握。另外,叙述方式也可以经常有些变化。

● 对于年龄比较小的儿童,可以在强化的同时适当伴随身体接触(如抚摸脑袋)。

(4)逐渐脱离强化。

● 如果连续 10 次以上保持满意行为,则可以逐渐取消强化。

● 脱离强化应该是逐步进行的,通常是从具体强化物(如给予看卡通电视的时间)转向社交强化(如满意地微笑)或寻找环境中的其他自然强化物,维持一段时间后再脱离强化。

● 注意定期评估行为。

实施积极强化的注意事项:

(1)在指导之前必须对于靶行为加以精确的定义和测量,在这里至少有两个靶行为需要测量,一个是需要去除的,另一个是需要增进的。

(2)在对于行为的基础发生频率(即开始指导前的行为发生频率)进行评估之后,方可以开始实际的强化训练。

(3)强化物的选择主要是一个经验问题,根据不同儿童可以作出相应选择。有人将强化物分为五类,在选择时可供参考:

第一类:消费性强化物,指糖果、饼干、饮料、水果等一次性消费物品。

第二类:活动性强化物,指看电影(电视)、看画册(小书)、过生日、郊游等活动。

第三类:操作性强化物,指玩球、涂颜色、绘画、跳绳、骑小车、游戏等。

第四类:拥有性强化物,指在一段时间内孩子可拥有、享受的东西,如有机会坐自己喜爱的椅子、穿上自己喜欢的衣服、有一块属于自己的"小天地"以及其他像小红旗、花纸等个人拥有物。

第五类:社会性强化物,指个体喜欢接受的语言刺激或身体刺激,如口头赞扬、温情的轻拍、拥抱、点头微笑甚至仅仅是注意一下(社会性关注)。

另外,使用强化物问卷了解学前儿童的喜好,也是一个常用方法;还可以通过询问或观察孩子的日常活动来了解孩子究竟喜欢什么。

强化物问卷

指导语:这份问卷是用来确定什么东西是你最喜欢的,以便在随后的训练中可以用来帮助你改造行为,希望你能够配合。请仔细阅读下面每个问题,并填上适当的答案。

1. 消费强化物：你喜欢吃(或喝)什么东西？
   (1) 喜欢吃的东西：
      零食类(如巧克力、水果、爆米花等)_____；
      点心类(如煎饼、包子、烧卖等)_____；
      甜食类(如冰淇淋、糖果、蛋糕等)_____；
   (2) 喜欢喝的东西(如牛奶、果汁、可口可乐等)_____。
2. 操作强化物：你喜欢玩什么玩具或游戏？
   (1) 玩具类：
      娃娃类玩具(如布娃娃等)_____；
      战斗类玩具(如玩具枪、大刀等)_____；
      智能类玩具(如电动汽车等)_____；
      图书类(列出具体喜欢的图书名称或类别，如童话等)
      _____；
      其他_____。
   (2) 游戏类：
      娃娃家类游戏_____；
      运动类游戏(如跳绳、捉迷藏等)_____；
      绘画类游戏_____；
      智能类游戏(如扑克、棋、电子游戏等)_____；
      故事类(谜语、故事等)_____；
      其他_____。
3. 活动强化物：你喜欢做什么事情？
   业余爱好_____；
   运动(如打球)_____；
   娱乐(如看电影)_____；
   游玩(如逛街、郊游)_____；
   学习(如语文)_____；
   交友_____；

其他_____。

4. 占有强化物：你喜欢拥有什么东西？
日用品(如发夹、梳子等)_____；
服装_____；
学习用具_____；
其他_____。

5. 社交强化物：你喜欢别人的哪些言语或身体的刺激？
(1) 言语类：
委婉幽默的赞许_____；
直率的赞许_____；
指向一定内容的赞许(如长相、服装等)_____；
其他赞许_____。
(2) 体态言语类：
直接的体态言语(如拥抱、挠痒痒等)_____；
间接的体态言语(如点头、抚摸头部等)_____；
其他_____。

注：对于比较小的儿童可以由父母或其他成人代为填写或让儿童听写。对于不能理解的内容可以作适当解释。

(4) 在实际指导开展之后，如果连续几天强化都不能导致孩子的靶行为发生改变，则说明该强化物可能对孩子的行为缺乏强化意义，需要考虑及时改变强化物。

(5) 注意满意行为一旦出现，要及时给予强化。

(6) 合理行为得到巩固之后，便需要逐渐减少强化的频率，以维持行为；同时，强化物也需要加以调整，逐步让受指导者从人为设计的强化物转向现实社会生活中的自然强化物。

积极强化一般可用来矫治儿童的神经性厌食症、偏食、遗尿、多动、缄默、孤独以及学习困难等问题行为。

2. 行为塑造法

行为塑造法是行为疗法中最常用的技术之一。前面已介绍了积极强化,而事实上,由于种种原因,对于有些儿童来说,即使对他们施加了积极强化,他们也总是无法接近那些目标行为。在某些情况下,他们甚至会无法对于积极强化作出反应,主要的原因是那种希望他们去做的接近行为对于他们来说太复杂了,以至无法驾驭,也就是说在那些儿童形成的合理行为中包含了许多儿童无法对于条件性强化作出适当反应的步骤。在实际操作中,指导者需要将其分割成一些更加具体的步骤,这就需要行为塑造技术。

在行为塑造中,我们可以告诉儿童每个具体的步骤,我们希望他做的行为,并通过这每一个步骤来最终实现我们期望他达到的目标。譬如,如果一个男孩害怕走出家门,这时指导者如果单纯使用强化的方法,仅仅让他由父母陪着在附近的街道上作短暂的散步,并相应地施加强化,这样的效果未必很好,因为其中包含了很多的具体步骤无法处理。采用行为塑造便能够很好地解决这个问题。指导者可以继续采取强化的方法,只是将步骤减少。第一步,要求他走到自家的门前,打开门向外张望,这样便可以得到强化;接着,让孩子进一步站到街边上去。如此继续下去,逐渐增加他离开家门的时间和距离。

综上可知,行为塑造法是一种程序,用来形成某个人目前还没有的行为,即个体从不会到一步步学会一个新行为的过程。它是从强化一种与最后新行为稍微接近,且其出现率稍高的反应着手,连续强化最接近新行为的反应并消除前一个较接近这个行为的反应,从而最终建立起这个新的行为的过程。

施行行为塑造法的操作程序及注意事项:

(1)确定具体的目标行为。塑造的第一步是要清楚地确定最后所要达到的行为,应该明确指出该行为的所有特征,如行为发生的次数、行为表现的形式、行为的强度等。另外,也应说明行为出现或不出现的条件。

(2)选择适当的强化物(参见积极强化有关原则)。

(3)选择一个合适的起点行为。在塑造程序中,由于目标行为起初并不可能发生,且又必须强化一些接近它的行为,所以一定要先选择一个合适的起点行为。这个起点行为应当是幼儿有可能发生的,以便可以强化;同时这个起点行为还必须与目标行为相似,至少也要是相关的。

(4)设计塑造步骤。在塑造计划开始之前,最好能大体规划出孩子为了接近目标行为而需要做出的相近的行为,即确定几个中间过渡的阶段。

(5)正确进行操作。

● 在开始进行塑造程序之前,应告诉幼儿所定的计划。

● 在每个起始反应发生时应立即给予强化。

● 在幼儿还没有掌握前一个接近性行为时,不能进行新的接近性行为训练,否则容易导致前一个接近性行为已消退,而下一个新的接近性行为又没建立的尴尬局面。如果不能确定何时让幼儿进入下一个新的接近性行为时,一般可使用经验法则判别,即目前训练十次中有八次以上正确,便可进入下一步训练。

● 任何一步都不能强化太多次。如果一个连续接近的行为经过长时间的强化和重复以致变得过度牢固了,那么新的接近性行为就会很难再建立起来。

● 如果幼儿停止反应,即不再执行规定的行为要求了,那么原因可能是塑造程序步调不恰当或者强化物失效了,就应采取如下措施:第一,检查强化物的有效性;第二,如果幼儿显得注意力不集中或表现出不感兴趣、厌烦时,那么步子可能太小或太快了,应立即调整;第三,如果幼儿对前一步的重复练习仍有困难,就应在这一步上增加更多的小步骤。

除此之外,塑造过程中,教师还必须仔细观察幼儿的行为,及时调整不恰当的行为程序,如变化步骤的大小、加速或减速,甚至是否需返回到程序中某一个步骤再重新进行塑造训练等等。

行为塑造法可用来矫治幼儿的孤僻、行为障碍、语言障碍、恐怖、攻击行为等问题行为;在用于建立单一行为方式时,则更为有效。

3. 代币管制法

它是积极强化的另一种形式,指利用代币作强化刺激来进行行为矫正的方法。代币指的是可以在某一范围内兑现物品的证券,它可以有许多形式,如小红旗、塑料片、五角星、记号、数点、2分票以及其他有明确单位的东西。这种方法除了在强化上比较有力以外,指向也非常具体明确。

施行代币管制法的操作程序:

(1)选择目标行为。这些行为可以是行为结果(如在规定的时间中做完了一定数量的数学题),也可以是具体的行为(如能够迅速地按照老师的指令行动)。

(2)建立基线。实施代币管制技术前,必须根据特定的目标行为的反应特点,选择合适的方法,测定基线数据,为矫正程序正式开始后观察行为的变化,提供一个比较的基础。

(3)需要选择用于作为次级强化的代币(筹码)工具,如纸牌、自制的小卡片或者像很多幼儿园中广泛使用的那样,在墙上的分类栏中贴小红花。通常比较小的孩子喜欢有型的筹码,而对于比较大的学生则可以运用符号记录的方法。

(4)选定支持强化物。幼儿在领取代币以后必定会拿它来交换作为报酬的支持强化物。选择支持强化物的方法与选择强化物的方法基本一致(详见积极强化法)。

(5)拟订代币交换系统。代币交换系统应指出何种行为可以获得一个代币或几个代币;应给所有选定的有效支持强化物确定一个价值,让儿童知道积累多少代币才能换得相应的支持强化物,规定交换的时间、地点,并监督其交换。

(6)教师开始根据学生的行为发放筹码,一旦出现合理行为,立即给予筹码。同时,至少每天要和幼儿交换一次筹码,并且兑现有关奖赏承诺。以后可逐渐减少次数。

(7)经过几周之后,需要对进展进行一次评估,并且相应地进行调整,去除一些旧项目,增添一些新项目。

(8)在整个过程中需要随时对于不当行为给予惩罚(细节参考惩罚法阐述)。

(9)把代币制泛化到自然环境中去。当幼儿的目标行为反应达到期望满意程度后,还应帮助幼儿脱离代币制,以适应自然环境。常用的方法有两种:一种方法是逐渐取消代币,即通过逐渐减少赢得代币的数量,或逐渐延长目标行为和代币发放之间的时间来实现;另一种方法是逐渐降低其价值,即通过逐渐减少一定量的代币可兑换到支持强化物的数量,或逐渐延长获得代币和兑换支持强化物之间的时间来实现。具体采用何种方法更有效,要因人而异。

施行代币管制法的注意事项:

(1)在应用代币管制技术时,需要仔细考虑好该应用何种代币合适,虽然目前不少代币都是选择如卡片、硬币或票据等具体筹码,但是这种代币也存在不少问题,如容易遗失、被损坏或相互之间可以交换等。因此,现在很多人建议采用计算点数或给记录符号的方法。下面是一记点的样本,可作参考。

靶行为*	行为定义**	点数
1. 课堂行为	指在每一节课上的行为(细节略,下同)	
不随便讲话	不主动与他人说话,也不受他人引诱说话	2
不做小动作	认真听讲,不做与课堂活动无关的个人行为	1

靶行为*	行为定义**	点数
不攻击别人	不发生任何伤害他人的行为	2
2. 课间行为	指每一节课之间的行为	
参与游戏	主动参与或不拒绝同学邀请	2
不做恶作剧	没有发生令同学尴尬的骚扰行为	1
合作	在游戏等活动中能够合理完成分工	2
不骂人	没有用粗鲁的言语骂任何人	2
不打人	没有攻击任何人	2
情绪表达适当	能够控制自己的情绪	1
3. 家庭中行为	指所有在家中时的行为	
与父母合作	在家庭中能够合理完成分工	2
做适当家务	完成力所能及的家务劳动	1
不擅自离家	未得到父母同意的情况下不离开家	1
按时完成作业	完成家庭作业之后再做其他业余活动	2
不发脾气	能够控制情绪,适当表达	1
不骂人	没有用粗鲁的言语骂任何人	2
不打人	没有攻击任何人	2

注:*如果所列的靶行为出现,按所列点数加分;如果没有出现则相应减分。譬如,当课间该儿童发生了合作行为,则得到2点奖励记录;如果没有与同学合作,则从已有的点数中扣除2点,作为惩罚。

**实际训练中应列出具体行为定义,如逐项列出其所应该做的行为。

(2)在开始提供代币管制之前,需要明确地区分出哪些行为是需要的、哪些行为是不需要的以及获得奖赏的具体规则。

(3)目标行为要明确具体,避免使用"不合作"、"调皮"、"讲卫生"等抽象笼统的词。

(4)有学者提出四五岁以下儿童不适合采用此法。

此外,在运用这一技术时,还需要注意一些误解。譬如,有些教师可能会抱怨,一方面很难专门针对个别幼儿进行训练,另一方面,这种训练还很可能会令很多幼儿感到不公平,因为老师把注意力全部集中到个别幼儿身上。从实际情况看,这些都只是暂时的,随着老师和同学对于训练的适应,这也就成了他们身边的正常现象了。另外,也有人认为,这种训练会令这些幼儿在集体面前感到自卑和抬不起头来,其实这也是一种多虑,因为在这种训练中始终贯穿了积极强化,所以是不可能导致大家对这名幼儿的消极认知的。

代币管制法可用以矫正幼儿的多动、攻击行为、胆怯、孤独、不良习惯等多种问题行为。

4. 负强化法

这是一种通过取消厌恶刺激以增强受指导者进行某种行为的可能性的行为治疗技术,也就是说若儿童发出某一种行为,结果可避免厌恶刺激(或称负强化物),则以后在同样情景下,该行为的出现率会提高。

在讨论负强化时,为了更好地理解负强化法,有必要与前面已经论及的积极强化法(正强化法)和以后将要论及的惩罚法作一比较。依据操作学习原理强化可以分为四种类型:①正强化。给予一个好刺激,运用奖励的方式,使需要建立的行为模式重复出现并保持下来。②负强化。去掉一个坏刺激,为引发所希望的行为的出现而设立。③正惩罚。施加一个坏刺激。这是当不适当的行为出现时,给予处罚的一种方法。往往是给对方一种使之感到不快的刺激。④负惩罚。去掉一个好刺激。指当不适当的行为出现时,不再给予原有的奖励。这四种类型构成了行为疗法中的一种重要治疗模式——强化疗法。它可起到三个作用:①增加合理行为;②提高期望行为发生的可能性;③减少不合理行为。具体又演化成几种方法,前面讨论的三种方法即是正强化的具体运用。而正惩罚、负惩罚在下面介绍的惩罚法中会具体体现。那么如何来区别负强化法、正强化法与惩罚法?(见表2-1)

表2-1 负强化法、正强化法与惩罚法辨别方法

	给予	取消
正强化物	A. 正强化法	B. 惩罚法
厌恶刺激	C. 惩罚法	D. 负强化法

当幼儿从事一种行为时,教师给他以喜爱的强化物,这叫做正强化法;当幼儿从事一种行为时,立刻给予他以厌恶刺激,这叫做惩罚法;当幼儿从事某种行为时,立刻取消原来享有的正强化物,这也为惩罚法;当幼儿从事某种行为时,即刻取消原来给予他的厌恶刺激,这称负强化法。

施行负强化法的程序及注意事项:

(1)确立目标行为。确立的目标行为必须明确具体。要说明用何种良好行为来替代不良行为,不良行为最好是可观察或可测量的。

(2)选择适当的厌恶刺激。

● 选择的厌恶刺激必须能使幼儿产生极大的不适应感,如难受的苦味,难忍的强热、强冷等。

● 选择的厌恶刺激应该是一种在满意行为出现时能立即终止的刺激物。

● 选择的厌恶刺激又要是学校教育和社会道德所能容忍的,不会影响幼儿的身心与安全。

(3)选择警告刺激。警告刺激又可称为条件厌恶刺激,它是几秒钟后厌恶刺激到来的信号。铃的响声、灯泡发光乃至教师注视的目光、皱眉、口语等都可作为警告刺激。警告刺激以备回避程序

之用,但最终警告刺激是要被去掉的。

(4)尽量减少不良行为产生的诱因。

● 矫正初期要尽量控制不满意行为的刺激,要尽量消除对不满意行为的可能的强化。

● 在使用负强化的过程中需要厌恶刺激,因而在使用时要考虑到厌恶刺激可能带来的副作用,克服其消极影响,如由此引发的新的不良情绪反应、产生逆反心理以及假意屈从等。

负强化法适合于矫正幼儿的自伤行为、咬指甲、吸吮手指以及爱哭等不良习惯。

5. 榜样学习法

在日常生活中我们经常看到有的小孩看见大人刷牙,他也拿着牙刷刷牙;看到妈妈化妆,他也拿着口红涂抹,这就是榜样学习,也即通过观察某人的行为来习得某种行为。我们通常将通过观察学习来增加、获得良好行为,减少、清除不良行为的方法,称为榜样学习法。

榜样学习法源于班杜拉等人提出的社会学习理论。依据班杜拉的理论,榜样学习可以区分为现实榜样学习和符号榜样学习两种。

资料一 1967年,班杜拉等人曾对48名年龄在3~5岁的对狗恐怖的儿童进行治疗。他们把儿童分配在四个小组中:①榜样示范、积极强化情境匹配小组——儿童观看同伴在一个气氛轻松的晚会上(积极强化)与狗玩耍(榜样示范);②榜样示范、自然情境匹配小组——儿童同样观察一个同伴与狗玩耍(榜样示范),但这一次是在生活中自然发生的;③暴露、积极情境匹配小组——儿童被安排参加一个晚会(积极强化),这时一只狗出现在会场,但是没有榜样陪着(暴露);④单纯提供积极强化情景小组——儿童仅仅参加一个轻松的晚会,没有狗出现。每组的孩子都被安排在连续四天的时间中进行八次训练,每次时间大约10分钟。结果显示,前两组的效果明显好于其他组。

(摘自《儿童青少年心理治疗》,傅宏著)

资料二　班杜拉等人(1968)采用电影示范的方法,对48名年龄在3~5岁的对狗恐怖的儿童进行治疗,所取样本在人数和年龄上与上例中的样本相同。这些儿童被分为三组:第一组观看单独的榜样示范,由一个5岁的不惧怕狗的男孩从比较安全的情景开始,逐渐接近最令人恐怖的场景。比如,电影最初放的是这个男孩在一个围栏边上观看狗,然后进入围栏中,进而去喂狗和抚摸狗。第二组的儿童观看的是几个男女榜样在各种不同的场合下与一些狗玩耍。第三组是控制组,这些孩子观看一部和上面两组同样长度的迪斯尼卡通电影(其中没有出现任何狗的场面)。以上儿童分别在连续四天的时间中观看了八部不同的电影,其中每部电影的长度均为3分钟,每天播放两部。结果显示,在对前两个实验组中的儿童进行后测的时候,其回避狗的行为都有显著改善,而对照组依然显示高恐怖。

(摘自《儿童青少年心理治疗》,傅宏著)

在以上两个资料中,资料一中的前两组采用的即是现实榜样学习法。它是指榜样通过实际的或真实情景,来展示在某种情景中的行为,并为儿童所学习。资料二中的前两组采用的即是符号榜样学习。它是指通过电影、电视、录像或想像来呈现榜样,并为儿童所学习。

再譬如想像你自己与另一位朋友正在音乐会上欣赏小提琴演奏,在你的后排有几位听众,正在制造各种噪音干扰其他人,令人厌恶。有一位坐在你身边的人(楷模)回过头去对那些发出噪音的听众说:"请你们安静一点好吗?"这就是采用的想像模仿学习。

施行榜样学习法的操作程序及注意事项：

(1)选择好要改变的行为。所确定的行为必须是可观察和测量的，必须是学前儿童有能力模仿的，必须是已经清楚地分解为一个个小步骤的行为。

(2)正确实施示范。

● 在示范前，要注意吸引幼儿的注意力，使幼儿能够在示范某种特定行为时注意力集中。例如，在示范某种行为之前，最好能给幼儿以口语暗示，如先叫幼儿的名字，然后对他说"跟着我做"，紧接着立即示范要模仿的行为。

● 清楚明确地示范所确定的行为。

● 在示范中止前要暂停一会儿，缓慢地展示示范行为，增加示范行为出现的时间，让幼儿多一点时间看示范行为。

(3)模仿行为产生后要给予强化。幼儿每一次正确模仿或与示范行为大致类似的模仿之后要立即给予强化；但在幼儿已学会行为之后，要改用间歇强化方式，使其能够持续表现该行为。同时，要注意用口头赞赏来说明行为与强化之间的关系，如"你能跟我们一样与狗玩耍，真好"，并注意选择合适的强化物(参见前一部分相关内容)。

(4)确切记录幼儿的模仿情况。必要时，要改进整个行为矫正方案，以达到预期的目标。记录时，只需在每次示范后，用简单的符号表示幼儿模仿行为的正确与否即可。

需要说明的是：

(1)被模仿者的年龄、性别要与幼儿的年龄、性别相似，否则会影响模仿效果。

(2)示范的情景(或场合)要与幼儿需要形成的行为的情景(或场合)接近。例如，我们要让孩子不害怕没有拴上链子的大狗，那么在示范情景中就不适合让榜样去接近一条小狗。

(3)在幼儿模仿行为时，要确定每次有不良行为产生时，都给予适度的惩罚,如隔离或忽视等,但切忌发火或训斥幼儿,以免给幼儿以不良行为的示范。

(4)想像模仿不适用于婴幼儿或智能不足者的矫正,因为想像模仿要求注意力高度集中和有较好的想像力。

榜样学习法可用来矫治幼儿恐怖、退缩、强迫行为、胆怯、抑郁、焦虑和孤独等多种问题行为。

6. 间歇强化法

在休闲的日子里,我们经常会遇到这样的场景。和煦的阳光下,两三名垂钓者相约端坐鱼塘边,静静地守候着。突然,会听到一声惊喜的叫喊,钓到了,钓到了,哪怕是一条小猫鱼。这就是间歇强化在日常生活中的体现。买彩票、摸奖等,我们随处可以看到这样的事例。

所谓间歇强化是一种偶然地(或间歇地)而不是每一次都对所发生的行为进行强化的方法,它与我们前面介绍的正强化和后面将要介绍的消退法不同。前面介绍的积极强化是一种连续强化。譬如,孩子不肯吃药,若告诉他,一吃完药,就可以吃一颗糖,那么孩子吃药的行为就会增加(连续强化);相反,若此后每一次孩子吃完药,不再给他糖吃,那么这种吃药行为就可能会减少(消退)。如果我们把连续强化和消退串在一条线段上,那么连续强化处于线段的一端(行为每发生一次,就强化一次),消退就处于线段的另一端(行为发生,不予以强化),介于这两个极端之间的一种强化,就是间歇强化。间歇强化可用于增加行为,也可用于减少行为,且若使用得当,效果比正强化法和消退法都好。

资料一 1948年哈佛大学教授斯金纳曾以鸽子做实验,在他的实验里,把8只鸽子分别放进8个特别的实验箱中几分钟,不管当时每只鸽子从事何种工作,每隔15秒钟,便自动给予谷粒增强物。一连几天后,其中竟有6只鸽子养成阴阳怪气的迷信行为。

第一只不断向反时针方向打转,有如陀螺旋转一样;第二只频频叩头如捣蒜,第三只频频举首引颈如撞钟;第四、第五只头部、颈部连上身作左右摆动如钟摆;第六只则装摸作样作洗澡擦喙状。

(摘自《儿童行为的塑造与矫正》,林文正著)

资料二 罗伯特曾对4位学前班的学生进行研究。他们分别有一些不良行为问题:脑损伤、有一点语言或智力问题、活动过度、严重的捣乱及攻击性行为。为了使这4位儿童能顺利地进入正常学习,罗伯特想通过固定比率程序来训练他们掌握两种基本的学习技能——遵循指示和模仿。

训练在一个较大的且设备良好的教室里进行。教室被分成两个区:一是教学区,一是游戏区。在教学区里有代币,作为教学强化物用。在游戏区里有计时器以记录游戏的时间。学生得到代币就可以到游戏区去换5分钟的游戏时间或兑换小点心(如糖果、饼干等)。训练时间是星期一至星期四的下午,每天下午各两个半小时,其中有一部分是自由活动时间。

游戏区里的游戏活动共有四五种,学生可自行选择。为了吸引学生,这些游戏活动几乎天天变换,而且至少要有一项是每个学生都喜爱的。

在教学区,有14种是学前作业,周一和周三用其中7种作业,周二和周四用另外7种。这些作业需要视觉比较,如对图形、颜色及大小进行配对;要求注意物体及手眼协调。每种作业包括5~15个反应,这些反应都不需要用语言表达(因这些学生都有些语言障碍)。

训练的过程为:7种作业都排在桌上或地毯上,然后,老师宣布下面半个小时是代币时间或学习时间,请孩子们按照老师所提出的要求完成作业。学生可以按照自己的愿望自由选择某项作业。在作业过程中,老师可以随时帮助孩子完成作业如示范、引导、教导、赞赏等,如果学生完成了作业并达到标准,老师就给予表扬,并给予一块代币,学生拿到代币后就可以到游戏区去玩,每次5分钟。对于懒惰不做作业或注意力不集中的学生,老师不予理睬。训练的结果见图2-2。

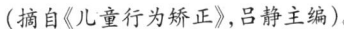
(摘自《儿童行为矫正》,吕静主编)。

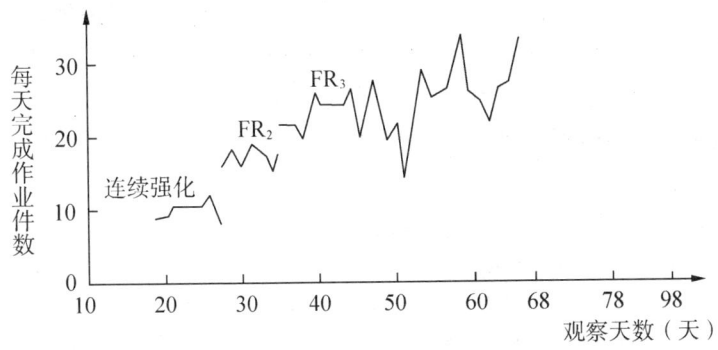

图2-2 某被试在各个阶段每天平均完成作业件数

间歇强化法依时间和次数划分,主要有下列4种不同类型。

(1)固定时间间隔强化。固定时间间隔强化是指需要强化的行为在前次强化后,经过某段固定的时间,再次发生,就给予强化。如每隔5分钟观察一下,幼儿是否仍在座位上画画。但是固定时间间隔法有一定的局限性,从某种程度上说,固定时间间隔中的大部分时间成了停顿的时间,行为只要发生在被检测的瞬间,就可以得到强化。如上例中,只要孩子在快到5分钟时,坐位置上画画就可得到奖赏,实际上孩子在座位上安静画画的时间可能还不到1分钟。所以,要结合其他方法一起用,如规定5分钟要完成画的多少部分,这样,隔5分钟完成了某部分画即给予强化,这就是结合固定比率法。

(2)可变时间间隔强化。可变时间间隔强化程序是指在一次强化发生以后到下一次强化发生之前两者之间的时间间隔围绕一个平均值不可预测地进行变化。也就是说,每一次强化物的施给,均以不固定时距为准,随时变化,有时只隔2分钟,有时则要相距数十分钟。譬如牛牛在幼儿园内显得过于好动,没有安静的时候,老师为了形成孩子适当安静的行为,可采用此法。一天中可隔2分钟、5分钟、8分钟、15分钟等等,观察牛牛是否有安静的行为,是,则给予强化,此时间间隔大概平均10分钟一次。可变时间隔法在两次强化之间没有停顿现象,幼儿无法预测行为发生在什么时间才能得到强化,所以幼儿只有一直保持或从事所要求的行为。它适用于一些持续性行为的训练。

(3)固定比率强化。朵朵是个安静、内向的女孩,在上课时从不主动发言,老师就跟她说:"如果每次课能主动举手发言2次,老师就给一颗五角星。"第一天朵朵没敢举手,第二天,她终于胆怯地举起手,老师请她发言,她回答得很好。这给了她信心,一会儿又举起了手,老师又请她回答问题,并奖给了一颗五角星,朵朵很高兴。此后,慢慢地,朵朵上课再也不怕举手发言了。此例中,这位老师就运用了固定比率强化法。所谓固定比率强化法是指只有当幼儿作出的行为反应达到所要求的特定次数时,该反应才能得到强化。固定比率强化法也有一定局限性,即强化与强化之间有"停顿"现象,所以若要训练孩子的持续性行为,不宜选择此法。

(4)可变比率强化。朵朵的案例向我们解释了固定比率强化法,但是一般情况下,我们在正常的幼儿集体活动中,老师不可能对每位幼儿每次举手发言的行动都给予强化,有时有的小朋友要举三次手才能发言,有的小朋友举五次手才能发言。幼儿不知道这次举手能否发言,但仍然不断举手,因为说不定老师会叫自己回答,从而该幼儿就会得到强化(心理的愉悦、满足)。这种情况就是可变比率强化,每次强化所要求的反应数目不是固定的,而是在不可预测地变化着。由于可变比率强化法每次强化所要求的反应数目不确定,幼儿不得不持续地作出反应,以求强化,故而比固定比率强化更优。它在强化后几乎没有停顿时间,每次强化所要求的行为(或反应)的数目要比固定比率强化法中增加的范围大,但它不便于操作。

运用间歇强化法的原则:

(1)选用的程序要适合目标行为即程序最终要达到行为目标。前面已经介绍过,每种程序都有其长处和局限,必须根据被矫正行为的性质和特点,仔细加以选择。

(2)当几种程序都适宜的情况下,尽量选择便利于操作的程序。

(3)选用合适的工具和材料来精确地、方便地决定什么时候对行为进行强化。如可用计数器、一串珠子或简单的纸和笔来帮助计数;可用闹钟、停时表来帮助计时;应用可变程序时,则还需要有一张随机数表或其他能得到随机数字的工具,如围绕所选的平均数而变化的数字表等。

(4)训练开始时,强化的次数要多,甚至一开始可以采用连续强化方法,以后强化次数逐渐减少。也就是说,间歇强化程序中,一开始每次强化所要求的数目不宜过多,时间间隔不宜过长,以后逐渐可以增加次数,拉长间隔时间,但确定强化频率还需注意个体差异。对可变程序来说,有一点非常重要,这就是为了防止停顿现象的出现,时常要插入一些较短的或瞬间的时间间隔,使行为者无规律可循,无法预测确切的强化时间。从总的趋势来看,间隔的时间趋向越来越长,值得注意的是每一阶段必须有足够长的时间使行为得到巩固,然后再进入下一程序或阶段,千万不可使程序增加过快。

(5)最好把训练计划告诉幼儿,使他们能了解将要进行的程序。

间歇强化法适用于培养孩子的合群、合作、坚持性、看书、思考、安静等良好行为,但间歇强化实际上是一种延迟强化,所以对学前儿童中小年龄班的幼儿不适宜采用。

7. 社交技能训练

在学前儿童的一些行为问题中,往往存在着人际关系的障碍,缺乏基本的社会交往技能,不懂得如何与人相处,所以很需要接受社交技能训练。社交技能训练作为一种行为治疗的手段,已经在儿童青少年及成人的许多治疗中得到广泛运用,它不仅可用于团体训练,也可用于个体训练,但目前在学前儿童这一阶段使用尚不多见,我们认为有些方面值得借鉴。下面借引一些资料,来说明该方法的步骤及效果,以使大家在对学前儿童行为训练中有一新的思路。

这是一个采用戏剧法进行的社交技能训练设计,目的是要让儿童青少年通过一些角色扮演,在假想情景中发现自我和改善社交技能。

心理戏剧法是通过扮演各种情境,使儿童青少年明了自己的个性和反应类型。由于它可帮助个人缓冲情绪、更深刻地理解自己和别人,因此,在心理训练中被广泛运用。心理戏剧法一般适用于小组心理训练活动,也可以用于自我改进。这里介绍的是一种个人戏剧法。

步骤一:感受转变。这一阶段训练的目的是首先把个人坏的心境(如孤独、压抑)用好的心境加以替换(如宁静、愉悦),以便于进一步解除社交行为问题。

通常的理解是:当我们体验到悲哀的时候,我们便会哭泣,这是一个很正常的逻辑;但是,在实际上,当我们哭泣以后,哭泣行为本身又会使我们增强对悲哀的感受,变得更加伤心。反过来也是一样,开怀大笑会令我们感到更加舒畅。换句话说,当个人真实地模仿一种外在的行为(例如模仿大笑)时,也就在体验这种行为所体现的深层心理感受(例如喜悦)。这一原理对于心理训练的意义在于：当要求患儿刻意地去模仿某种表情时，他的心境也就随之在发生改变。

因此，步骤一的具体方法是：首先让患儿闭上眼睛，专注地去经验一下自己现在的情绪经验，如感受自己的烦躁、郁闷；然后，尝试去回答"是什么事情让你感到困扰"、"到底有什么可以烦恼的"。弄明白之后，就对着镜子，尝试去扮演与此相反的表情，如安详、大笑等。随着患儿的这种表情改变，他也就开始获得了一种新的体验。

在最初的这个步骤上可以不要加上言语。要知道，有很多情绪是无法用言语来表达的，用非言语的方式反而可以更尽情、更适当地抒发这种情绪。

步骤二：注视自我。当患儿表达自己的这些感受时，要求他们在镜子中保持对自己的注视。这时，可以让他们设想将自己分裂成两个自我，一个是客观的自我，通过眼睛在镜子中注视着另外一个自我的表演；另一个主观的自我通过操纵自己的表情将各种感受尽情地抒发出来。患儿一边观看自己的表演，一边问自己这么一个问题："我是否开始表现出安详愉快了？"这样反复地练习，可以帮助患儿触及自己的感受，并更好地表达它们。

在触及到个人的真实感受时，进一步让患儿用客观自我及时地挖掘这种感受的根源。让患儿看着自己，问自己这么一个问题："究竟是什么使我感到心烦意乱和气恼的呢？能否通过一种更为积极的方式去替代它呢？"通过这种反复挖掘和新的尝试，渐渐地那种坏心境将会被消除，情绪或许真的已经开始改变了。

步骤三：潜抑转移。在挖掘自我的时候，患儿可能会发现，有些使他感受压抑却又难以表达的东西，若能实际地表达出来，会使人感到很畅快。譬如，某个同学感到自己压抑是因为自己在课堂上经常被同学奚落而不知该如何回应他们。这时，通过角色扮演可以解除因这种压抑而造成的紧张。换句话说，当这种忍耐受到强烈冲击时,可以让患儿依靠自己把这种冲动安全地释放出来。

具体的做法是,把这种潜抑尽可能地释放到肢体上,转变成为一种外部能量,并向体外释放出来。选择一个比较安全的场所,把一个厚垫子放在墙脚,然后让患儿猛踢它;也可以用拳头击打枕头,以此发泄郁闷。开始之初,还可以让患儿在被击打的物体上贴上他所希望攻击的那个对象的面部画像。如果觉得必要,也可以大声说出心里的想法,总之越猛烈越好。当患儿感到精疲力竭时,便要求他把所有的恼怒统统讲出来。

一旦这些品行障碍的患者能够以一种无害的行为发泄自己那些令人讨厌的感受,他们也就会渐渐平静下来,并且变得能够更为理智地去处理问题了。

步骤四:榜样模仿。著名的俄国戏剧家兼导演斯坦尼拉夫斯基曾经提出,演员在创作一个角色的时候,包含了两个方面的内容,一个是外部角色内容,一个是内部角色内容。所谓外部角色,是指个人外在的言谈、举止、行为习惯、穿着打扮等;而内部角色则是一个人的内心体验和思想内容等。按照斯坦尼拉夫斯基的这个观点,外部角色先于内部角色而发生。也就是说,有什么样行为举止的人,也就会有相应的内心世界。因此,当一个演员在模仿一个角色的言行举止的时候,他也就开始体会到这个角色的内心世界。按照这个原理,当训练个人去对榜样进行模仿的时候,必须从模仿其个人的外部行为举止开始,然后逐步深入体会榜样的内在实质。这便是这一步骤的基本训练思想。

具体训练方法如下:

首先,由患儿表述一段最近发生的具体问题情节(如果在团体中还可以经常将这个问题情节扮演出来)。譬如,患儿在前一天骑车出门时,与另一辆自行车相撞,患儿虽觉得自己有理,但又不知该如何表述,气恼之下,便出手打了对方。表述的内容要求是能够代表患儿生活中的一般问题,并且其情节越具体越好。

在倾听了患儿的表述之后,治疗者(或其他团体成员)与患儿讨论针对这个问题的适当处理方法,并且由治疗者及其助手(在团体治疗中,还可以由其他团体成员)来示范扮演出解决这个问题的行为。

接着,让患儿按照示范进行模仿。要求不仅模仿言语内容,还必须包括对非言语内容的模仿,尽量再现示范者的行为。

步骤五:学会理解。这一步骤的目的是要使患儿能够学会较宽容地去对待那些令他感到不快的人们,从而使自己最终摆脱烦恼。

训练的方法是,在治疗者的指导下,扮演了适当的自我形象之后,用类似的方法再去扮演那个令自己产生不快体验的人(如上面例子中提及的和自己自行车相撞的那个人)。在扮演的时候,要求患儿站在对方角色的立场上,为对方角色冲撞了自己的行为寻找出合理的辩护理由(即设法解释他为什么会撞上你的自行车)。这种辩护会令患儿获得一种新的启示:看来他的言行也是有他的道理的,当我坚持先前对他的观点时,我能体会到他的那种不愉快心情,我当初的行为也有不恰当的地方。由于这种角色替换的扮演活动,患儿的行为会出现某些深层次的改变,变得比过去更有耐心和愿意表达友好,对别人的那种防御和紧张感也相应消失了。

在实际治疗中,可以要求患儿用这种方法去逐一地扮演出所有令他感到烦恼的人物。当患儿能够更好地理解对方时,治疗者还可以直接邀请一些与患儿有关的具体人物来配合治疗,这样效果会更好。

这便是心理戏剧法的全过程。治疗者可以根据情况,进行分散训练,每周安排3~4个小时的练习;也可以集中训练。但需要注意的是,在做这个练习时,必须要求患儿完成一定量的家庭作业,以巩固疗效。

这种行为训练方法统一依照指导、示范、练习和反馈的顺序进行。

上述的操作步骤比较复杂,且有较多的自我体验和内部言语活动,对学前儿童不太适用,但是笔者以为有些步骤可以借用。在学前儿童领域可通过情景—角色扮演法来培养孩子的一些合理行为,如友好行为、积极的情绪体验等。实际上,这也有模仿学习成分,尤其在目前幼儿园心理健康指导较多偏重于个案方面,在团体指导方面基本是空白,所以这种可以用作团体训练的方式值得尝试。

实践与思考

1. 概念理解:

积极强化　行为塑造　代币管制　负强化　榜样学习　间歇强化

2. 分析比较积极强化、负强化和惩罚的不同,并举例说明。

3. 举例说明榜样学习法的两种类型。

4. 举例说明什么是固定时间间隔强化、可变时间间隔强化、固定比率强化、可变比率强化。

5. 案例分析:

小红是一个3岁半的小孩,当她母亲去上班时,就把她交给保姆照料。有一天晚上,她妈妈来带她时,她正与一只小狗玩得很开心,拒绝跟母亲回家,并且大发脾气。妈妈告诉小红,如果她愿意停止哭闹,跟妈妈一起回家,则在回家途中买一件新奇东西给她。小红终于接受妈妈的条件,不再哭闹。在回家途中,妈妈买了一本故事书给她。隔天晚上,当妈妈再到保姆处去接她时,她又大发脾气,而且吵得比前一天更厉害。

请问这位妈妈在这里想运用什么方法?这种方法是否起作用,为什么?

(二)消除不合理行为

在学前儿童心理健康指导中一方面要增进幼儿的积极行为,另一方面也要消除幼儿的不合理行为。针对学前儿童的特点,采用的具体方法如下:

1. 惩罚法

在日常生活中,我们经常会发现有的孩子打人、发脾气、哭闹、摔东西、抢玩具或上课四处走动等,令家长和老师很不愉快。我们通常将上述行为称为不良行为。面对这些行为老师和家长也会采取一些方式,譬如在幼儿园游戏活动中,明明把红红推倒在地,老师就会不让明明做游戏。这就是采用了惩罚的方法。

惩罚法也是强化疗法的一种,是一种消极强化,指当行为者在一定情景或刺激下产生某一行为后,若即时使之承受厌恶刺激(又称惩罚物)或撤除正在享用的正强化物,那么其以后在类似情景或刺激下,该行为的发生频率就会降低。

下面是一组因为幼儿产生不良行为后发生的情景。

情景一:下午下班后,忙了一天的妈妈从幼儿园将4岁的牛牛带回家,并开始做晚饭。母子两人又累又饿。"我想要那盒饼干",牛牛嚷着。妈妈回答说:"先喝杯牛奶,吃两块饼干,坚持一下,饭菜马上就好。"她把牛奶和饼干放到牛牛面前。牛牛立刻嚷道:"我才不喝这破牛奶呢!"并抬手将牛奶打翻在地,极其生气的母亲将牛牛狠揍了一顿。

情景二:星期天,多多连着吃了两块冷饮后,跟妈妈吵着还要吃,妈妈说:"多多,你已经连着吃了两块了,再吃,肚子会疼的,明天再吃好吗?"

多多一屁股坐在地上,哭吵着说:"不嘛,我还要吃。"妈妈脸一拉,严肃地大声说道:"再吵,小心我揍你。"

情景三:角色游戏开始了,咪咪急忙跑到玩具柜前,抓了三个娃娃跑回小猫家,一会儿他将一娃娃扔在地上,然后抓了两个娃娃跑到教室中间,一会抛娃娃,一会儿踢娃娃,教师见了,走过去将咪咪带出游戏场地,停止了他的游戏活动。

情景四:今天兰兰在幼儿园将一小朋友的脸抓破了,妈妈知道了这件事后,对兰兰说:"今天因为你在幼儿园打了人,抓破了小朋友的脸,所以晚上不给你看动画片。"

以上四个情景都采用了惩罚的方式,但采用的具体方法不同,这也就是常用的四种惩罚类型。第一种是体罚法,第二种是谴责法,第三种称为暂停法,第四种是反应代价法。下面具体了解一下惩罚的这四种类型。

(1)体罚。意指随着儿童不良行为的出现,及时施予一种厌恶刺激或惩罚物,以收到阻止或消除其不良行为发生的功效。这里的厌恶刺激包括疼痛刺激或产生不舒适感的刺激,如鞭打、电击、令人厌恶的声音、气味等。这种方式一般情况下不宜采用,只有对一些特殊儿童才谨慎使用。

下面有一例子可以说明。有行为治疗者曾用体罚方法纠正了婴儿的反胃吐乳现象。因为据医学上报道,婴儿吐乳情况严重者,常会导致婴儿营养不良或产生并发症,其死亡率高达20%。某个九个月大的婴儿,一连反胃吐乳近两个月,体重降低到5.5公斤。医生曾用药物治疗、身体约束等方法均不奏效。后由一个心理学家通过观察分析发现,在婴儿大量反胃吐乳前,其腹部可测出微弱的肌肉反应电波。因此他决定以电击作厌恶刺激,一旦观察到婴儿喂奶后在腹部出现微小肌肉反应电波时,便立即在其腹部施予短暂的电击,每隔一秒钟施行一次电击,直到吐乳反应停止。经过两个星期的治疗,患儿反胃吐乳现象明显减少,体重比以前增加了26%。两年多的跟踪观察表明,治疗效果相当好。

(2)谴责。指当个体出现不良行为时,及时给予强烈的否定的言语刺激或警告语句,以阻止或消除不良行为的出现。谴责也包括瞪眼睛、用力把他抓住等。

一般地,谴责行为或词句的后面必须偶尔地跟随别的惩罚刺激,否则谴责将失去其惩罚的作用。也正如前面情景二中所描述,如果妈妈每次都只有谴责而没有行动,那么,多次运用后可能此法会失效。若偶尔几次说过后,将孩子责打几下,孩子有过此体验后,那么每次听到谴责言词后,就会停止不良行为。

(3)暂停。当幼儿表现出某种不良行为时,及时撤除其正在享用的正强化物以阻止或削弱其此种不良行为的再现;或把幼儿转移到正强化物较少的情景中去,这种改变行为的策略称作暂停。暂停法的其他一些变式包括停止关注或撤消获奖赏的机会等(下面将要讨论)。

所以,暂停的策略有两种,一种是立刻停止强化活动,即儿童正在从事有兴趣的活动时,若表现出不良行为,教师可及时停止其活动。另一种是送进隔离室,即当儿童表现出不良行为时,立即让他离开现场,进入特设的隔离室。隔离房间不要太大,室内也不放任何东西,以使被隔离者无法获得任何强化物。

(4)反应代价法。它是暂停法的一种变式方法,指当幼儿表现出不良行为时,撤消或减少幼儿得到奖赏的机会。前面提到的第四种情景即是应用此法。反应代价法可以是撤消正在享用的受奖赏的机会如看电视、出去玩、听音乐、听讲故事等;也可以撤消代币或把对一些不合理行为进行代币交换作为代币管理中的一个组成部分,也即与前面介绍的代币管制法结合使用:当孩子作出合理行为时,便获得代币酬赏;当作出不良行为时,便要交出一定量的代币。譬如,牛牛小朋友依赖性很强,每次吃饭,一定要大人喂,否则不吃。后来老师和家长商量采用了代币管制法,向牛牛小朋友说明,以后每自己吃一次饭,即奖给他一张贴纸,积满10张贴纸可给他买好吃的东西。一个多星期过去了,发现此招有效。最近几天老师发现牛牛经常与小朋友争吵,于是老师就对牛牛说:"牛牛现在吃饭能干了,得到了许多小贴纸,但老师要告诉你,如果牛牛再抢别人的东西,每抢一次,就从你这儿拿回一张小贴纸。"这就是老师采用反应代价法来消除牛牛的争抢行为。

实施惩罚法的操作程序:

(1)准确选择所要惩罚的行为。选择的行为应是具体行为(如上课时在活动室内随意走动)而不是笼统的行为(如上课不遵守纪律)。

(2)合理挑选惩罚物。幼儿对惩罚的厌恶程度存在个体差异,要因人而异并具有适当的强度。如有的幼儿只要给以训斥,就能令其改变行为;而有的幼儿对训斥置之不理甚至嬉皮笑脸,这时就要有较强的惩罚物跟上,才能有效。

(3)适度运用惩罚。

● 训练前告知训练内容和计划。

● 按照赏罚原则,满意行为出现后,立刻实行奖赏,不满意行为出现后立刻实行惩罚。

● 惩罚的同时伴随口头叙述。

● 让所有与该幼儿接触的人(包括老师、同学、家人、邻居等)知道哪些行为是要被消退或予以强化的,要求他们配合。对于不满意行为不予理睬,同时强化满意行为。

(4)逐渐脱离强化。

● 如果连续10次以上保持满意行为,则可以逐渐取消惩罚。但是,不同于奖赏的是,在这之后,不满意行为可能偶尔还会复发,应该有所准备。

● 注意定期评估行为。

● 运用此法失败的原因:①不满意行为受到了其他方面的正强化;②另一满意行为没有受到适当强化;③不适当地忽视了不满意行为(如有时对幼儿争抢行为不予理睬)。

在使用惩罚时,需要注意:

(1)惩罚必须及时。即必须在幼儿不良行为发生后立即施予,尤其对年幼儿童。一般来说,不良行为发生和惩罚之间间隔的时间越短,效果越好。

(2)惩罚应和替代行为的强化相结合,也即惩罚和奖赏要同时使用。因为惩罚只能消除或抑制不良行为,并不能帮助幼儿建立良好行为,所以在使用惩罚时,务必找出与不良行为相对抗的良好行为,以良好行为来代替不良行为,加速不良行为的自然消失。譬如,有一个幼儿平时喜欢在地上打滚,老师一方面对其行为给予惩罚外,另一方面还要设法强化他坐在椅子上听故事或参与游戏等。在这个例子中坐在椅子上听故事等行为就是替代的良好行为。

(3)要注意控制和避免诱发幼儿不良行为的情景出现。

(4)成人执行惩罚的态度和标准必须一致。避免出现爸爸要惩罚,而妈妈庇护或父母要惩罚,而爷爷、奶奶要庇护的现象。

(5)惩罚的实施者必须以冷静和求实的态度来实施惩罚,以避免由于情绪的激动和极度的愤怒而加重惩罚的程度,从而造成不必要的危害。

(6)实施惩罚要慎重。由于惩罚具有较大的副作用,如强烈的惩罚会引起不良的情绪反应,造成幼儿的胆小、拘束等,易导致幼儿模仿成人的惩罚行为来对付别的幼儿。所以,惩罚法必须在正强化无效果的前提下,不得已时才采用,且通常不单独采用,而往往与积极强化配合。惩罚的方式较多,使用时应以不伤害幼儿的肉体与精神为前提,尽可能不用体罚。

(7)暂停法使用时间不宜太长。从目前的资料看,对此并没有一个绝对统一的界定。但是,Bostow & Bailey(1969)总结了所有成功的暂停法,它们的时间长度都在从2分钟到3小时之间波动,而其中绝大多数人的暂停时间都设定在5~20分钟。因此,一般暂停几分钟的时间就足够了,且必须确保幼儿暂停时不可能得到其他方面的强化。如某幼儿在集体活动时不断挤推周围的幼儿,老师叫该幼儿站在教室外走廊中,走廊中有许多玩具,还能看窗外的东西,幼儿在外面玩得很开心,这就失去了效果。有些幼儿不适合使用暂停法,如有自伤行为的幼儿,若让其进入隔离室,可能会出现意外;又如孤独症的幼儿,本来就喜欢一个人。此外,隔离室最好有窗,可观察幼儿的行为,以免出现意外。

(8)运用反应代价法时,只需让幼儿付出小小的代价就可以收到很好的效果,有时候太大的代价,未必能够取得相应的效果。

惩罚法一般可矫正幼儿的咬指甲、吮手指、遗尿、攻击性行为、强迫症等问题行为。

2. 消退法

作为行为治疗的一种,消退法是指某一行为过去曾得到强化,若此时这个行为之后并不伴随着通常的强化,那么当他下一次遇到相似情景时,该行为的发生率就会降低。也就是说,通过消退程序即停止强化可以使某种反应的频率降低。

资料一　斯金纳曾从事一白鼠实验研究。他把白鼠放在斯金纳箱来做实验,箱内有杠杆和一个用来盛食物的杯子。开始时,白鼠在箱子内随意活动,当它偶然压到杠杆时,食物会掉下来,白鼠得到食物。几次后,白鼠了解压杠杆和食物的关系,会不断反复这个动作,并且速度愈来愈快。可是当白鼠压了杠杆,却得不到食物时,它压杠杆的次数和频率会大为降低。若始终都不给食物,则压杠杆的反应将消失。

(摘自《儿童行为的塑造与矫正》,林正文著)

资料二　1974年有研究者使用消退法来减少一个5岁男孩的不适当的性别角色行为。该男孩名叫克瑞格,他的举止、言谈有大量的女性化习惯,并且总玩一些女孩子玩的玩具,因而,受到同伴的奚落和疏远。他的父母想让他具有适当的性别角色行为,比如,玩些男孩子爱玩的玩具,更有男子气概。研究者们使用了消退程序和强化替代行为来减少克瑞格的女性化行为,并增加男性化行为,克瑞格和他妈妈在一间装有多种玩具的实验室里接受治疗。他妈妈戴着一个耳塞式的接收器,可以在治疗期间接收专家的指导。当克瑞格玩女性化的玩具时,她就不看他也不同他说话。当克瑞格拣那些男孩子玩的玩具时,她则给予注意,强化其行为。研究者通过耳机提示她何时给予注意,何时不予理睬。结果显示女性化行为减少,男性化行为增加。

(摘自《行为矫正的原理与方法》,[美]R.G.Miltenberger 著,胡佩诚等译)

资料三 Carr等人(1976)曾经描述过一个名叫Tim的个案。当这个孩子与老师在一起学习时,自伤行为表现得特别严重。开始,一旦他出现自伤行为,老师便会走开,以避免对他表示出关心,但这非但没有使问题减轻,反而导致了他的自伤行为更加严重。在进一步的行为分析过程中,治疗者发现,正是由于老师走开,不再对其提出要求这一后果,强化(负强化)了Tim的自伤行为后仍然继续对他有要求,当这种强化(逃避要求)不再出现后,这个孩子的自伤行为便自行消失了。

(摘自《青少年儿童心理治疗》,傅宏著)

资料四 每天晚上,4岁的阿曼答都在睡觉时哭10~15分钟,她的父母就会到她的房间和她说话,直到她睡着为止。后来在和阿曼答的儿科医生谈过之后,她的父母决定,当阿曼答再在睡觉时哭闹的话,不再到她的房间去和她说话。第一天,阿曼答在睡着之前哭了25分钟。一个星期还没过去,她就已经不再哭闹了。

(摘自《行为矫正的原理与方法》,[美]R.G.Miltenberger 著,胡佩诚等译)

以上资料即是消退法的具体运用。
实施消退法的程序:
(1)选择好要被减少的行为。

● 选择消退的行为要明确具体,不要计划一次改进所有的不良行为。譬如,牛牛小朋友爱发脾气、吃饭慢、喜欢攻击别人等,有许多不良行为,矫治时不要企图一次解决,而只能先选定某一个特定行为如攻击性行为来矫治,然后逐个解决。

● 在消退过程期间,行为在开始变好以前可能会变得更坏(资料四即是一例,实施第一天幼儿哭了25分钟,比未实施前时间长),有时还可能出现情感抵触性行为如哭叫、绷脸、噘嘴等及攻击性行为。此时若坚持下去,将会消除不良行为,否则只会加强不良行为的严重性。但当这种行为变得更坏,会对幼儿本人或其他人都有破坏时,必须非常小心,事先要考虑到可能产生的各种情况,并要能控制情景,确保对幼儿的消退程序的执行。但是,如果幼儿的自我伤害行为或破坏性行为十分严重,则不宜采用消退法,此点在开始时就要考虑清楚。

● 尽可能选择一个能人为控制强化物的行为。

(2)作好实施消退法的准备工作。

● 了解不良行为在消退之前的发生频率,即建立一个行为基线。

● 确定什么东西正在强化不良行为,以便能在处理期间撤消这一强化物。譬如,资料三中,实验一开始就没有搞清强化物,后来发现老师的要求才是真正的强化物,而不是老师的关注。所以起初老师离开后,孩子的自伤行为增强。那是因为老师离开后,对孩子就没有了要求,这实际上对孩子的自伤行为起了负强化的作用。后来孩子自伤行为发生后,老师继续要求孩子,孩子发现即使再有自伤行为仍然不能逃避要求,于是这种行为就不再受到强化而逐渐消失。同时,要搞清不良行为上次强化的历史,以确定执行消退所需要的时间。

● 找出幼儿能从事的良好的替代行为及其有效强化物,以便消退和正强化相结合,使消退效果更快、更佳。

● 在程序开始之前,要确保所有与幼儿有关的人员都知道什么行为正在被消退或什么行为正在被强化,使他们学会对不良行为不予理睬,而对替代的良好行为予以强化。

(3)认真实施消退程序。

● 在实施之前,将计划内容告诉幼儿。

● 对良好行为的正强化,必须遵循积极强化法的有关原则。

● 消退程序开始后,撤除不良行为的所有强化物,同时强化所需要的良好行为,两者之间必须完全一致。

(4)逐渐脱离消退程序。在消退程序内完全减少的行为可在另一情景里再现。脱离程序后,消退行为的再现称自动回复。对此,教师应有所准备。一般说,再进行几次消退训练后,自动恢复现象是会消失的。

需要注意的是:

(1)采用消退法应和正强化相结合,这样效果更好。

(2)消退法不能用于不具有消退性质的行为。譬如,孩子的妈妈买一盒巧克力回家,小孩看见了很喜欢吃。妈妈只允许他吃两颗,但小孩吃了之后还要再吃,妈妈不答应,小孩就自己拿来吃,妈妈很生气,就不理他。当妈妈隔了两个小时回来时,发现一盒巧克力已所剩无几。此例说明,并不是所有不需要的行为都可以用消退法来除去的。巧克力本身就是强化物,儿童吃巧克力的行为不是由于母亲的关注建立起来的,所以它不具有消退性质。

(3)消退程序开始后,不可轻易中断消退程序或采用间歇消退法(如,幼儿情绪反应激烈或产生攻击行为则停止消退,等攻击性行为消失后再继续消退),否则可能使不良行为更为严重。

消退法是一种简单易行的行为矫正方法。一般可适用于矫正儿童的发脾气、哭吵、多动、神经性呕吐、偏食等问题行为。

3. 间歇强化法

这是一种运用正强化减少行为的方法。在减少行为的间歇强化程序中,间歇强化的涵义与上一部分内容介绍的完全相同(见前一部分相关内容),只是运用的条件和对象不同。

这种间歇强化方法与以上两种减少不合理行为的方法相比有三大优势:第一,能更迅速地减少行为。第二,减少行为的间歇强化程序规定当行为在一定时间内很少发生或不发生时,就给予强化。这样,由间歇强化减退行为就要比消退或惩罚法减少行为更容易调动幼儿的积极性。第三,运用减少行为的间歇强化程序来减退行为,可避免引起被矫正者不良的心理反应。由于间歇强化程序是用正强化法来减少行为,比起消退法、惩罚法来,它可避免使用厌恶刺激,由此也避免了使用厌恶刺激所造成的挫折感、焦虑及紧张等不良行为反应。

根据被强化的行为的量或质的不同,可以把减少行为的间歇强化程序分为三种。具体如下:

(1)低比率区别强化。意指某一行为(或反应)只在以低比率发生时才给予强化,那么以后的行为(或反应)将以低比率发生。譬如,孩子喜欢吃巧克力,但多吃巧克力对孩子不好,又不能使孩子完全不吃巧克力,那么规定每天只能吃两块巧克力,若做到了,则给予强化。

低比率区别强化根据时间取样的不同又可进一步分成三种:

● 在一规定的时间段内,若行为或反应量不超过规定的数目,就给予强化;

● 把整段时间分成几个时间间隔,在每个时间间隔内,如果行为或反应量没有超过规定的数目,就给予强化;

● 如果规定的行为或反应在特定的时间间隔之后发生,就给予强化。

应用低比率区别强化程序必须符合两个条件:

● 这些行为是可以容忍的;

● 这些行为越少越好,例如,幼儿整天看电视的习惯,幼儿爱吃零食的习惯,不良的发言习惯,说话或吃东西过快或过慢的习惯,咬手指、做小动作等等不良习惯。

(2)零反应区别强化。意指在一规定的时间内若不需要的行为(即要消除的行为)不发生,就给予强化。譬如,要消除幼儿在活动室内大声尖叫的行为,可用一计时钟,先规定5分钟内不发生尖叫行为。当儿童发生尖叫时,把计时钟拨到零,等到尖叫停止,就让计时钟开始计时,若连续5分钟过去后,没发生尖叫行为,就给予强化。以后,规定时间可逐渐延长,直至尖叫行为少发生或不再发生为止。

零反应区别强化程序根据时间取样的不同也可分为三种:

● 在一个特定的时间段内,没有发生不需要的行为就给予强化;

● 把一个特定的时间段平均分成几个时间间隔,若在每个时间间隔内不需要的行为没有发生,个体就可以得到强化;

●在一规定的时间间隔内,不需要的行为没有发生,就能得到强化。如果行为在规定的时间间隔内发生了,就重新开始计时,重新开始。

零反应区别强化适用于需要彻底消退的不良行为或习惯,如说谎、多动、打架、骂人、乱扔东西、不讲卫生等,但具体需要采用何种类型的程序,可按实际条件和需要而定。

(3)不相容行为的区别强化。现实生活中有那么一些行为,他们彼此对立,不会同时发生,如站和坐、哭和笑、安静和吵闹等。通常我们将彼此对立,不会同时发生的一对行为称为不相容行为。如果我们选择的一对不相容行为,一个是要减少的不良行为,另一个是要增加的良好行为,那么在减少一个不良行为的同时,必然增加另一个积极行为;或在增强一积极行为的同时,必然使一不良行为减少。这种强化方法即为不相容行为的区别强化。

不相容行为的区别强化包含了两方面的意思:第一层意思是

减少一个不良行为的同时,必然增强另一积极行为的产生,如离开座位和坐在座位上。若幼儿在上课时经常随意离坐,那么我们可以用前面两种程序来减少幼儿离开座位的行为,实际必然增强坐在座位上的行为的发生率。由此例可看出第三种方法实际上是前两种程序的一部分,但它可以弥补两种程序的不足。譬如,牛牛经常在上课时大声说话,如果我们用零反应区别强化程序来减少牛牛这一行为,那么牛牛上课不大声说话了,但可能会用做小动作、在桌上乱涂乱画等行为来代替大声说话行为。如果我们用第三种程序来矫正,那么首先要为"大声说话"行为找一个不相容行为,然后通过增强该不相容行为,来减少牛牛大声说话的行为,这就是不相容行为的区别强化概念的第二层意思,即通过增强或增加积极行为,迫使幼儿减少或放弃消极或不良行为。如上例中针对牛牛"大声说话"行为找一个不相容行为"认真听老师讲话",并告诉牛牛若一段时间内能认真听老师讲话,可奖一颗五角星。这样,牛牛为了得到五角星,必须认真听老师讲话而不能干其他事。

实施不相容行为的区别强化程序的关键是要正确选择不相容行为。教师在选择不相容行为时首先要确保行为的不相容性,也即必须保证不需要的行为和所需要的行为不能同时发生。例如,按时上学和逃学是一对不相容行为,但按时上学与破坏东西就不是一对不相容的行为。这时替破坏东西寻找一个不相容行为,通过增强该行为来达到减少破坏东西的行为的目的,如让幼儿完成手工作业,他就没时间破坏东西了。其次,选择的不相容行为最好是幼儿已有的,因为增强一个儿童行为要比塑造一个新的行为容易得多。再次,所选择的不相容行为应能在现实环境中维持。

资料一 戴茨等使用低比率区别强化程序减少特殊教育和常规教育中课堂上的捣乱行为。实验是使用该程序减少一些精神发育迟滞学生在课堂上交头接耳的行为。实施治疗前,他们在50分钟的上课时间中平均交谈32次。在实施该程序过程中,老师在上课前宣布,如果学生们在上课时说话次数少于5次,在下午放学后每人将得到两块糖。实验进行了15天。在此期间,学生们课堂上随便说话的比率减少,但平均3次/50分钟。这15天中,只有1天学生们说话超过了5次/节课,因而失去了当天的糖果。

资料二 奈特等进行了一项研究,他们对3岁女孩萨拉进行行为矫正。萨拉在托儿所里每天下午睡一个小时,在此期间她一直吮手指。研究者使用了间歇强化程序来缩短萨拉午睡时吮手指的持续时间。因为萨拉喜欢在睡觉时听故事,研究者们于是把"讲故事"作为强化物,在使用该程序过程中,实验员就停止讲故事。这样以后,萨拉午睡时不吮手指的时间增长,直到完全没有吮手指的情况。

资料三 拉索(Russo)等研究了一些具有较多问题行为且不听家长管教的儿童。其中一个研究对象是一位三岁半的男孩,叫做汤姆,他的问题是发脾气(哭闹)、攻击(踢打)、自伤(撞头、咬手)和不听话。研究者想要通过强化适宜的替代行为(服从性)以减少问题行为。他们使用可食用的和社会性强化物来强化服从性(糖果、葡萄干、表扬和拥抱)。当汤姆变得易于服从要求后,他会出现较少的哭闹、攻击和自伤行为。

资料四 詹妮是一个5岁的小女孩,有一次她不小心在幼儿园把裤子弄湿了。尽管别人没注意,但她觉得很尴尬。从那以后,她开始频繁地往厕所跑,甚至1小时去5次——这时她已经上小学了。老师决定对此行为实施矫治,规定詹妮如果至少等30分钟才去一次厕所就会得到一颗星。为了帮助詹妮计算时间,老师在一个笔记本的封面上画一个五角星,每隔半小时把它放在桌面上,暗示詹妮可以去厕所了。当詹妮看到暗号后就知道可以去厕所并得到一颗星。如果她在本子没摆到桌上之前就去了厕所,不仅不能得到星,而且还得再等30分钟才能再去厕所并得到一颗星。最后,当詹妮成功度过30分钟的时间后,老师把时段延长到1小时。

以上四例(均摘自《行为矫正的原理与方法》,[美]R.G.Miltenberger著,胡佩诚等译)是减少行为的间歇强化程序在不同个案中的应用,其中反应了减少行为的间歇强化程序的几种类型。要有效地运用减少行为的间歇强化,也必须遵循一些原则,这些原则基本与上一部分内容相同(详细请参见上半部分)。针对减少行为的间歇强化程序,需要提醒一下的是要注意选择一个适合于要减少的行为程序,因为上面已讨论过减少行为的间歇强化的三种类型有不同的适用范围。

4. 榜样学习法

榜样学习法既可增进积极行为,同时也是减少幼儿不良行为的常用技术,具体操作详见上半部分。

5. 游戏治疗

游戏是幼儿的主要活动。学前儿童无法运用语言或文字来表达自己的真正感受,但在游戏活动中他们会自然而然地表现出他们与其他人相处时所产生的感觉以及想法。所以,游戏是孩子最自然的一种自我表现方式。游戏治疗即根据这个事实,给孩子这样的机会,让他们表现出自己的感觉和问题;指导者则可以通过观察孩子的游戏活动来了解孩子。

所谓游戏治疗就是以游戏活动为媒介,让儿童有机会很自然地表达自己的感情,暴露问题,并从中自我解除精神困扰的一种教育方法。游戏治疗在实质上可以分为两种:指导性游戏治疗和非指导性游戏治疗。

前面我们介绍的都是以行为主义理论为基础的各种行为疗

法。在这一部分内容中,我们将主要介绍以人本主义理论为基础的患者中心游戏疗法,即非指导性游戏疗法。这种治疗建立在这样的假设的基础上:个人自身不仅有能力令人满意地解决他自己的问题,而且也有一种使自己日趋成熟的需要。非指导性游戏治疗给予儿童一个机会,儿童通过游戏这个媒介表达出他积累的紧张、不安全、担忧、混乱等,把这些内心深处的感情带到表面上来,并学会控制它们,放弃它们。通过游戏治疗,孩子感到感情上的放松,唤起了自身的力量,从而成为一个有自主权的人,能独立做出决定的人,一个心理上更加成熟的人。

下面摘录几段游戏治疗的资料,通过看这些游戏治疗的过程,可以对游戏治疗有一个大概的了解。

资料一 小英是个4岁的女孩,她因为害怕与焦虑而被送来接受游戏治疗。她的问题的起因是因为当她即将接受手术前,她的父母未向她解释,在她没有心理准备的情况下,就将她送到医院接受一个小手术,让她有了创伤的经验。她的焦虑和神经质表现在拉扯头发,弄得头上出现一大块秃顶。这是已经接受过几次治疗后的一次治疗。

小英:水,水,这是大波浪。

治疗者:你画了波浪和水。

小英:飕!飕!呜……

治疗者:这些波浪发出了奇异的声音。

小英:给我黑色的颜料,给我黑色的颜料。(治疗者给她一些黑色的颜料。)

小英(戏剧性地改变她的声音):鬼来了!

治疗者:鬼来了。

小英(在纸的中央画了一个黑色的影子):呜……

治疗者:鬼走路时,会发出"呜……"的声音,而鬼现在正在水的中央。

小英(对治疗者咧嘴而笑):我喜欢这样。

治疗者:鬼说"呜……"。

小英:鬼完全消失了。

治疗者:鬼现在消失了。

小英:找找看,它还在不在?

治疗者(检视纸):鬼不在那里。

小英(用力摇着头):鬼不在那里。(她再次用手指胡乱在纸上涂抹,然后将纸推离桌面。现在我要玩沙子了。

资料二 小娟,6岁,她因为看起来似乎有点神经紧张、退缩而被送来接受游戏治疗。这是第四次治疗。

每次她进来时,总是玩黏土做同样的东西——一个拿着拐杖的泥人。每当她做好一个泥人,都会有可怕的事发生在这个泥人身上,他身上被打满了洞,被木棍打,被玩具卡车辗过,被一堆木块埋起来。

在第四次治疗接触时,泥人又出现了。

治疗者说:现在这个人又来了。

小娟:是的。(她的声音是拉紧的,充满决心的。)

治疗者:这个人拿着拐杖。

小娟:是的。(她又开始在它身上打满了洞。)

治疗者:你正在这个泥人身上打洞。

小娟:刺!刺!刺!

治疗者:你正在刺他。

小娟(小声说):哎唷!你刺了我。(声音变了)我不在乎,我要刺你。

治疗者:泥人受伤了,因此他正在哭。

小娟(打断治疗者的话):我要刺他。

治疗者:你要刺他。

小娟(断然地):我不喜欢他。

治疗者:你不喜欢他。

小娟:我不喜欢他,我恨他。看!这个洞穿透了他,它由他的前面进入,而由背面出来。

治疗者:你在他身上刺穿了一个洞,你欺负他。

小娟:是的,我把他的头扯掉。

治疗者:你甚至要将他的头扯掉。

小娟:我知道,我知道,我要把他放在瓶底,用黏土放在他上面,使他窒息。(她把他撕成碎片,然后把这些碎片放在广口瓶底部,用其他所有的黏土盖在那些碎片之上。)

治疗者:你把他撕成小块,并把他埋在瓶底。(小娟点头,并对治疗者微笑,然后她到娃娃屋,假装在喂娃娃,轻轻地把它抱在手臂上,然后把它放在床上,将桌子收拾好。这时候游戏室显得非常安静。)

资料三 5岁的莎铃想要小珍的娃娃,就想把它从小珍的手里抢走,此时……

治疗者:莎铃想要小珍的娃娃。(莎铃点点头,这正是她想要的。然而小珍紧抓着娃娃不放手,莎铃非常生气,用力去抢。)

治疗者:莎铃生气了,因为小珍不给她娃娃。

莎铃生气得尖声叫嚷:给我娃娃,给我。

治疗者:莎铃非常生气。她认为如果尖声叫嚷就可以得到娃娃。

莎铃紧抓着娃娃尖叫着:我要弄坏娃娃。

治疗者:如果你得不到娃娃,你就要弄坏它。

莎铃渐渐地气消了。当她安静下来就放开了小珍与娃娃。

小珍(以无动于衷的口气说道):现在娃娃给你。(莎铃拿着娃娃。小珍改玩指画。莎铃也丢下娃娃去玩指画。)

治疗者:小珍给你娃娃,你现在又不想玩了。小珍玩指画,你也想要玩指画。

资料四 这次游戏治疗中有四位女孩及四位男孩。他们的年龄大约七八岁,都是因为在学校适应不良被送来接受治疗。

四名女孩进入游戏室,她们边说边笑,说得很快很乱,根本分不清是谁说的。进来后,大家开始玩,但是并不在一块玩,伊玛拿了一个奶瓶喝,她在治疗者的对面坐下,开始画图。丽丽和安妮拿着面具扮演娃娃,她们也都拿着奶瓶,丽丽在地上爬。伊娜一个人和纸娃娃玩。

丽丽:听说今天男孩们要来。

安妮:我希望他们不要来,我会害怕。

这时四个男孩子进来,他们没理女孩子,女孩也没理他们。

汤尼:我要当一个女孩。

杰米:你们看!我是个黑人。

菲力:我也要做一名女孩,因为女孩总是能得到所要的东西。(他们都戴上面具,谈论着游泳的事,治疗者也加入他们。)一会儿菲力将牛奶打翻了,大家都把注意力集中在这个意外上。

迪克:他一定会挨骂的,对不?

治疗者:你认为如果你打翻牛奶是很糟糕的,是不是?

迪克:对。

治疗者:在这里你不会有麻烦的。(伊娜拿出玩具枪,向所有的男孩射去。)

治疗者:你希望所有的男孩都不在这儿?

伊娜:我害怕他们。

治疗者:你喜欢和我接近,但害怕所有其他的男孩?

伊娜:是,他们都很粗野,会伤害女孩的。

迪克坐在摇椅上,吸着奶瓶,假扮婴儿。

迪克:妈妈,妈妈!(丽丽跑过去。)

丽丽:你要什么?亲爱的。

迪克:拍拍我,妈妈,拍我睡觉。(丽丽轻摇他的椅)我现在睡着了。

丽丽:我要写封信给我爸爸。

迪克(对治疗者):开始的时候我有点害怕吸这奶瓶。

丽丽:我也是,因为我觉得这一定不会被允许的。

迪克:我想我已经大了,但是我很喜欢当一个婴儿。

治疗者:你认为你很大了,但是你很喜欢当婴儿。

迪克:是。

丽丽:我也是。

汤尼:我并不害怕做任何事,我也不害怕说出任何话。

治疗者:在这儿,你不怕做出任何事情,也不怕说出任何话,所以你有时候会做出你想做的粗鲁事来。但是因为游戏规则,因为有其他小孩在场,使你不能做出来。

安妮:真的,开始第一天我真有点害怕。

丽丽及伊娜都有同感。

伊玛完成她的图,画的是一张棕色桌子,上面有一盘水果。

伊玛(站起来对汤尼笑笑):奶瓶还给我。

伊玛追逐着汤尼,抓着汤尼时,她咯咯地笑了。

伊玛:我要吻你!

汤尼推开她,还给她奶瓶,伊玛回到桌前,伊娜和安妮、丽丽都在玩纸娃娃。丽丽完成了给爸爸的信,拿给治疗者看。

治疗者:你要写信给爸爸。如果要帮忙,我一定帮你。

伊玛站起来,离开桌子到长椅处,拿了响尾蛇,当她经过汤尼身边时,吻了他一下,汤尼马上打她一巴掌,伊玛将响尾蛇射出去,并且喝牛奶,然后回到桌旁坐下,用她的手盖着脸。这时候孩子分为两堆,男孩玩玩具兵,女孩玩纸娃娃,伊玛坐在离他们有一段距离处,其他女孩要求她过来一起玩,伊玛拿起她们放在她面前的纸娃娃站起来。

伊玛(假装和纸娃娃说话):我要离开,不再回来了。

她爬到桌下,就坐在那儿吸奶瓶,直到游戏时间结束。然后她爬出来,非常真诚地对治疗者笑一笑,很轻轻地说"再见",就离开大家走了。

上面的资料(摘自《儿童游戏治疗》,亚瑟兰著,程小危、黄惠玲编译)反映了游戏治疗的两种形式——个别游戏治疗(资料一、二)和团体游戏治疗(资料三、四),同时我们从中也可以看出游戏治疗的一些原则。那么,进行游戏治疗要遵循哪些原则呢?

第一,治疗者应与孩子建立温暖、友善的关系。由于游戏治疗需要儿童真正地放松,毫无拘束地、自由地表达自己的情感,从而需要治疗者与儿童保持高度的融洽。治疗者首次与儿童见面,就必须面带笑容,满怀热情地欢迎儿童。同时,要让孩子按自己的意愿和方式走进游戏室,要接纳孩子的感觉。例如,治疗者走到小强面前,微笑着说:"小强,早上好,我很高兴见到你,你喜欢那边桌上的米老鼠吗?"此时小强可能别过脸去,不理睬治疗者,这时治疗者不可轻易失去信心。"你愿意和我一起到那边游戏室去看看其他的好玩具吗?""不!""小强,你来看,有大娃娃,有颜色泥,你喜欢大娃娃,对吗?""不!我不想来,我想回家。"这时治疗者要停下来想想用什么办法才能和小强建立融洽关系。同时,要注意到自己是否忽视了小强的感觉,有没有把小强的感觉反映出来。接着治疗者说:"你好像不愿意和我说话,你不认识我,你不想和我玩,你想回家,那么,游戏室就在那边,你是不是到里面去看看,然后再回家去。"治疗者带路,妈妈跟在后面,小强勉强跟在后面。这时,治疗者灵机一动,对妈妈说:"你不是约好了要和张先生谈话吗?"妈妈说:"对。"治疗者说:"要是小强不想和我呆在游戏室里玩,他可以在外面接待室等你。"妈妈说:"好,小强,你愿意在接待室等我吗?我大约要去1小时。"小强眼泪汪汪地说:"我要和你一起去。"治疗者说:"小强,你不能一起去,妈妈要单独和张先生谈公事,你愿意在游戏室里玩还是在接待室等,由你自己决定。"小强只好慢慢地走进游戏室。

第二,治疗者要接纳孩子真实的一面。对孩子的完全接纳可由治疗者的态度表现出来,所以治疗者必须随时警惕自己,和孩子保持一种冷静、稳定、友善的关系,不要显出不耐烦,小心避免直接或间接的批评、责备或能影响行为的赞美。孩子非常敏感,治疗者微笑的表示,他都能体会到是接受还是拒绝。如果孩子不能感觉到被治疗者完全接纳,他怎么有勇气表达自己的真实情感呢?譬如,小牛是一个有对抗情绪的孩子,他进入游戏室仍表现出反抗情绪。治疗者对他说:"小牛,这里有很多玩具,你可以随便玩。"小牛却瞪着治疗者不说话。治疗者又对他说:"你不知道要先玩什么吗?那边的娃娃屋里有许多娃娃,你想玩娃娃吗?"小牛用力摇头。治疗者又说:"你不想玩娃娃,难道你看不到你想玩的东西吗?这里的东西你高兴怎么玩就可以怎么玩。"小牛仍然不回答。此例中治疗者即表现出了不适当情绪。在这里他表现出了对小牛不参与的批评,既然允许孩子想怎么玩就怎么玩,那么,就可以允许他的沉默。否则,会导致治疗无法继续。

第三,治疗者在与孩子的关系中,要建立宽容的感受,让孩子能自由自在地表达他所有的感受。儿童表达深层感受的程度取决于由治疗者建立的宽容感受。这不仅要依靠治疗者口头说明宽容的态度,还需要靠治疗者的非言语的表明。譬如,当儿童和治疗者一起进入游戏室时,治疗者通常会说:"在这一小时里,你想怎么玩这些玩具就怎么玩。"胆小的儿童可能不知怎么办,因此有的治疗者认为在第一次进入游戏室时,最好花点时间说明玩具的用法。

如桌上的颜料可用来画画,这里有纸;这个罐里有泥,你喜欢做什么东西都可以用它做,等等。有的儿童玩的时候,有意乱泼水,如果治疗者立刻把它擦掉,那么治疗者的举动就已抵消先前承诺过的宽容态度了。又如,进入游戏室,经常会出现这样的情况,儿童胆怯地坐着或站在那里,不说话也不活动。于是有的治疗者选择一样玩具,并诱导他玩,这就已不是非指导性游戏治疗了。这时,治疗者不必急于建议,而只表示许可,对治疗会更有利。让儿童真正按照自己的意愿去做。

第四,治疗者要善于辨识与反映儿童的内在感受。治疗者必须敏感地觉察儿童想要表达什么,并适当地反映给他,使他能有所领悟。通常在刚开始阶段,治疗者只单纯地针对儿童说话的内容作出反应,很少去探索他的内在感受,因此安全感与信任感尚未建立起来。儿童可能先从认识环境开始,这时,治疗者最好给予直接的答案,让儿童自然度过这个阶段。同时对儿童的内在感受并不是做主观的批判解释,而是在反映儿童的内在感受时,要客观地根据明显的迹象,最好使用儿童自己的字眼加以反映。譬如,一个6岁男孩,由于胆小,有过分恐惧和忧虑的心情。他玩娃娃家时,拿出一个男孩娃娃,对治疗者说:"他妈妈把这男孩送到这里来,这里有沙滩,他害怕,不愿意去,他妈妈一定要他去,他哭了。"这时治疗者就反馈说:"这个男娃害怕,他不愿意去,他妈妈一定要他去,他哭了。"治疗者跟着他说娃娃害怕。若治疗者抓住儿童表达的感受并适当反映,那么儿童就会表达更深的感受。所以,反映儿童内在的感受非常重要,也是较难的技能技巧。

第五,治疗者要尊重孩子能够把握机会解决自己问题的能力,做选择和着手改变是小孩的责任。治疗者要永远保持友善、自在、兴趣盎然、不干涉的态度,让孩子有机会找出他自己的平衡点,建立自信、自尊与自重。譬如,前面资料二中,小娟在泥人身上打满洞,治疗者只是说"你正在泥人身上打洞",没有否定她的行为。

第六,治疗者不要企图用方法来指导孩子的行为或谈话,要让小孩带头,治疗者跟随。治疗者必须固守非指导性的策略,除非孩子主动讨论困扰他的事物,治疗者不可以去刺探隐私,不可以提供暗示,也不可以用赞赏的字眼,以免使得孩子专做某类行为以获取更多的赞赏。治疗者不可挑剔孩子的做法,让孩子觉得自己无能或是失去勇气。如果孩子要求帮助,治疗者就给予;同时也指引孩子如何使用室内材料。譬如,有一名治疗者发现孩子的问题集中在家庭关系方面,就把娃娃家和房子放在游戏室的中央,把其他东西丢在一边。结果,孩子一进来,马上看到事先布置的痕迹,就问治疗者:"必须呆多久?是否以后还得再来?"

第七,治疗者不能急着赶治疗的进度,治疗者要知道治疗是渐进的过程。如果治疗者想减除孩子的紧张和压力,就应该给他充裕感,让他拥有自己调整的机会,自己主宰自己的时间。当儿童准备好向治疗者表露感受时,他会很愿意表露出来;如果企图强迫儿童,反而会逼使儿童撤退。如果经过数周的治疗,孩子仍然没有进步,那么原因可能是:①治疗过程中什么原因阻碍了治疗进步;②有的小孩的进展特别缓慢;③治疗不一定能取得预期的效果;④造成孩子适应不良的环境因素依然存在。

第八,治疗者只能定下一些必要的限制,这些限制是为使治疗符合真实生活世界,以及让孩子知道他在治疗关系中应负的责任。在非指导性的治疗关系中,需要建立的限制非常少,但却也非常重要。如游戏时间的限制,不得蓄意毁损玩具、弄脏室内以及攻击治疗者等。同时,也要注意在游戏室内建立起对治疗者的安全感与敬佩的态度。在游戏室内,要保护好孩子,消除可能伤害孩子的危险行为;要体谅孩子的无意损毁行为,并且为了安全,及时扫走碎片;对于孩子的故意损毁,要指出孩子应对自己的行为负责,但治疗者应该修炼出自己在态度上、反应上处变不惊,使孩子不会有罪恶感;对于任何攻击治疗者的行为,都应该马上制止。另外,为了使游戏治疗过程更加顺畅,游戏限制最好等到需要时才向孩子说明。譬如,一个孩子轻轻打了另一个惹火了他的小孩一巴掌,治疗者可能会说:"你很不喜欢小花这样对你,甚至要打他一巴掌才行。"如果在这个初次发生的情况中他继续说:"可是你不可以在游戏室里打他。"这就可能使小花和其他孩子认为治疗者在偏袒他,若打巴掌的情形发生第二次,治疗者才提及约束的事,也许大家更能接纳。

在实施游戏治疗时,还需提及的是治疗场所和设备的要求。治疗的场所最好是腾出一个房间把它布置成游戏房间。房间尽可能有隔音设备,有水槽、冷热自来水;窗户要用条格或帘子保护;墙壁与地板要用容易清洗的材料,可以耐得住槌子敲打、泼水或用泥巴、颜料涂污。如果房间有录音装置和单面镜更好。当然,若没有条件,利用教室的一角也可以。

游戏室内适合使用的游戏材料包括:奶瓶、娃娃家庭(爸爸、妈妈、兄弟、姐妹、婴儿及祖父母)、娃娃房子、玩具兵、动物玩具、游戏屋材料(包括小桌椅、有栏杆的婴儿床、炉子、小碟子、平底锅、汤匙、娃娃衣服、晒衣绳、衣夹、衣篮)、会叫的娃娃、大型碎布做成的娃娃、木偶、蜡笔、黏土、颜料、沙子、水、玩具枪、敲击钉子的用具、木槌、纸娃娃、玩具汽车、飞机、一张桌子、书架、适合指画与黏土的桌布、玩具电话、脸盆、小扫帚、拖把、碎布条、图画纸、旧报纸、人物、房屋、动物或其他静物画、可用来投篮球的空水果篮。若上述材料不能准备齐全,开始时至少要有娃娃家庭、一些家具,包括床、桌子、椅子、奶瓶、黏土、颜料、图画纸、蜡笔、玩具枪、玩具兵、木偶、碎布娃娃、电话等。另放置一个大型的沙箱,最好有个舞台,舞台上放置些适合小孩高度的家具。玩具的结构要简单易于把玩,持久耐用。游戏材料要放在小孩拿得到的架子上。

游戏治疗适用于治疗一些适应不良,如孤独、退缩、攻击、拒绝长大;也适用于治疗口吃、吮手指、做噩梦、尿床、厌食、情绪障碍等。

以上分别介绍了学前儿童心理健康指导的具体方法,从中我们也可看出,儿童的行为是复杂的,因此对儿童的行为矫治也并不是——对应那样简单,它需要教师和家长分析儿童的情况,综合运用各种方法,才有见效。尤其需要提出的是家庭的配合问题,若要使行为训练取得良好效果,必须要有家庭成员的介入。事实上,许多父母在面对孩子的诸多问题时,也是需要咨询和帮助的。目前,许多学者在这方面已进行了许多有效的实践和尝试。下面介绍两种方法:

(1) 父母咨询。在对孩子的行为问题进行矫治时,其中一项重要的组成内容就是要为这些孩子的父母提供教育和咨询,让他们懂得这种问题的实质是什么、是如何产生的、应该如何矫治这种孩子等。这种方法把相关的科学知识告诉父母,为父母在日常中合理地认识和对待孩子提供了依据。下面列出的便是父母咨询的一些具体任务和要求:

● 向他们介绍一些有关某行为问题的最新资料或书籍。在有条件的情况下,也可以让父母收听或观看一些有关治疗的录音或录像,注意以通俗实用为原则。

● 为孩子们的父母答疑。在实际答疑时,需要区分针对比较低幼孩子家长的问题和针对比较年长孩子家长的问题之间的差别。

● 为孩子的父母提供有关的心理健康咨询。往往孩子的父母自己在涉及诸如婚姻、性生活及家庭暴力等很多方面的问题上需要接受辅导,解决这些问题对于帮助孩子是十分重要的。

● 向父母介绍一些社区服务和其他方面的资源。我国目前虽然专业人员比较缺乏,但是参与这项工作的业余工作者还是不少的,应该充分利用这些资源,避免孤军奋战。譬如介绍父母参加一些辅导培训班或介绍孩子参加一些夏令营,推荐一些比较好的广播电视节目和一些通俗易懂的读物等。

● 对于非医学专业的咨询和治疗者(如从教师或思想政治工作者转向的人员)来说,还需要注意和医学工作者密切配合,对有关药物治疗和其他神经生理及生化方面的问题,不可草率回答。

另外要说明的是,这种针对父母的咨询,对于咨询者的要求是相当高的,除了需要具有专业知识之外,还需要有丰富的实际临床经验和说服技巧。

(2)父母训练。通常情况下,父母训练是儿童行为训练的基础。从20世纪60年代Hanf(1969)提出"两步骤训练计划"开始,到目前已经有很多关于对父母进行训练的计划。其中著名的倡导者是Barkley。

Barkley在1981年对父母训练计划作了详尽的探讨。他强调把针对行为后果的控制作为注意缺陷与多动障碍儿童行为问题的关键。因此,在行为管理的运用上,首选采用奖惩等条件性学习的策略。在他看来,训练的主要内容便是帮助父母学会在家庭中合理地运用奖惩策略、建立奖惩计划以及学习如何去帮助儿童调节情绪问题的方法。在训练计划中,重点应该是教会父母运用奖赏的方法,其次才是惩罚。要让父母学习去"适应"孩子,而不是总是想着去"治疗"孩子。Barkley的这个见解非常合理,尤其在我们国家,很多的父母需要在如何获得合理对待儿童的观念上接受训练,学会去用积极的方法培养孩子,而不单单是教训孩子,把自己凌驾于孩子之上。(对于合理运用奖惩的具体策略前已论述)

虽然大部分注意缺陷与多动障碍患儿在家庭中与父母的关系上都存在问题,但是,其中很多父母却因为种种原因而不适宜参加这种训练活动。在这种情况下我们需要去决定什么人适合接受训练、什么人不适合接受训练,以及对于哪些人的训练效果会更好一些。为此,在训练开始之前进行适当的挑选是很有必要的。在一般情况下,可以考虑以下因素:

● 患儿的年龄比较小,通常在2~11岁之间,这时儿童行为

习惯正在形成之中,亟待训练;

● 还需要确定患儿是否具有其他多重问题,诸如智能发育迟缓、严重的语言障碍、抑郁等其他躯体或心理方面的障碍,在没有解决其他障碍之前,不宜对这些孩子以及他们的父母进行训练;

● 要确定其父母是否具有一些比较严重的心理问题,如滥用家庭暴力、抑郁或婚姻问题等,需要首先解决了这些问题之后,才能开始进入父母训练计划;

● 此外,也有一些专家建议,如果患儿同时具有其他严重的品行障碍,如爱攻击他人、偷窃、严重撒谎等,其父母也不适宜参加训练计划。

通过这种筛选,我们可以把有限的资源用于那些真正值得帮助的人身上。在目前专业人员缺乏的情况下,这项工作还是十分必要的。

以下是一个父母训练计划的具体设计方案。

这是一个九段训练计划。本计划参考了国外的方案,同时在考虑了后人的改进意见和中国国情的基础上增加了一些训练项目。采用这个方案进行训练,建议在团体条件下进行比较好。个别训练除了不经济之外,也缺乏成员互动,无法与其他父母的行为管理方法进行交流和从中获得灵感,效果不够理想。在开始团体训练时,需要考虑一些条件因素,如父母的年龄、受教育水平、孩子的年龄以及孩子问题的严重程度等。另外,每个训练单元时间长度应该限制在1.5小时到2小时之间。(个别训练时间应该更短)

在每个训练单元开始时,都需要做一些回顾工作,诸如复习前次训练内容、报告家庭作业的练习情况和存在问题以及简要点评个人的训练进度等。在每次训练结束之前,治疗者还需要向小组成员布置家庭作业并介绍下次训练的主要内容。在有些训练单元中,当需要患儿介入治疗时,还需要准备一间可以供观察的儿童游戏室(譬如,有条件的情况下,可以装备一套闭路监视系统),让父母在儿童不知道的情况下观察他们,对于父母理解儿童的真实行为具有很大的帮助。在每一个训练环节中都需要提醒父母注意做记录,以便复习和讨论。

训练单元1 认识注意缺陷与多动障碍

严格地说,这个单元不是训练父母行为的,而是让他们了解自己孩子问题的基本情况。治疗者在这一阶段的训练中,首先要把有关注意缺陷与多动障碍的问题来源以及目前在学术上对于这一问题的认识作一个简单介绍,目的是让父母承认和接受自己孩子的问题。接着,治疗者需要设法让父母理解到所谓训练的目的是要帮助他们去"适应"儿童,而不是去"治疗"儿童。然后,治疗者要引导父母转向对于各种和注意缺陷与多动障碍有关的症状讨论。最后,与父母就上述问题的理解和一些误区做深入的讨论。

训练单元2 认识亲子关系和行为管理的意义

这一单元的设计主要依据亲子互动理论。根据这一理论,儿童对于其抚养人具有潜在的影响,并且,这种影响作用会倒转过来,使得其抚养人在对待孩子的行为上发生改变。在这个关系中,导致儿童行为失当的因素共有:儿童和父母的个性、环境影响、家庭中发生的各种生活事件。根据这个理论,在训练中需要让父母感受到儿童行为问题是儿童先天的个性品质与后天的外部压力影响共同促成的,它们是父母与儿童相互作用的结果,而不仅仅是儿童自己的问题。因此,这一单元对父母训练的主要任务便是要帮助父母改变过去对儿童行为的反应方式,学会合理地看待儿童的各种行为问题。这是父母学习行为管理的基础。

训练单元3 巩固和强化父母对于儿童行为的关注

按照强化理论,如果父母在家庭中显示出对于儿童问题行为的欣赏和积极关注,会进一步助长不良行为,对于良好行为的发展是不利的。因此,在这一单元的训练中,需要让父母感受到患有注意缺陷与多动障碍的儿童有很多的行为是与其病症相关联的,而父母经常意识不到这种联系。可是如果其父母对于这些行为显示出兴趣,则又会助长这种行为。据此,训练的内容主要应该集中在帮助父母改进对于儿童行为注意的指向和品质上。这一单元需要让儿童介入训练活动,具体操作方法是,当儿童在家中或其他场所和平时一样地玩耍时,要求父母参与其中,但要求只能参与或观看,不得向孩子发出指令或提出问题。这种方法可以帮助父母感受到那种积极的社会性强化被撤除后对于儿童行为的影响作用。当父母在训练中交流这种感受时,会逐渐体会到,许多儿童的行为问题最初并非来源于儿童而是来源于我们父母自己的影响。

训练单元4 参与适当行为

通过第三单元的练习,父母们获得了合理注意儿童和有效运用积极注意的策略。第四单元便要进一步将这种策略在现实生活中加以巩固和扩大运用。这时要求父母学习在各种不同情况下,通过对合理行为的强化来"控制"孩子的不良行为。在要求孩子去做各种被社会赞许的合理行为时,为孩子随时提供积极强化。然后回到团体中,让父母讨论各种指令对于儿童的效果差别。这种讨论包括一些提供积极强化时的鼓励方式、时间联系以及指令内容的差异等。

训练单元5 建立家庭代币管制系统

介绍行为训练中有关代币的基本原理,帮助家庭成员制定代币管制计划,并将其运用于家庭管理中。这种管理主要针对那些儿童在家庭中发生频率比较高而且问题比较严重的行为,收效非常明显。采用这种方法还可以帮助父母学会把上面几个单元中的内容综合运用于对儿童的一般行为管理。

训练单元6 学习运用惩罚策略

到目前为止父母还没有得到任何有关借助惩罚来控制儿童不适当行为的训练方法。是否惩罚就不必要呢?其实不然。这主要是因为惩罚具有很大的危险性,在没有充分确信父母已经很好地掌握了奖赏的策略之前,不宜做这项训练。事实上,惩罚也必须与奖赏结合使用才是有意义的,单纯的惩罚会使得儿童对于自己的行为失去信心,并使儿童的生活信念变得消极。为了令父母在这方面运用适当,在这一单元中,可以帮助父母掌握两种基本的惩罚策略:反应代价法和时间阻断法。(关于惩罚策略在前面已有论及,可参考相关内容。)

训练单元7 拓展惩罚策略

在这一单元不需要急于介入新的训练内容,主要是回顾上一单元的训练内容,帮助父母学会把反应代价法和时间阻断法与第五单元中的代币管制法进行综合运用;同时,将其拓展运用到更普遍的生活内容中去。具体的训练要求是让每个父母把上述方法在针对儿童两个以上的不良行为中(如好争斗、骂人)加以运用。这时,需要注意的是,提醒父母暂时不要将这种方法运用于家庭以外的情景中,仅限于在家庭中实施强化,否则会因为其他一些不可控制的因素干扰,而使得训练前功尽弃。

训练单元8 公共场合下管理儿童的不当行为

实际上,绝大多数注意缺陷与多动障碍的儿童都是在一些公共场合中(如商店、饭店或其他人的家中)向其父母展现问题的。如果父母和孩子之间在前面的训练中已经建立了一些必要的行为规则,这时便可以开始在公共场合进行训练了。首先,帮助父母根据经验,仔细预测孩子在公共场合可能出现的一些行为。然后,帮助他们制定一个行动计划,用来对付儿童在公共场合所要表现出的不良行为。在这个时候,很多父母往往会因为考虑面子等因素,急于批评孩子而伤害了孩子的自尊。所以,尤其要注意提醒父母不要忘记运用积极关注和奖赏的方法去扶植孩子的合理行为。

训练单元9 对于预期要出现的不良行为进行管理

这是训练的最后一个步骤。这时需要和父母们回顾有关行为管理的基本内容以及各种整合运用的方法。同时,对于儿童预计将可能出现的一些行为问题及其对策进行讨论。要让父母感觉到儿童的行为障碍不是在短时间内就能治好的,要做好对付儿童的一些顽固行为障碍的长期准备。在必要的时候,可以根据情况在第九训练结束以后,安排4～5周的维持性训练。在这个时候,治疗者可以同时对父母对于儿童行为管理的效果作出评估,进步不明显的父母可以将其转入下一训练小组继续接受训练。

对于大部分顺利完成了这个训练计划的父母来说,他们随后可能又会面对一些新的问题,需要辅导。通常的内容包括如何让孩子在学习上获得自信,让他们安心完成家庭作业,建立良好的同伴关系以及治疗撒谎、偷窃等品行问题。

总结以上内容,这项行为管理技术重点强调的是提供一种通过家庭建立起来的,对于注意缺陷与多动障碍患儿的治疗环境。这种方法在西方运用非常广泛,但在我国还缺乏临床实践基础。从目前的研究资料看,几乎没有单位进行过这种有计划和多步骤的系统父母训练工作,但从前景看,这是一项有很高推广运用价值的训练方案。

实践与思考

1. 理解概念:

惩罚　消退　低比率区别强化　零反应区别强化　不相容行为的区别强化　游戏治疗

2. 判断:

(1)无论是正强化还是惩罚,强化都应该及时。

(2)在矫治孩子的不良行为时,可以采用隔离法,隔离的时间应在40分钟以上。

(3)在游戏治疗中,治疗者要注意引导孩子玩玩具。

(4)在行为训练中,强化物的选择要根据幼儿的需要而定。

(5)惩罚作为一种比较有效的矫治方法,教师和家长在纠正孩子不良行为时可以首先考虑用此方法。

(6)在使用恰当的情况下,间歇强化比积极强化效果好。

3.案例分析:

2岁的宁宁,最近每天午睡时都要妈妈陪她、哄她,才肯乖乖上床,直到她睡着为止。中途妈妈不得离开一步,否则她立刻放声大哭,在床上翻滚,把床沿当鼓敲,敲得乒乒乓乓,闹得全家鸡犬不宁。当她大哭大闹时,只要妈妈一出现,哭声立止,脸现微笑,两颗泪珠在眼角徘徊(她的哭大半是假哭,眼泪不多)。后来经专家指点,处理办法是:在她午睡时,硬起心肠,把门关了,任她哭去。4天后,宁宁午睡时的哭闹习惯消失了。

试分析宁宁的不良习惯是如何形成的?后来,妈妈采用了什么方法?

4.讨论:在对学前儿童进行心理健康指导时,为提高指导成效,如何做好家长工作?

本章小结

本章主要阐述了学前儿童心理健康指导的意义、概念,以及实施心理健康指导的注意要点和心理健康指导与心理健康教育、心理咨询、心理治疗这几种活动之间的关系;简要探讨了学前儿童心理健康指导的目标和内容,并在此基础上,着重介绍了学前儿童行为矫治的各种方法如积极强化、行为塑造、代币管制、负强化、榜样学习、间歇强化、惩罚、消退、游戏治疗等,以及各种方法的理论来源、正确实施的操作程序和注意事项及适用范围。同时,作为补充材料,也简单介绍了两种让家庭介入行为训练的方法,为学前儿童心理健康指导提供借鉴。

本章参考文献

1.傅宏:《儿童青少年心理治疗》,安徽人民出版社2000年版。

2. 吕静:《儿童行为矫正》,浙江教育出版社。
3. 林正文:《儿童行为的塑造与矫正》,北京师范大学出版社。
4. 胡佩诚等:《行为矫正的原理与方法》,中国轻工业出版社。
5. 刘华山:《学校心理辅导》,安徽人民出版社。
6. 程小危、黄惠玲:《儿童游戏治疗》,张老师文化。
7. 易法建、杨丹燕:《心理医生》,重庆大学出版社。
8. 张春霞:《幼儿园心理健康教育目标的确定及细化》,载《幼儿教育》1999年第4期。
9. 方观容:《漫谈游戏治疗》,载《学前教育研究》1997年第5期。
10. 邱学青:《孤独症儿童游戏治疗的个案研究》,载《学前教育研究》2001年第1期。
11. 王芳芳等:《幼儿园教师不良教育方法干预研究》,载《中国心理卫生杂志》2000年第14卷,第3期。

第三章 学前儿童常见行为问题分析(上)
——习惯行为问题

> **本章主要内容**
> ◆ 学前儿童的习惯行为问题及其特征
> ◆ 产生学前儿童习惯行为问题的因素分析
> ◆ 学前儿童习惯行为问题的案例分析及其对策

一、情绪问题

学前儿童的情绪问题较为常见,是心理行为问题中的一大类。一般说来,学前儿童的情绪发展不稳定,其问题症状不典型,而且多数情绪问题会随着年龄的增长而自然缓解。然而,我们也不能忽略儿童的情绪问题,一旦发现孩子有情绪问题,一定要及时予以疏导,在寻找到问题根源的基础上,有针对性地进行必要的教育和矫治。

1. 羞怯、胆小

羞怯、胆小的儿童总是被周围其他孩子指挥、摆布,他们往往显得被动、无助;当一群人尤其是陌生人来看他的时候,羞怯、胆小的孩子总是拒绝走出房间。

案例一　刘××,女,4岁3个月,上中班。在班上从不主动和小朋友说话,也不和他们一道玩。上课时,她不敢举手发言,老师提问时,她嗫嗫嚅嚅,课间一个人缩在旁边不出声。在家里也不爱说笑。其行为举止正常,但只要见到陌生人就很害羞,躲在一旁不敢说话。老师曾反复多次鼓励她跟小伙伴一起玩,但她始终躲在一旁,不愿玩。

背景资料

刘的爸爸经常出差在外,很少照顾家里;妈妈长年病休在家,使得刘很少有机会出去玩,闲暇的大部分时间都和妈妈呆在家里。

问题分析

刘的行为表现是胆怯、社交退缩的表现。造成儿童社交退缩的原因很多,从上面的情况看,这个孩子的问题主要跟相对封闭的家庭环境有关,从小缺乏与小伙伴或他人交往的经验。据此,我们可采用行为塑造法对她进行矫治。

对策与建议

第一周:矫治前老师将计划告诉刘,让刘知道早上入园后向老师、小朋友说"老师早,小朋友早",老师会奖给她一朵小红花,如果能得到6朵小红花,老师就可以让她把幼儿园的布娃娃带回家玩一天。第一天没做到。第二天,刘对着老师嘴巴张了两张,老师马上高兴地说:"今天,刘××真懂礼貌,知道跟老师说'老师早'了,老师要奖给你一朵小红花。"接下来的几天,刘能用轻轻的声音说"老师早、小朋友早"。

第二周:一周后,刘已能主动向老师、小朋友问好。老师开始带刘一起站在小朋友旁边,看小朋友游戏。游戏过了一段时间,老师对她说:"××和××一起玩,真好,你看,他们搭的大桥多漂亮,老师也和你一起搭个小汽车好不好?"老师和刘一起搭出了一个小汽车。游戏结束后,老师让刘把汽车给大家看。"今天,刘也搭了一辆漂亮的小汽车,大家拍手表扬表扬她,老师还要奖给她一朵小红花,因为刘今天能自己玩游戏了。"2 天后,老师走开,刘可以一个人在小朋友中间玩了,但仍不能与别人交往。

第三周:老师让大胆的幼儿主动邀请刘一起玩,老师给予了表扬。经过三周的训练,刘终于能和小朋友一起玩,也能和小朋友说话了,但仍不会主动邀请别的小朋友玩。(由昆山市绣衣幼儿园供稿)

案例二 晓晓,女,6 岁。胆小,性格内向,话少,外出时总是拉着父母的手或衣服,偶尔家中来客人,她也躲在一旁,羞于与外人打招呼。平时干什么事都说怕,身子往后退。怕上幼儿园,小班时,每天上幼儿园都要哭一场。小朋友做游戏时,她总是做观众。到了大班,仍然不敢走平衡木,即便是老师扶着她走,她的手也要紧紧抓住老师的手才能勉强地走过去。

背景资料

晓晓的父亲是一名兽医,在县城工作,每隔一个月才回家一次,母亲是山区农民,初中毕业。晓晓从小跟着妈妈长大,与妈妈寸步不离。由于山区农民居所分布稀疏,方圆 500 米以内只有她们一家人,而其妈妈本身性格较为内向,不爱讲话,又是包产到户,所以晓晓与外人接触机会较少。直至 5 岁,其父才接她到县城上幼儿园,一家人也终于团聚了。

晓晓幼时特别好哭,其母亲总是吓唬她"狼来了",来达到阻止她哭的目的。到了入园年龄,晓晓哭闹不止,母亲先是在幼儿园陪了几天,后来发现效果不明显,就开始打骂她。

问题分析

造成晓晓羞怯、胆小的主要原因可能有三个方面：其一是遗传因素，晓晓可能遗传了母亲内向、寡言的性格。其二是环境影响。由于所居住的环境人员稀少，终日与母亲相伴，几乎没有或者说很少有与其他人，尤其是与同伴交往的机会，所以表现出孤僻，特别依恋、依赖母亲等个性特征。其三是教育方法不当。以"狼来了"恐吓孩子使得晓晓更加剧了惧怕、胆小的心理。入园后，采取"先陪护，后打骂"的粗暴方法则加剧了她对陌生环境的恐惧。

对策与建议

由于晓晓羞怯、胆小，乃至退缩的主要原因在于生活、环境及母亲的教养方式，所以我们建议：首先应帮助晓晓克服羞怯、胆小的心理，建立自信心。具体可运用系统脱敏法来进行：第一步，教师或家长多与孩子亲近、交谈，注意选择在轻松、愉悦的氛围中，孩子情绪状态较积极时进行。第二步，多带孩子出去走走，多与人接触，尤其带她与年龄相仿的同伴一起玩耍或者请小朋友来家里做客。第三步，带孩子进入多种陌生环境，多与陌生人接触，甚至与陌生人交谈、游戏。第四步，引导孩子独自一人进入陌生环境，与陌生人交谈、游戏。以上各步骤中只要晓晓没有表现出不适当情绪，就加以鼓励、表扬，以强化其积极行为，建立自信心。其次，家园密切配合，坚持正面鼓励，表扬其积极行为和表现，给予适当的母爱和父爱，将要求适当降低难度，由易到难，循序渐进地教育和引导，创造机会使其体验成功的喜悦，不要动辄打骂或讥笑。最后，给孩子营造一个丰富盈实的生活空间，家庭成员间增进交流，父母适时言传身教给她交往的技能和方法。

案例三 娇娇,女,4岁,上小班。动作特别慢,胆小、怕事,如让她跨一个几厘米高度的台阶,都要试半天。在班级的集体生活中,她常常处于游离状态,有她无她没有什么区别,如果老师一天内不找她谈话,她可能一天不说话,与同伴也从来没有任何交流。有时,老师单独找她问一些简单的话,让她回答"是"或"不是",她也只是慌乱地看着你的衣服,却不回答你的问话,问急了才勉强回答。在她脸上,很少能看到笑容。她也不去玩玩具,所以不存在与人争吵的问题。从她躲闪的眼神中,看到的尽是胆怯。

有一次,幼儿园有集体活动,要到前面的礼堂去,路经之处必须要跨六七个台阶。老师知道她胆子小,就牵着她的手。在跨台阶时,她的手明显地在抖,她每跨一步就停一下,慢慢地挪动着脚步。当终于走完时,小鼻子上都渗出了细细的汗珠。

由于家离幼儿园比较远,冬天时,她上幼儿园每天都迟到。有时她来的时候已经上课了,进班之前,她先是小心、害怕地挪步,妈妈急急忙忙地将她丢下就赶去上班了,可妈妈前脚刚走,她便旁若无人地哇哇大哭,以表达她心中的羞怯、委屈和害怕。

背景资料

娇娇和父母,还有爷爷奶奶住在一起,住五楼,其父性格比较内向,做事谨慎,多愁善感。其母性格比较温和,做事慢条斯里,但周到细致。娇娇从小就胆小、怕事。全家人都想锻炼她、培养她,使她变得大胆一些、勇敢一些,但每次看她遇事紧张、焦虑的样子,又不忍心,便代替包揽了一切事情,连上、下楼都要大人抱着。平时的日常生活起居如吃饭、穿衣等基本上都由妈妈照顾。

问题分析

娇娇生性内向、胆小怕事,这可能与遗传有关。而全家对她

"无微不至"、"全包全揽"的溺爱更养成了其事事处处都要依赖大人的性格,以致完全没有自主性、独立性,活脱成了一个胆怯的"小玩偶"。进入集体生活后,娇娇胆小的本性暴露无遗,加之动手能力差,性格内向、羞怯,她经常处于紧张状态,无法与同伴交往。时间一长,娇娇的身心受到较大的伤害,渐渐产生了强烈的自卑心理。

对策与建议

由于娇娇生性内向、胆小怕事,我们首先应帮助她走出个性弱点:

(1)可以从走楼梯入手,开始由老师牵着她的手一起走楼梯,边走边给予鼓励和肯定;接着请一个自信、大胆的小朋友拉着她的手一起走楼梯,及时肯定她的积极行为;最后让她独自一人走楼梯,注意给予表扬和鼓励,以便帮助她建立自信心。

(2)带着她多玩一些大型体育活动游戏,培养其动作的协调性。

(3)从最基本的生活自理能力入手,教给她穿衣、穿鞋、吃饭的技能和方法。这可以借助游戏治疗的方法来进行。这样不仅可以锻炼、培养娇娇的独立能力和自理能力,而且也可通过"正强化"方法建立其自信心,从而克服自卑心理,有利于其身心健康发展。

(4)引导娇娇多与同伴交往,教给她交往的方法,培养其活泼开朗的性格。

(5)密切与家长的沟通,家园共育,促进孩子健康发展。

当儿童在面临新的、陌生的环境或见到不熟悉的客人时,常常会变得迟疑和顾虑重重,出现羞怯感。这是孩子的一种自我保护反应,并无什么异常。

胆小羞怯的孩子常常有这样几类:一类是依赖心较重,无法独立地适应周围环境；一类是自卑感较强，缺乏自信，没有勇气去面对周围所发生的一切；一类是身体原因，对任何事丧失信心；还有一类是不能正视、理解家庭在经济上或生活的其他方面与众不同而感到无法抬起头来。此外也有可能是因为某种隐私生怕成年人知道而不能大胆地行动。过度保护也会使孩子无法承受和面对外表紧张的气氛和压力，从而变得缩头缩尾，胆小怯懦，不能独立行为，不开心，不合群。

发现儿童有羞怯、胆小的表现，应慎重分析其原因。概括起来一般有以下几方面原因。

(1)自我保护意识：即在面临新情境、新环境或对对方没有充分了解时，会产生一种"危险来临"的自我保护和防备反应。

(2)气质原因：多为遗传所致。一般来说，气质较沉静，情绪敏感、多愁善感的人较为胆怯，举手投足欠自然。

(3)屡遭挫折，体验失败。一些本来开朗，交往也积极主动的人因种种原因屡屡受挫，多次体验失败，会变得胆怯、怕人、害羞。

(4)与人接触太少。

对于羞怯、胆小的儿童，我们的建议是：

(1)注意事件发生的整个情境，而不要专注于该儿童的个性或其所有行为上。因为儿童的羞怯和胆小往往与事件本身及其情境有关，要使儿童得到较好的矫治，不要去关注和责怪他的个性弱点和行为结果，而是参与到儿童的事件和情境中去，与孩子共同游戏、玩耍、活动，以自己的实践来证明这实际上没有丝毫的危险，甚至还挺有趣。

(2)给孩子权利充分表达自己的情感和需求。深入了解其情感状态和需求，并允许孩子充分表达，以此放松情绪，缓解不必要的焦虑。

(3)鼓励儿童参与那些可以增进其自信心的活动。首先，应了解儿童的兴趣和专长所在，而后应鼓励他参与，并对其表现加以表扬和赞赏。

(4)在可能的情况下,帮助儿童熟悉可能出现的困境。充分了解儿童可能害怕与哪一类人交往或怕参与哪一类事情,然后尽力帮助他扫除心理上的障碍,帮助他适应相应的人和环境、事件。

(5)对儿童做出的任何独立而自信的事件表示赞赏。无论何时,在哪一种情况下,儿童确实做出了充满自信或者适当的勇敢举动,我们都应及时地予以赞赏,并且要注意把重点放在儿童做了什么上,而不是做得怎么样上。

(6)鼓励儿童多与同伴接触、交往。多给儿童创设或提供各种不同场合和情境,使其在轻松愉悦的氛围中与同伴多接触、交流,可以帮助儿童逐步摆脱"羞怯感"。

2．焦虑

当儿童烦躁不安、担心害怕、好哭、无故生气并伴有食欲不振、夜惊多梦、尿床、心悸、腹痛等躯体症状时,他可能正处于焦虑的情绪体验中。儿童中以分离性焦虑较为常见,尤其与母亲分离时会出现明显的焦虑不安,不愿离家、害怕单独睡觉和独自留在家中。

案例一 小刚,男,3岁,小班。入园3个月来,每天入园时紧紧抱着父母不愿离开,教师从父母手中接过他时,便大声哭闹,使劲用脚踹老师。待父母刚离开,就挣脱老师,跑到活动室窗口对着外面大声嚷嚷:"老师打我！老师打我！"引起老师极大的不安和烦恼。其父母听到喊叫,又立即返回,百般唠叨,如此反复多次,小刚仍然哭闹不休,最后虽然勉强与父母分离,但整个上午在幼儿园哭闹不止,吃饭时还出现了呕吐现象,中午也不睡午觉,小便次数增多,说肚子痛。小刚的表现干扰了其他小朋友的学习生活秩序,他成了班里不受欢迎的孩子。

背景资料

小刚为三代单传的独生子，在家被捧为"小太阳"，全家人对他灌注了"无微不至"的溺爱，任何要求都能得到满足。由于家里缺乏玩耍的小伙伴，他整日被关在防盗门后面的狭小天地里，与小保姆和玩具为伍，而豪华家具和高档电器，是不允许碰也不允许摸的。其父亲性格内向，一般很少说话。家里设定了数不清的清规戒律，这使得小刚性格内向、被动和依赖。父母对孩子的教养态度不一致，母亲坚持要孩子上幼儿园，父亲则愿意把孩子留在家中，并为之提供可口的食品和玩具。2岁时送小刚上托儿所，由于他入托时哭得太伤心，又抱回家，让小保姆陪着他。

问题分析

这是典型的入园焦虑。导致小刚产生入园焦虑的原因是：第一，家庭对小刚的过分宠爱和教养态度不一致；第二，孩子在2岁入托时的不愉快经历，使其对幼儿园产生"过敏"反应，而呆在家中又可得到食品和玩具，于是小刚"学到"了焦虑行为；第三，父亲内向性格对小刚的性格具有直接影响。

对策与建议

首先进行家访，深入了解幼儿的家庭背景等多方面情况，以便对症下药。其次采取几个针对性较强的措施：第一步，运用消退法，不理会小刚的哭闹。入园时，任由他哭闹，直到哭累了安静下来；第二步，在活动中开展"笑比哭好"的讨论，从而解决孩子的认识问题，让他明白"笑比哭好"的道理，这样哭闹行为将自然减少；第三步，开展"找朋友"的音乐游戏，让小刚认识同伴，与同伴建立友好的关系；最后，做好家访工作，使家庭和幼儿园充分配合，统一教养方式，直至消除孩子的入园焦虑。

案例二 豆豆,男孩,5岁。性格内向,经常独自一个人发呆。上课老师请他回答问题时,他总是坐在椅子上,双手拧着衣角,瞪着大眼睛不知所措地看着老师。无论老师怎么哄,怎么骗就是不吭声,也不愿意站起来。有时他正玩着游戏会不知不觉地流下眼泪,嘴里嚷嚷着,"妈妈,妈妈,我要妈妈!"

背景资料

豆豆从小跟父母生活在一起,母亲生下他以后一直在家带他没有再上班,跟母亲感情很深。后来,父母因感情不和而离异,豆豆判给父亲抚养。父亲由于工作关系不能经常回家,豆豆由奶奶照顾。奶奶不能正确对待儿子的婚姻,将离婚的原因推在儿媳身上,常常对豆豆说:"都是你妈妈不好,你妈妈去找新爸爸了,有了新爸爸就不再喜欢你了。"听了奶奶的话,豆豆整日心事重重、紧张、焦虑且十分敏感。

问题分析

豆豆由于父母离异,家庭残缺,远离母亲而产生了"分离性焦虑"。

豆豆出生后一直与母亲在一起,已建立了较好的母子依恋关系,然而,天有不测风云,当他最需要母亲爱抚、关心、教育的时候,其父母却将全部精力投入到了"家庭战争"中,终日吵闹不休最终母亲弃他而去。这给豆豆的心理造成了巨大的伤害,他害怕、担心、忧虑,他无所适从。原本就不太开朗的他从此更是沉默寡言、拘束内向了。父母离婚后,他被判给了父亲,与母亲的分离使他整日忧心忡忡,而奶奶不负责任的唠叨更搞得他疑虑重重,云里雾里,留下的只有烦躁不安、担心害怕。他想妈妈,又不敢说,只有在幼儿园玩游戏的时候心理上稍有放松而哭诉出:"妈妈,妈妈,我要妈妈!"此时的豆豆,多么希望能像往日一样得到妈妈的爱抚和关心!

起初,豆豆因离开母亲,缺乏母爱而产生早期分离与期待焦虑,后来,不良的生活环境和不恰当的教育方式则加重了他的焦虑反应。

对策与建议

(1)从生活着手,向他传递爱的信息,尽可能改善豆豆的生活环境。由于豆豆生活在不正常的环境中,心灵特别敏感,特别自卑、胆小,所以教师与家长都要付出加倍的爱来温暖他受伤的心灵,从日常生活开始,关心他,和他一起游戏,并交流沟通。

(2)创设良好的群体氛围,使豆豆充分感受同伴的友爱,从而产生自信,变得大胆。生活的变故,使豆豆胆小而自卑,他隐隐约约地感到了自己与其他小朋友有所不同。作为教师,应让他充分感受到教师的爱,让他感到他所生活的群体是安全的、温暖的。在活动中,可以请能力强的小朋友帮助他学会自我服务,做值日生。游戏时请豆豆担任主要角色,展览他的美术作品使他获得成功的喜悦等等,这都将有利于豆豆走出心理的困惑,树立自信,逐步养成大胆、开朗的性格。

(3)家园配合,培养其健康心理。家长应为豆豆创设一个温暖、和谐的家庭生活环境,由于他最依恋的对象——母亲不在身边,父亲或其他家人就应承担起母亲的责任,多陪陪孩子,多与孩子沟通,关心他的生活、学习。此外,豆豆的母亲也应常抽时间陪陪孩子,让他认识到父母只是因感情不和而分开了,但对自己的爱和关心并没有改变,爸爸妈妈总是爱自己的。由此豆豆的焦虑会渐渐消退。

焦虑是一种复杂的综合的较为普遍的负性情绪,常常表现为没有原因的恐惧和不安,无所指向的烦躁和惊慌,似乎某种危险和灾祸就要临头,但又说不出究竟怕什么或究竟会发生什么样的不幸。

焦虑是儿童期较为常见的一种情绪问题,主要表现为对外界事物的反应过分敏感、多虑,缺乏自信心,经常因为一些小事而烦躁不安、担心害怕,甚至哭闹。婴幼儿与亲属特别是与母亲分离时,会出现明显的焦虑情绪,即"分离性焦虑",表现为对与亲人、家庭等分离深感不安,害怕独自一人留在家里,在陌生的环境里尤其感到拘束不安。

焦虑的原因包括遗传和素质方面以及心理社会因素的影响,诸如亲子依恋关系未能形成、孩子遭受惊吓、父母突然分离等。预防和矫治儿童的焦虑应主要运用教育矫治的方法,促进亲子间依恋的形成和健康发展,注意家庭教养方式,对孩子不溺爱不体罚,培养其良好个性,多为儿童创设户外活动和游戏的机会;注重良好的家庭关系和家庭氛围的形成,努力为儿童营造一个健康、和睦、稳定的家庭生活环境。对有焦虑倾向的孩子要及时进行家庭治疗。

3. 依恋替代

对于某个儿童个体而言,普遍的依赖物可能是一块已磨得发白的毯子,是一个旧的玩具熊,或者是一个满身污垢的洋娃娃。它是孩子特别喜爱的东西,因为它给孩子以安全感、舒适感,缓解了孩子的紧张和焦虑情绪。

案例一 晨晨,男,8岁。特别依恋婴儿期使用过的一只小动物枕头,似乎只要有这只枕头在身边,就比较安全。一次外出,他很习惯地带上枕头,爸爸妈妈想说服他不带枕头,把它放在家里,晨晨不肯,并以哭闹方式来达到目的。最终做父母的屈服了,因为他们知道,如果不让他带的话,到了晚上睡觉时更要闹个不休了。平时无论在家还是在幼儿园,只要有伙伴在一起玩,玩的时候可以暂时忘记枕头,然而一旦歇下来,没有事情的时候,就会想到要枕头。特别是睡觉时,对枕头的依恋更甚,即便有爸爸、妈妈陪伴左右也无济于事。

背景资料

晨晨在婴儿阶段,睡眠不安,睡眠时间短,大人常常要费很大的劲才能把他哄睡着,但是只要有一点响声,他就会被惊醒。平时和家人交流较少,常常一个人睡在童床上,被抱的机会也较少。家里没有人陪伴,经常一个人默默无声地玩玩具。晨晨胆小、怕黑、怕小动物,怕一个人独处。6岁以前,父母分居两地,他一直由奶奶照看。父亲虽然在身边,但性格内向,平时很少过问他,并且在他哭闹时还跑过来吓唬吓唬他,所以晨晨一直害怕爸爸发脾气。

问题分析

情绪特征是性格结构的重要组成部分,随着年龄的增长,幼儿在一定的、不断重复的情景中,经常体验同一种情绪状态,这种情绪便逐渐稳定成为幼儿的性格特征。晨晨恋物习惯的产生,一方面与其性格孤僻有关,另一方面与其对父母的依恋相关。他从小依恋母亲,然而母亲常常不在身边,父亲不但很少过问而且还朝他发脾气吓唬他,此时,一只平凡而普通的小枕头则成了替代物。在孤独无助、情绪焦虑时,小枕头理所当然地变成了他的依靠,只有小枕头才能给他以安全感,才能缓解他紧张、焦虑的情绪。

对策与建议

(1)多给晨晨以关心与鼓励,让他感觉到周围很多人都喜欢他,和大家在一起很快乐、很安全。

(2)丰富其日常生活,使他觉得每天都有许多有趣的事情发生,把他的兴趣、注意力集中到适合其年龄特点的游戏、学习和劳动上去,逐渐淡化他对枕头的依恋。

(3)适当推迟就寝时间,待其有睡意时,再让他上床,并培养良好的睡眠习惯。

(4)与他谈心,了解他抱枕头睡觉的真实想法,帮助晨晨克服心理弱点,耐心说服,鼓励他改掉这一不良习惯。

案例二 垣垣,男,4岁。活泼好动,每天睡觉都有口含被子、衣服的习惯,他的被子、衣服(内衣)已经被他含得皱在了一起。垣垣在家睡觉时都要把他自己的一块小毛巾抱在怀里睡觉,睡的时候嘴巴里要一直含着小毛巾的角。如果在他没有睡熟时拿掉他口中的毛巾,他很快就会醒,而且要哭闹好长一段时间,所以家长只能待他睡熟后才悄悄地取走含在口中的毛巾。上幼儿园后,由于没有带小毛巾来,垣垣就睡不着。为了保证其睡眠,只得把小毛巾带到幼儿园。隔了一段时间,教师和家长商量,不要给他带小毛巾来,老师打算在家长配合下逐步帮助他顺利入睡。由于没有了小毛巾,垣垣怎么也睡不着。老师便给他讲故事,讲道理,这一讲要讲很长时间才能慢慢地睡着。时间一长垣垣开始不依赖小毛巾了,但还是比较难入睡。老师以为他已初步适应了,就没有再去特别照顾他。后来发现他现在不需要小毛巾了,却找到了其他替代物——被角和自己的内衣。

背景资料

垣垣生活于一个较普通的家庭,父母都是公司里的普通职员。相对而言,爸爸更宠爱娇惯他。奶奶、爸爸、妈妈总是满足孩子的一切需要。如果他想要什么东西,爸爸妈妈暂时无法满足,他便不停地闹,直到满足他的要求为止。垣垣刚出生时,妈妈的奶水较少,他常常吃不到妈妈的奶,就不停地吸,有时妈妈不注意,就吸到了妈妈的衣服,时间一长,便养成了吸妈妈衣服的习惯,不吸就哭。妈妈认为衣服较脏,便专门找来一块干净的小毛巾让他吸,从此,这块小毛巾就一直跟着他而无法丢掉。

问题分析

垣垣的这一表现是一种"恋母"的结果。无论咬着他自己的小毛巾睡觉也好或是咬着被角和自己的内衣睡觉也好,都是其对母亲依恋的一种转移。儿童与养育者(主要是母亲)相互间的情感关系称为依恋关系(母子依恋),而这种关系中建立的起中介作用的富有特征性的行为称为依恋行为。依恋关系本身是一种积极的相互关系,尤其是良好的母子依恋,它对儿童的心理健康尤其是社会化起着重要作用。儿童最初把母亲当作自身安全的保护伞,一旦母亲离开他便大哭。母亲经常离开孩子,漫不经心地抚养,使孩子缺乏母爱;孩子因病住院,与母亲分离;频繁地调换照看者,恐惧、生活环境枯燥,缺乏游戏、玩具及正常的人际交往等,都会妨碍孩子形成良好的依恋。于是他们往往将依恋转移到某些物品上,与某一物品建立起一种亲密联系。垣垣自小因吃不到奶而产生焦虑和不安情绪,转而去吸妈妈的衣服,而其家长不仅没有给予及时的矫正,反而给予他另一替代物小毛巾,这便导致他依恋自己的小毛巾。此外,家庭不仅是儿童生活之基础,也是其接受最初教育的场所,父母的教养方式对孩子起决定作用。垣垣的家人对他采取放任和溺爱的态度。虽说其母亲很早就发现这一问题,却未能引起足够重视。垣垣的老师意识到问题的严重性,并采取讲故事等方法帮其克服、纠正但未能给予强化,所以使他钻了空子,寻找到了新的替代物。

对策与建议

(1)消除垣垣生活环境中可能引起这一不良习惯的各种生理、心理的(忧郁、焦虑等)因素,从小培养其良好的生活和饮食习惯。

(2)不要强求垣垣改掉这一习惯,以防止产生新的问题。要注意给孩子创设一个温暖、宽松的氛围,给他以安全感、信赖感,并吸引、转移其注意力,逐步逐步地克服和纠正其不良习惯。

(3)父母要多关心、爱护他,尽可能地给其以适度的情感上的温暖,使其对父母的依恋能得到正常的满足。

(4)当孩子一旦出现好的行为就要注意鼓励和表扬以强化其好的行为,消退不良行为。

正如鲍尔毕所认为的那样,由于儿童在生活早期未能建立起正常的依恋,致使他们在上幼儿园期间一直是羞怯、内向的,对周围环境有着一种本能的恐惧。每天入睡前必须抓着或抱着自己所喜欢的物品,甚至有时受到惊吓、批评,只要抓着或抱着这些替代物,他们都能很恬静地入睡,否则,即使在妈妈的怀抱里,也不能睡,会哭闹不止,直到抓着或抱着他们想要的东西。

对这一问题的矫治,应注意以下问题:

(1)不过分关注孩子的这一行为,也不要急于要求他们马上改掉不良习惯,要给孩子创设一个温暖和谐的家庭氛围。

(2)关心、爱护孩子。无论家长或是教师,都要尽可能地给他们情感上的温暖,以满足他们对父母依恋的适度要求。

(3)随着孩子年龄的增长,其心理发育水平越来越高,成人可以抓住孩子成长的重要时刻,不失时机地晓之以理,耐心地劝导,纠正不良习惯。

实践与思考

1. 联系实际,分析造成学前儿童羞怯、胆小的原因。
2. 如何帮助羞怯、胆小的儿童?
3. 课堂讨论:试析家庭氛围对儿童焦虑倾向的影响。
4. 联系实际谈谈如何运用消退法纠正儿童的依恋替代倾向。
5. 学前儿童的情绪问题有哪些共同特点?怎样预防?
6. 举例说明学前儿童情绪问题发生的原因。

二、睡眠问题

学前儿童常常发生各种睡眠问题,诸如睡眠不安、入睡困难、梦魇、夜惊、梦游等。其原因可能是中枢神经系统发育不成熟、皮肤过敏、躯体疾病或疼痛,也可能是心理因素导致精神负担过重、教育方式不当、受惊吓等。此外,环境中的噪音、空气污浊、闷热或寒冷等也是可能病因。因此,预防和矫治应注意合理安排幼儿生活制度,培养良好的睡眠习惯,避免引起惊恐和焦虑的精神紧张因素以及减轻压力和负担,提醒家长要施以正确积极的教养方式。

案例一 M,女,5岁。体质良好,较内向、文静,很少主动与老师交流。遇到问题能听老师讲道理,能参加集体活动,但不主动。在活动中很守纪律,喜欢在创造性游戏活动中扮演小朋友。动手能力、自理能力较强。不善于在集体面前表现自己。有相当一段时间,M不参加桌面活动,只是一个人呆呆地坐在旁边,老师鼓励她,请她与小朋友一起玩,她总是摇摇头。晨间体育锻炼时,她能尽量跟着别人一起做动作。区角活动中,她略有些焦虑,与小朋友一起活动时,有些心不在焉。吃午饭时,进餐速度较慢,且较挑食。准备午睡时她哭了,自诉害怕,不想睡觉。在老师的劝说、鼓励下,她睡了下来,但翻来覆去一直未能入睡。据父母反映,M在家睡觉就是一大困难,常常要大人反复催促才肯上床睡觉。上床之后又睡不着,要妈妈陪着。即使睡着了,只要有一点点声音,就会醒来,早晨起得也特别早。

背景资料

M与父亲、母亲一家三口人,父母亲均为初中文化。父亲由于工作原因,经常出差,M常常与母亲两人在家,妈妈对她很呵护,睡觉前总要陪着她。父亲难得回来,却时常与母亲争吵,争吵时也不避开M。父母争吵时,M总是很害怕,很焦虑。

问题分析

M有较为明显的睡眠不安问题。睡眠不安主要是指易醒或入睡困难,包括不能连续地整夜睡眠。

根据M的情况,我们可以推知,造成M睡眠不安的主要原因可能是:早期教育不当和家庭中的矛盾冲突。首先,过度保护使M对妈妈有着强烈的依恋,这在日常生活中就已有所体现,而在睡觉时更加明显,M显得焦虑、紧张害怕,这时她需要妈妈的保护和抚慰。其次,家庭中的矛盾冲突,作为心理社会因素的一个方面也起着重要的影响。父母之间的争吵,M焦虑、不安、抑郁,从而影响了她的睡眠。除此之外,M内向敏感等气质特征也可能是导致其睡眠不安的因素之一。

对策与建议

针对以上分析,可提出以下对策与建议:

(1)逐步培养良好的睡眠习惯。家长与幼儿园应共同给M建立一个有规律的睡眠制度,创造良好的睡眠环境,缓解其紧张、焦虑的心情。家长应改变不良抚育方式,对她进行适度而有效的保护,并密切配合幼儿园教育,逐步养成其良好的睡眠习惯。

(2)为M建立一个和谐愉悦的家庭生活环境。由于父母争吵是导致其睡眠不安的一个非常重要的因素,所以作为父母应从孩子出发,避免争吵,尤其不要当着M的面争吵,应当共同营造一个宽松、民主、和谐的家庭生活氛围。

(3)运用消退法进行矫治。教师与父母都不要过于关注M的睡眠不安问题,采取忽略的态度,引导她逐渐地学习自己入睡,并及时给予鼓励和表扬,以强化其行为。

(4)创造机会多让M到户外活动,多与同伴游戏、交往,这样既可以达到消耗体力的目的,同时也可以逐渐养成其活泼开朗的个性。当天进行了充分运动后,入睡便容易一些了。

案例二 涓涓,女,6岁。睡觉时常常磨牙、说梦话,有时突然坐起来,双眼直直地瞪着前方,一会儿又躺下来,惊慌而又急促地说:"哎呀!老师交给我的任务,我还没有完成呢!"或者说:"这句英语我不会说,我不会说!"一天晚上,她睡了3个多小时后突然起床,来到书桌前,拿出铅画纸和油画棒开始画画。此时妈妈还没有睡,就过去喊她,只见她"专心"地画着她的画,根本不理睬妈妈,一会儿便重新收好铅画纸和油画棒,回到床上继续睡觉……

背景资料

涓涓在幼儿园是老师们一致公认的最能干最聪明的好孩子,在家里则是父母的骄傲,经常受到父母和老师的表扬。一般来说,老师总是把重要的任务都交给她,像帮老师做小红花、剪窗花、背诵儿歌、回答难题等总是要请涓涓来做。父母亲也对她寄予了众多的期望:希望她将来能成为音乐家、画家、科学家。从周一到周日,幼儿园每天下午4点以后有美术、舞蹈、电子琴等兴趣班,她都报名参加了。除此之外,她还参加了外面办的几个班:如黄波儿童英语、童声合唱练习、书法班等等,这样涓涓的日程几乎排得满满的,没有了游戏的时间,时间一长,便出现了睡眠问题。

问题分析

一般来说,5~6岁儿童每天应有睡眠时间为11~12小时,孩子一旦出现睡眠问题,睡眠效率便受到影响。儿童睡眠问题的一个重要原因是心理压力过大、生活制度安排不合理。睡眠往往反映着人的身心状态,反映着人的生活质量。当个体遭受的心理压力过大,而生活作息时间的安排缺乏合理性,而且其身心得不到及时调整,便容易出现睡眠问题。涓涓已表现出较典型的睡眠不安的睡行症症状。其迹象表明:涓涓的心理压力已超出了其自我强度所能承受的阈限,父母过高过多的期望、老师布置的重要任务、超负荷的学习日程,给她带来了巨大的心理压力,以至于她在梦中念念不忘"老师布置的作业"、"还有英语不会念",还要去画画,可见其心理就如一根绷紧的弦,随时都有断掉的可能。

对策与建议

首先,合理安排好涓涓的生活制度,教师与其父母共同配合来完成。作为父母应确立正确的教育观念,给孩子一个适度的顺应孩子的期望目标,切不可把自己未能实现的愿望、目标转移到孩子身上。孩子应该有自己的选择和自己喜爱的空间。其次,父母应注意改变自己的不良教养方式。在日常生活中,不过分关注孩子的睡眠,也不要过分地呵护孩子,应逐步训练孩子养成良好的睡眠习惯,并注意动静交替、有张有弛,减缓其心理压力,给孩子创设一个良好的睡眠环境。此外,老师在缓解其心理压力、安排合理生活制度上起着重要作用,教师的教育观、儿童观、教学方式与态度和人格因素都与孩子感受到的心理压力有密切关系。作为老师,应认真对待这一点,优化以上因素,合理安排好其生活作息和学习负荷。不要因为涓涓能干、聪明,就把许多"重要任务"交给她,以致这些"重要任务"变成了影响其身心健康的精神负担。要注意给孩子创设轻松愉悦的学习氛围,让孩子在玩中学,在合理有序的生活作息过程中健康成长。

案例三 小明,男,6岁。平时性格内向,不爱哄闹,会对大人察言观色,缺乏孩子的天真,在大人眼里,是一个乖孩子。如果他想得到某样物品,或干一件自己喜欢的事情,不会大吵大闹,只会跟妈妈悄悄地说。假如妈妈一时没有答应,他会长时间地表现出情绪低落,有时甚至掉眼泪,嘴里还喋喋不休地说几句抱怨的话。有时妈妈心疼他,就满足他的要求,他也不会表现出很高兴的样子,只是在别人逗他时,他的脸上才会偷偷地流露出掩饰不住的开心。

小明睡觉时常会表现出辗转反侧,叨叨不休,并冒出一些含糊不清的话,中午在幼儿园睡午觉也会这样。一次,小明早早就睡了。她妈妈在外屋看书,只见他从床上爬起来也没穿鞋子,眼睛似睁非睁,在里屋和外屋之间停了好一会儿,站在那儿抓耳挠腮,拉拉裤子又翻翻衣服。妈妈见了就问:"小明,你想干什么?"他并不回答,也不看妈妈,继续挠痒痒,样子很有趣。接着他走到厨房,站在簸箕前停了下来,继续做抓耳挠腮的动作,又过了一会儿,他站在那儿不动了,细细一瞧,原来他正对着簸箕小便。小便过后,他又抓了一会儿肚皮,站了一会儿,然后径直朝房间走去,继续睡觉了。还有几次,他忽然从被窝里坐起来,谁也不理会,抓一会儿痒,便倒头又睡。等到第二天问他,则矢口否认自己晚上的所作所为。

背景资料

小明生下来便体弱多病。母亲是个正直、勤劳的农民,初小文化,性格特别内向,从没有粗声粗气地与人争辩过,是一个逆来顺受的家庭主妇。小明的父亲大学文化,教初中数学,性格沉稳,其收入是家里主要经济来源,在家中处于绝对领导地位,是家中的晴雨表,他的喜怒哀乐能影响到整个家庭气氛,有梦游现象。小明是爷爷奶奶的长孙,家中的心肝宝贝,对儿子的要求,妈妈常常有求必应,但爸爸对小明尚有一定要求,然而更多的时间则是忙于自己的事情。

问题分析

遗传因素是导致小明梦游的一个原因,但并非绝对,且有轻重之分。小明的梦游要比其父亲更重一些。儿童大脑皮层发育远未成熟,大脑抑制功能不完善,所以容易发生梦游,一般来说,随着年龄增长会逐渐减少。小明是一个内向而敏感的孩子,情绪较容易波动而致紧张、焦虑。父母教养态度的不一致令他无所适从,父亲的严厉和严格要求增加了其心理负担,这一切小明以"梦游"的方式来宣泄以达到心理平衡,达到缓解情绪的目的。

对策与建议

(1)注意调节小明的情绪,安排好他的生活,不要过度疲劳,也不要过度兴奋。父母注意教养态度一致,不在睡前训斥孩子,排除不良情绪干扰,预防梦游的发生。

(2)积极培养小明活泼开朗的性格,有事不要郁积在心里,要讲出来,父母多与孩子沟通,以缓解其心理紧张和焦虑。

学前儿童的睡眠习惯与环境、家长教养方式有直接的关系。

良好的睡眠对儿童的健康成长有着极其重要的意义。睡眠状况是个体健康情况的一种重要表现,然而睡眠的时间(数量)与熟睡程度(质量),则因人而异。儿童早期发育成熟的标志之一是昼醒夜眠节律的建立。1岁时,大约90%的婴儿能每晚无间隔地睡眠5小时以上;5岁时,儿童全天要睡11~12个小时,然而少数有睡眠问题的儿童则难以达到这一点。教师与家长应密切关注儿童的睡眠,以便及早发现问题,及时进行矫治。而多种睡眠问题发生的原因可能有所不同,应注意对症下药。一般来说出现儿童睡眠问题多与所承受的心理压力和情绪焦虑有关,即多数因心理社会因素引起;某些生理方面和气质特征因素、儿童年龄的特点在某种程度上也起着决定性作用;家庭抚育方式、教养态度等则影响着儿童良好睡眠习惯的养成,而良好的睡眠习惯则是预防儿童睡眠问题发生的重要方面。

缓解心理压力,合理安排生活制度,无疑是预防睡眠问题发生的最佳方案。

实践与思考

儿童睡眠问题发生的原因是什么?如何运用恰当的方法进行有效的预防和纠正?

三、进食问题

厌食、偏食、贪食等是学前儿童较常见的进食问题。导致进食问题的主要原因是教养方式不当。厌食、偏食、贪食都严重影响学前儿童的生长发育,应从改善家庭教养方式入手,进行矫治。

案例一 Y,女,5岁8个月,幼儿园大班幼儿。表现为对进餐不感兴趣,胃口不好,食欲差,进餐时思想分散,注意力不集中,常常将饭和菜含在嘴中,不咽下去,咀嚼吞咽慢,进餐量少,进餐时间长。教师对 Y 作了连续 10 天的观察,发现 Y 每次进餐的时间都在 30 分钟以上,其中进餐 40 分钟以上有 3 次,35～40 分钟有 4 次,而且其中有 4 次在教师向 Y 提出进餐要求时出现呕吐现象。

背景资料

  Y 从小以人工喂养为主,从婴儿时期就胃口不大,体质较弱,易生病。性格内向,做事动作偏慢,智力一般。孩子的父亲为个体工艺美术者,母亲是工人。孩子大多数时间寄住在外公、外婆家,与外公、外婆接触时间较多。父母、外祖父母对孩子过于宠爱,要求不高,使孩子独立性差,依赖性强。

问题分析

  Y 的进食障碍主要有两方面原因:
  一是由于母亲体质较差,也影响了孩子的体质。孩子从小是人工喂养长大的,从婴儿时期起孩子胃口就不大,食欲差,也没有及时矫治,因而一直延续到现在对进餐仍无兴趣,胃口不好。
  二是由于父母是双职工,孩子大多数时间居住在外公、外婆家,老人对孩子十分宠爱,一味迁就,长期下来,形成了 Y 目前的进食障碍。
  由此,我们可以运用消退法予以矫正。

对策与建议

  由于该幼儿进餐有一系列问题,所以在运用消退法矫正行为问题时,不可能一下子把所有的问题都改掉,而是要选择好一个主要的行为。为此教师选择了孩子在进餐时将饭、菜含在嘴中不咽下去作为矫正中要消退的行为,然后再逐步要求其缩短进餐时间等,最终达到进餐正常要求。同时建立所需要的良好行为,确定"能较快地咽下食物"作为Y"把饭、菜含在嘴中不咽下"的替代行为,并根据Y的爱好,选择微笑、手工纸、红五星、看新图书、玩新玩具等为强化物。在矫正前,还要取得家长的支持与配合。要将矫治计划告诉家长,让家长在家中也运用消退法配合对孩子进行矫治,尤其是刚开始矫治时,孩子的不良进餐行为会表现得更不好些,家长此时决不能迁就孩子,要坚持取消对不良行为的强化物,配合教师按矫治计划实施,从而取得好的效果。

实际的矫正工作主要经历了以下三个阶段:

第一阶段(矫正的第1—4周),对不满意行为不予强化,强化满意行为。矫治前,教师把矫治内容告诉幼儿,让Y知道教师这样做是帮助她能较好地进餐,使身体长得好,并要Y一起努力,克服咽不下饭、菜的坏习惯。刚开始矫治时,由于教师对Y进餐的不良行为不予理睬,更不喂她,Y进餐时间更长了。进餐后,教师耐心地跟她讲道理,活动时还讲故事"珍珍的梦"给她听,使她懂得样样菜都要吃的道理,并希望她和小朋友一起吃完,和小朋友一起休息、活动,不落在最后。几天后,有一次进餐时,吃的肉丸菠菜汤,Y很喜欢吃,因而咽得也比较快,教师抓住Y这一点滴进步,予以强化,既表扬了她,又奖励给她一张手工纸,Y十分高兴,教师又鼓励她明天仍要大口大口地吃,吃得快一点,这样可在午睡前奖励她看一本新图书。果然Y又有了一些进步,教师就给她看了一本新图书。连续几周,对Y进餐良好行为的建立分别用新图书、红五星、玩新玩具等强化物进行强化,同时还运用故事、儿歌、情景表演等内容向幼儿进行教育,如讲故事"小明大变样",让Y也来讲讲小明能大口大口地吃饭,变了样,学儿歌"脸儿红红真健康"等。教师引导Y也要像儿歌中的小朋友那样,好好地进餐,使身体长得健康。在矫治过程中,每当Y吃得慢时,不理睬她,而当她自己吃得有一点点进步时,就鼓励强化之。通过一系列的教育和对良好行为的强化刺激,Y在进餐习惯和进餐时间上都有了可喜的进步。

第二阶段(矫正的第 5—12 周),家园同步要求,促进良好进餐行为的建立。Y 的进餐有了进步,但在家中,尤其是外婆家还不能独立地进餐,还要大人一口一口地喂。于是教师和家长进行联系,希望家长配合并能和幼儿园一样地要求 Y,不无故迁就,坚决不喂,而对 Y 良好行为的建立给予强化刺激。同时,教师还通过情景表演,通过游戏"比妈妈",让 Y 也像妈妈一样为娃娃配好有营养的菜,还用投影"蔬菜好朋友"使 Y 知道各种蔬菜营养好,是每个人的好朋友,激发 Y 爱吃蔬菜的情感。通过教育,Y 更懂道理了,能大口大口较快地进餐;在家里,家长对 Y 进餐时良好行为的点滴进步,也分别给予小红花、玩新玩具等强化刺激。在幼儿园有一次午餐后,由于 Y 的进步,教师让她玩小兔开车的玩具,她一脸的高兴,还洋洋得意地告诉同伴:"老师表扬我吃饭进步了。"家园共同努力,使 Y 在家也能独立进餐,并能在半小时内和同伴一样吃好饭。

第三阶段(矫正的第 13—16 周),逐渐脱离程序,让幼儿进入自然情景。矫治的第二阶段后期,适逢寒假来临,假期后,Y 来到幼儿园,进餐情况出现了反复,进餐时间又长达 42 分钟,教师继续运用消退法消除进餐不良行为,对能大口大口地吃饭的良好行为予以强化。经过一个月的强化刺激,Y 进餐时间又恢复到第二阶段的水平。这时教师逐渐减少强化刺激的次数和时间,并多采用赞扬、点头、抚摩等社会性行为进行奖励,减少物质性奖励,使 Y 进餐的良好行为在自然情境中逐步得到巩固。在该阶段后期,Y 进餐胃口增强了,进餐时间也缩短了,从原来的 45 分钟到能在 25 分钟左右的时间里进餐完毕。

矫治在第三阶段取得了明显的进步,教师对 Y 跟踪观察一周,发现 Y 每次进餐的时间都在 30 分钟以下,矫正 Y 进食障碍取得了显著成效。(摘自《二十一世纪心理健康教育典范》)

案例二 小翔,男,5 岁。性格开朗,较活泼,但在陌生人面前显得内向。智力发育良好,喜欢看书。食欲一般,多吃一点就会吐。喜欢吃猪肉、牛肉等陆地行走类动物的肉,不吃长翅膀的和水里游的动物的肉,不爱吃蔬菜。饭量一般,由于他只吃猪肉、牛肉等,而不吃蔬菜类等其他菜,所以营养摄入失衡,显得比较胖。

背景资料

小翔与爸爸、妈妈一家三口人,爸爸妈妈很宠爱他,处处都依着他。他不吃的菜从不强迫他吃。由于是独生子,小翔享受着"众星捧月"般的待遇。他从小至今从未碰过鸡、鸭、鱼等长翅膀的和水里游的动物的肉,妈妈也只买猪肉、牛肉给他吃,原因是小翔吃了鸡、鸭、鱼等肉就会吐。妈妈和小翔有同样的爱好。一次,爸爸烧了鳝鱼,偷偷地夹了一块放在小翔的碗里,他吃了下去。过了一会儿,当得知是鳝鱼时,他开始难受了,一阵恶心把鳝鱼吐了出来。自此以后,家里人再也不敢给他吃了。

问题分析

小翔在饮食上有明显的偏好,即偏食,这是一种不良习惯。偏食会影响孩子的发育和健康,导致营养失去平衡。小翔由于偏食猪肉、牛肉等,且饭量尚可,所以看上去比较胖一些,但体质较弱,动不动就吐,肠胃功能也不是太好。导致小翔偏食的主要原因是:其一,家人的过于放纵和溺爱。小翔的父母对他非常宠爱,只要他喜爱吃的,就一味地满足他,而不想吃的东西却从不勉强他吃。这样,时间一长,就强化了小翔的偏食行为。其二,母亲的榜样作用。

小翔的母亲本身就不吃鸡、鸭、鱼等肉,所以家里很少买来吃,这对小翔起了潜移默化的影响。

对策与建议

(1)对孩子爱吃的食物要加以控制,控制孩子爱吃的食物可以避免他过早地填饱肚子而失去吃其他东西的兴趣。

(2)注意烹调方法,以增强孩子的食欲,矫正其偏食习惯。同时可以暗暗地把孩子不喜欢吃的鸡、鸭、鱼、蔬菜等食物放在他最喜欢吃的食物中,由少到多,使他渐渐地习惯吃。当孩子拒绝吃的时候切不可勉强他吃,并切忌在任何场合反复说"这孩子不喜欢吃××东西",而应该隔一段时间,待孩子遗忘后换一种烹调方式再做给他吃。

(3)讲一些营养学的知识给孩子听,改变其对鸡、鸭、鱼、蔬菜等食物的偏见和认知偏差,从而达到纠正偏食的目的。

(4)运用榜样示范法来纠正孩子的偏食。在幼儿园,可以通过表扬不偏食的孩子让其观察和模仿,或者把他和不偏食的孩子安排在一起就餐,以便起到潜移默化的影响。在家里,成人切忌在孩子面前流露出自己对食物的偏好,妈妈也要积极地改正自己的偏食习惯,给孩子起榜样示范作用。

(5)运用正强化法。一旦孩子出现不偏食的良好行为,便及时给予肯定、鼓励和表扬。

综合分析导致学前儿童进食问题的原因,主要有这样几个方面:

(1)父母太重视孩子的食量,却不知孩子之间的进食量差异很大,假如强制孩子吃超出他实际所需的食量,则会给孩子造成压力,而致其不想进食。

(2)年幼儿童的消化系统尚未发育成熟,因而对一些较粗硬或需细嚼慢咽的食物没有兴趣。而且多数孩子喜欢吃糖果及零食,尤其是膨化食品,这会影响其胃口,使得他们对正餐不感兴趣。

(3)成人过分迁就孩子的喜好,养成孩子偏食的习惯。此外,如果父母本身就有偏食的习惯,也容易为孩子所模仿。

(4)当儿童换牙或生病时,也会影响其食欲,或者使其只偏吃某些食物。

(5)一些孩子对某些食物会有过敏反应,如海鲜等,这也会导致偏食;或由于吃东西受到限制而食欲不振。

(6)不良的进餐环境导致孩子情绪不快,从而影响食欲。一些父母喜欢在进餐时间教训子女,也有的父母过于重视餐桌礼仪,这样影响了进餐气氛,使孩子带着不快乐情绪进餐,从而影响了食欲。

面对学前儿童的进食问题,首先应尽可能地营造和保持进食时轻松愉快的氛围,无论在幼儿园还是在家里都应先做到这一点,这是增进孩子食欲的基本条件。倘若孩子不想吃饭,切忌强迫。当孩子十分坚决地拒绝吃饭,不妨让他走开。相信他决不会让自己每一顿饭都饿着肚子,只要父母坚决不让孩子吃零食。这样要比在进餐时唠叨不休,让孩子讨厌吃饭要好得多。其次要仔细分析导致孩子进食问题的原因,对症下药:第一,父母不要过分关注孩子吃饭问题,也不要规定孩子吃多少或勉强他们吃不愿意吃的食物,让幼儿感到进食是一件快乐的事。第二,平时要训练孩子节制零食,如饭前一小时不吃零食,也不要买太多零食回家,对孩子取食要控制,应征得大人同意后方可取食。第三,注意烹调技巧,尽可能地使食物色香味俱全。可以把少量的孩子不爱吃的食物搭配其他食物一起烹调,使其不知不觉地吃进去。第四,如果儿童一向均衡进食,状况良好,而突然间不思进食或挑食,则需要留心观察。如果情况持续较长仍未改善,那么一定要找出原因。而对孩子食欲一时的变化,诸如是因生病,长牙等引起的,则不必过于担心和焦虑,待其身体恢复,一切如常。第五,对食物过敏的儿童,父母须留意其对食物的选择,并可遵医嘱,补充其缺乏的营养。此外父母应以身作则,注意均衡饮食和适量运动,这样孩子定会自觉养成良好的饮食习惯。

实践与思考

举例说明怎样运用不同的矫治方法来纠正儿童的饮食问题?

四、咬指甲

喜欢咬指甲的孩子,有的甚至咬指甲周围的表皮,咬的程度轻重不一。少数比较严重的孩子,可能每个指甲都被破坏,甚至流血。那么,孩子为什么喜欢咬指甲?为什么会在特定的环境条件下,如午睡时、回答老师的问题时咬指甲?咬指甲与孩子的性格特征、早期活动甚至父母与教师的教养方式间有什么联系?如果解决了这一系列问题,那么,孩子咬指甲的陋习则可望得到纠正。

案例一 X,男,5岁,没上过小班直接进了中班。活泼好动,情绪不稳定,易于分心,不太顺从。他经常在上课时开小差,午睡时没有睡意,常常不经意地将手放进嘴里,用牙齿撕咬指甲。如果没有人干扰,他会一直咬下去,直到把所有的指甲咬秃或者甲床被撕出血,才停止。

背景资料

X的父亲是一名小学教师,母亲是造纸厂工人。平时,X胆子较小,整天衣服、手和脸都是脏兮兮的。据了解,母亲在个体小厂上班,每天早出晚归,很少有时间过问孩子;父亲大男子思想严重,除了上班,回家后几乎不做家务,也不照顾孩子。进幼儿园之前,X大多数时间是一个人玩,由于孤独、无聊,他就把吮吸手指、咬指甲当作一种消遣,久而久之,便养成了咬指甲的不良习惯。起初,家长以为"小孩手指上有三两糖",吮吸吮吸没有什么关系,吃手指的行为从未制止、干预过,以至于孩子快上小学一年级了,咬指甲的陋习依然没有改掉。

问题分析

X之所以出现咬指甲这一不良行为习惯,主要原因可能是:

(1)需求得不到满足。X的母亲每天早出晚归,无暇顾及他,而父亲则几乎不给予照顾,因而X缺乏爱抚和关心,尤其是缺少母爱。

(2)缺少同龄伙伴。X上幼儿园之前大多数时间独自一个人玩,他感到孤独、寂寞、乏味,于是不自觉地吮手指、咬指甲,以此得到些许慰藉。时间一长,便养成了咬指甲的不良习惯。

(3)适应困难,情绪紧张、焦虑。X不喜欢上课、不喜欢午睡,可是他又担心老师上课提问,午睡时批评他,让他尽快入睡,因此,内心紧张、焦虑不安,便以咬指甲来减缓其紧张和焦虑。

(4)教育不及时。X从咬指甲的过程中得到了慰藉,得到了快感,便将这一不良行为习惯化了。家长却认为"小孩手上有三两糖",吮吸吮吸,咬一咬没什么关系,对此从未制止过,从未加以干预,故而使得X的咬指甲行为越来越厉害,以至"把所有指甲咬秃或甲床被撕出血"。

对策与建议

(1)关心爱护孩子,满足其被爱、被关注的需要,多与孩子交流情感,进行肌肤接触,如陪他游戏、郊游等等,消除其焦虑、紧张情绪,使孩子获得一种安全感、满足感和幸福感。

(2)切勿批评和责怪孩子,也不要过于关注孩子的咬指甲行为。要了解并理解孩子的心理状态以及周边环境,引导他把注意力转向游戏和学习活动,多参加各种有趣的活动。

(3)耐心地说服教育。以谈话方式,进一步了解其咬指甲的原因,对症下药。告诉他这样做不好看也不卫生,脏东西吃到肚子里,人会生病的,以后指甲长了,要请老师或爸爸妈妈用剪刀修剪。

(4)平时要加强卫生习惯的培养与训练。把好晨检关,发现孩子指甲长长了,就要及时修剪。

(5)为孩子提供合适的玩具和活动场所,鼓励他多和同伴一起玩耍。要安排一些适合其年龄特点的手工活动,尽可能使他不闲着。

案例二 H,女,5岁。爱咬指甲,经医生确诊,她身体健康正常。父亲为了不让她咬指甲,随时帮H的指甲修剪干净,然而她还是咬,而且将指甲咬得都流血了。没办法,父亲又把H的十个手指头全部涂上紫药水。这个办法第一天挺管用,可到了第二天,一切又照旧了。一天,老师给小朋友上美术装饰课,别的孩子都在进行装饰活动,可是H却坐在那里津津有味地咬指甲。老师告诉她:咬指甲对身体不好,因为指甲里藏了许多我们肉眼看不见的细菌,这些细菌吸到胃里就会生病。H似乎听懂了,停了下来,可是到中午睡觉的时候,她躺在床上又开始咬指甲。

背景资料

H的性格较内向,她咬指甲是从3岁开始的,当时H的父母总是争吵而无暇顾及她。H很紧张、很害怕,怕爸爸妈妈都不要她了,下意识地把手伸到嘴里,就这样开始咬指甲。后来H的爸爸妈妈离婚了,H跟爸爸一起过,妈妈离开了她,这给她幼小的心灵带来了巨大的创伤。爸爸对 H 要求很严,经常打骂责备她。就这样,H 咬指甲的毛病越来越严重。

问题分析

H 最初咬指甲是起因于父母对她的爱的忽略和父母之间的争吵,这使得原本就具有内向性格的 H 产生了紧张、焦虑情绪。后来父母离异,妈妈的离开等于是雪上加霜。孩子原本就需要得到母爱,H 在情感上较为依恋妈妈,因此妈妈的离开令她害怕、担心甚至恐惧。她不理解妈妈为什么弃她而去,她多么渴望和需要来自妈妈的爱抚和关心啊!爸爸很爱 H,他希望能给 H 加倍的爱和关心,但是他却很严厉,H 稍有不对之处,就打骂、责备。爸爸给予 H 的这种严厉的爱是她难以接受的。发现 H 咬指甲,爸爸先是注意到了,经常帮她修剪指甲,切断可咬的对象。当这一方法失灵后,便又生一计,在指甲上涂上紫药水,第一天挺管用,H 不咬了,可是第二天一切照旧,H 又很起劲地咬起指甲来。可见造成 H 咬指甲的根本原因是家庭不和、母亲的离去和父亲过于严厉的教育方式。

对策与建议

纠正 H 咬指甲的不良行为习惯,首先要找到并消除造成其心理紧张的心理因素。很显然,导致 H 紧张和焦虑的心理因素主要是家庭不和以及母亲的离开。H 的父母离婚已成事实,这令她幼小的心灵留下无法弥补的伤痕。然而作为一个有责任心的爸爸或妈妈,应该多为孩子着想,经常陪陪孩子,特别是妈妈切不可弃之不理,应经常抽出时间带孩子玩玩,以缓解其心理紧张,让孩子感到爸爸妈妈依然是很爱她的,父母的离异并没有令她失去"母爱"。这是纠正的第一步。

其次，父亲应改变教育方式。H正处于一个非常特殊的生活阶段，父母离异带给她的伤害是令人无法想像的，这时候，她更需要一种"慈母"般的父爱。严格要求固然是正确的，但打骂、责备则是有害而无利。对H咬指甲的不良行为，先不要批评和责怪孩子，而要更多地给予爱和关心，帮助孩子调节好自己的情绪，多带孩子参加各种有趣的活动，以便转移她的注意力。

再次，给孩子讲一些卫生常识，告诉她指甲里有很多脏东西，常咬指甲会把细菌和虫卵吃进肚子里，会生肠炎或肠道寄生虫病。引导孩子渐渐明白这一道理，父亲或其他家庭成员给予适度的提醒和督促，循序渐进地纠正其不良习惯，切忌大惊小怪，过分关注H咬指甲行为。

此外，要注意鼓励强化孩子的良好行为，只要孩子不咬指甲，就加以鼓励和表扬，时间可由短逐步变长，直至孩子的咬指甲行为完全消退。家人要勤给孩子剪指甲，并且注意防止孩子与喜欢咬指甲的儿童接触。

传统的儿童病理心理学把咬指甲视为一类严重的精神疾病，认为是儿童社会性退缩、焦虑不安、孤僻自卑的象征。而现在的观念则认为：咬指甲是一种偶然获得、被家长和教师不正确强化（如过分关注、强行制止等）得到巩固的行为，认为去掉强化因素，随着孩子年龄的增长，其咬指甲行为会自然而然地得到缓解。

咬指甲一般与吮吸手指并存，但两者有区别。吮吸手指显得较从容，不慌不忙；咬指甲则动作比较快，似乎有些神经质和具有攻击性。吮吸手指一般在睡觉前、寂寞无聊时发生；而咬指甲一般是在十分紧张，如遭到严厉斥责时出现。儿童咬指甲是较常见的行为问题，一般发生在情绪紧张或者抑郁的情况下。当孩子情感不能充分表达出来时，或者精神焦虑、过度紧张、家庭不和睦、心情矛盾冲突、适应困难时，就会产生咬指甲的行为；也有的咬指甲行为是通过模仿习得的。

对于咬指甲行为的纠正,重要的、关键的是应帮助儿童重建正确而客观的自我意识,加强同伴间的游戏与交往,丰富其生活内容,改善家庭生活环境,调整家庭教养方式等,即从认知、行为训练、家庭环境调整等多方面进行综合矫治,以达到"治本"的目的。

实践与思考

"咬指甲"的儿童有一些什么样的特殊表现?我们在纠正时应注意哪些问题?

五、吮吸手指

来自家长的困惑:再过几个月,孩子就要上小学,可是他还是喜欢把手指放在嘴里吮吸,这个习惯怎么也改不掉。我们给他在手指上涂上苦味和辣味的东西,然而收效甚微,还搞得孩子哭闹不停。到底有没有更好的办法呢?

案例一 毛毛,男,1995年4月出生。幼时体弱多病,有哮喘病。多次住院治疗,常年服药。家人见他身体不好,就比较娇惯他。尤其是奶奶对他百依百顺,没有要求不满足他。1996年7月开始断奶,8月发现他吮吸手指,觉得很好玩,没有加以制止,有时奶奶还会逗他吮吸手指。1997年5月左右,他经常吮吸手指,每次约5分钟左右。妈妈发现了,开始制止,看见了就把他的手拿开,毛毛随即大声啼哭。奶奶不忍心,就护着他不让儿媳妇管。为了避免孩子哭闹,全家人不再制止这一行为。1998年9月入园,教师发现他有严重的吮吸手指行为。1998年9月6日的一日观摩记录显示:毛毛在园8小时,吮吸手指17次,最后一次长达9分钟。吮吸原因：恋家、紧张、无所事事。

背景资料

毛毛的父亲是室内装潢设计师，高中学历，母亲是会计，高中学历。奶奶是文盲。毛毛一直与祖辈同住，入园前一直由奶奶照看，母亲协助看管，父亲则很少过问。

问题分析

毛毛吮吸手指的主要原因是不适当的环境和教育因素。由于毛毛体弱多病，全家人对他百依百顺、娇纵，养成了毛毛任性、蛮横的个性。当发现孩子第一次吮吸手指时，家人只是觉得好玩，这无疑对他是一种鼓励，而奶奶的"逗乐"则强化了他的这一行为，待妈妈想制止时，又受到了来自奶奶的阻力，所以只得听之任之，以致发展成严重的吮吸手指行为。可见不适当的教育和环境因素导致并强化了毛毛不良行为习惯的形成。

对策与建议

教师可运用转移注意的方法对其进行矫治，选择毛毛感兴趣的游戏、喜欢做的事情等等。同时要求家长同样用此方法于家庭生活中。只要孩子有进步，就给予表扬、鼓励。可适当用正强化物，如糖、贴花、枪、吃肯德基等。此外，应晓之以理，耐心地与他讲道理，告诉他吮吸手指不卫生，这样会把脏东西吃进肚子，会生病，鼓励并帮助他改掉坏习惯。

案例二　洋洋，男，5岁。性格内向、胆小、怕孤独、不合群，尤其受到成人指责时表现得紧张，常表情呆板地独自站在一边，不愿意和别的小朋友一起玩。上课、睡觉时，经常将手指放在口中，入神地吮吸,有时还咂咂有声。从周岁时起,他先是吃衣角、咬被角,后来由于大人阻止,虽然不再吃衣角、咬被角,但产生了吮吸手指的行为。如今他的手指上已吮出了茧子。

背景资料

洋洋的父母均为外地来宁打工的农民。出生后由于母乳不足,由人工喂养。1岁半后由外婆抚养,父母每个星期到外婆家看望他一次。长大一些后,跟父母一起住,洋洋大多数时间都是一个人在家玩耍,家里玩具也较少。父母怕他乱跑太危险,就把他反锁在家里,他只得扒在窗口往外看。晚上,父母回家后经常打麻将,有时输了钱还怪他在旁边捣乱。

问题分析

不适当的环境和教育因素是造成洋洋吮吸手指这一不良习惯的主要原因。喂养方法不当、孤独无助、没有玩具等,都可使婴幼儿产生一种以吮吸手指作为自娱、自慰的方式。洋洋大多时间独自一人在家,既没有玩具也没有同伴,因此他以吮吸手指来自娱,久而久之,便成了习惯。同时吮吸手指也满足了他的一部分情感需求,因为洋洋生活在一种缺乏感情交流和肌肤接触的环境中,因缺乏亲人的爱抚而无聊、焦虑不安,而吮吸手指使其焦虑不安、孤独无助的情绪得到暂时缓解。

对策与建议

应及早发现,及早纠正、矫治。

(1)成人应给予孩子更多的爱和关心,要注意调节好孩子的情绪,给他创造一个充满乐趣的环境。

(2)为孩子创设与同伴游戏的机会,通过同伴的影响逐步转移其注意力,渐渐地消退其不良行为习惯。

(3)尽可能地在他吮吸手指时把他的注意力转移到有意义的游戏或其他活动中去,逐渐纠正其不良习惯。教师和家长都要耐心地解释吮吸手指的不良后果,切勿打骂、恐吓或嘲笑孩子,也不要采取强制制止的办法,否则适得其反。当他吮吸手指时,最好用玩具、图书或他喜欢的东西转移、替代这一不良行为,以便逐渐减弱他对吮吸手指带来的快感的依赖性。

(4)可运用行为矫正法。根据洋洋的情况,矫治前选择的正强化物,按由弱到强的顺序排列为:微笑、拥抱、花纸、五角星、户外游戏、玩具小汽车、带头饰、表演、与妈妈一起玩。

第一步,教师可以很亲切地告诉他:"吮吸手指是不好的行为。老师来帮助你克服这个坏习惯。""如果你不吮吸手指,老师会很高兴,还要奖励给你一张手工花纸或五角星。"每当孩子立即停止吮吸手指的行为或吮吸次数明显减少时,就立即给予奖励,并告诉他,这一奖励是因为他努力改正吮吸手指行为有了进步。

第二步,当吮吸手指行为有明显改善时,教师要不失时机地对他提出更高一层的要求,配置更强的正强化物。告诉他如果连续两天都不吮吸手指,老师就奖励他可以把喜爱的小汽车带回家玩。如果洋洋三四天不吮吸手指,老师就把小白兔头饰给他戴,并允许他戴着这一头饰参加各种活动,树立其自信心。

第三步,教师与家长联系,商定如果他在一周内不吮吸手指,希望母亲能安排时间,陪孩子到动物园去玩一次。

第四步,逐渐减少强化次数,逐步以社会性强化物代替具体强化物,使孩子逐渐脱离强化程序,比较顺利地进入自然状态,彻底消除吮吸手指行为。

吮吸手指,是婴儿期的一种正常现象,但如果长大后(一般是两岁以后)依然存在,就是不良习惯,应当积极地予以纠正。吮吸手指情况特别严重的儿童,还会影响其牙齿发育,造成咬合不正常等问题。吮吸手指的原因一是儿童藉吮吸手指之类的"性"习惯动作来放松自己,排解内心的焦虑;二是有些孩子由于父母的纠正办法不当而使吮吸手指这一行为变得顽固难改,如在手指上涂药水等等。

发现孩子有吮吸手指的不良行为,我们可以从以下几个方面进行纠正:

(1)如果孩子吮吸手指的情况不过于严重,那么父母可采取置之不理的办法。在这种情况下,"置之不理比严厉指责要好得多"。孩子吮吸手指时,不要注视他,不和他讲话,也不议论他,而要好好爱抚他,可表扬说:"我喜欢你这样不含手指的孩子,你不含手指真像个大人。"当孩子不吮吸手指时,可以拍拍肩膀表示赞赏。

(2)提供"替代品"。如果孩子在紧张时用吮吸手指帮助自己镇静,可以给他一个用手捏着玩的小玩具诸如小口哨等,代替手指放在口中,同时帮助孩子镇静。

(3)提高孩子对吮吸手指的自觉意识。孩子吮吸手指一般是不自觉的习惯动作,帮助孩子提高对此行为的自觉意识,可以起到增强自我控制的作用。另外可以委婉地告诉孩子吮吸手指的样子很不好看。

(4)切断特定情境与习惯动作之间的联系。首先通过观察、记录,确定孩子最喜欢什么时候、什么地方吮吸手指;其次在这些时间、地点安排轻松、有趣的活动。此时父母可在一旁监督、提醒、奖励孩子。例如孩子爱在饭前独自吸吮手指,可有意地安排他饭前与家人一起做轻松的家务,避免诱发吮吸手指的情境出现。

(5)明确执行对孩子违反规定的惩罚。

(6)采取的奖励和表扬可以有多种具体措施。一般来说,只到幼儿园大班,仍然过于频繁地吮吸手指的孩子,才用得着采取这样的措施。

良好的生活习惯、充足的户外活动、有趣的游戏、和谐的亲子关系,是根治吮吸手指这一行为的重要因素。

实践与思考

吮吸手指常常与咬指甲相伴出现,两者的联系和共同点是什么?

六、口吃

口吃俗称结巴,其主要表现是:说话时表现迟疑、重复、拖长字音等,从而使语言中断、破裂。口吃的儿童讲话时常常面红耳赤、张口结舌、伸颈昂头、摇头挤眼、握拳,直至想说的话说出来以后才完全放松下来。口吃对儿童的心理发展十分不利,因为口吃,他们常常害怕在众人面前讲话,上课时怕老师提问,怕被同伴讥笑。他们时常焦虑不安、恐惧,故容易形成害羞、退缩、自卑等个性特征。

案例一 佳佳,男,5岁。说话时,情绪紧张、激动,脸部充血,心跳加快,呼吸急促,字、词、句表述得极不连贯,不该停顿的地方,有时一个字能停顿几秒钟、重复好几遍,一个字能拖很长的音,才过渡到下一个字或词,并常不由自主地伴有手势(如做模拟动作)、体态(如摇晃身体)和表情(如伸舌头、眨眼)等多余动作,似乎想借此来解释他所要表达的内容的意思,缓解、掩饰自己的紧张情绪。

背景资料

佳佳小朋友入园前大部分时间是在外地奶奶家住。上幼儿园后和父母居住在一起,有时因父母工作忙,奶奶就来照看他。刚入园时,他胆子比较小,说话声音低,加上又是外地口音,老师根本搞不清楚他说没说话,也听不懂他说些什么。进入中班后,能和老师说上几句话了,老师发现他接受能力比较强,学什么都一学就会,就是话说不好,一说话,脸就红,口齿也不太清楚。据其母亲讲,他家周围的邻居常逗弄他,故意让他说他平常说不清楚的话(如"西瓜"说成"西吧"),然后哄堂大笑。后来,他似乎知道自己上当了,便又不爱说话了,而且一说话就结巴。

问题分析

佳佳小朋友和奶奶生活期间,奶奶没有发现他有口吃现象,这说明他不是天生的生理上有缺陷或疾病。后来为什么会口吃?我们认为有两大原因:一是环境变化。奶奶家与父母家两地的方言不一样,语言不通使初来乍到的他无所适从,不知如何发音,于是,他不敢大声说话。二是邻居的逗弄和嘲笑,对他来讲是一种负强化。起初,他以为别人的哄笑是为他喝彩,赞许他,所以他很乐意表演。后来,他逐渐发现,别人是在笑话他,于是自尊心受到了伤害,产生了自卑心理,以致于不敢说话,还没开口,心里就已经紧张、害怕,生怕别人看不起他。结果越紧张,口吃越厉害。

对策与建议

(1)观察、分析孩子口吃产生的原因,以便对症下"药"。

(2)认真、耐心地倾听孩子的说话。

(3)不要过分"注意"和纠正孩子的口吃。有些教师和家长在孩子说话结巴时,往往会提醒孩子"不要紧,慢慢说,不要紧张"或"不怕,来,跟老师一起慢慢说",结果本来不太注意自己说话的孩子,由于受暗示,反而心理紧张,说话更结巴了。所以,当孩子结巴时,最好的办法是成人只当没发现他,不去"注意"或反复纠正,以淡化其口吃行为。

(4)加强训练。例如,可先让孩子在小范围内与熟悉的人说话,逐步引导他与陌生人讲话;老师可先在课外单独向他提问,如果他能顺利地回答,就给予表扬,进而再在课堂上向他提问,鼓励他回答。另外,平时也可多让其唱歌或朗诵儿歌,以训练语言的连贯性。

案例二 小昆,男,幼儿园小班,患有口吃的毛病。他有些孤僻、胆怯,不太愿意与同伴交流自己的思想,不敢向老师提出正当要求,甚至不敢在众人面前发言、讲话;但只要是自娱自乐的活动,如拼积塑、捏泥、绘画等,他就表现出丰富的想像力,且情绪愉快,动手能力强。当老师提问喊他的时候,他喜欢用摇头和点头来回答,面部表情很紧张,两只手紧紧地抓住衣服的角翻来翻去,两条腿会不自然地摆动,害怕接触老师和其他人的目光,要在老师的再三启发下,才能鼓足了劲,用吞吞吐吐、断断续续的话讲出来。全班小朋友常因此而哄笑不停。

背景资料

小昆在家也不大愿意开口说话,一说话就令父母着急。他在小的时候语言发育很好,两岁就能背诵许多唐诗,还能讲许多简单的故事。其父母对他各方面要求都很严格。有一次,父母无意发现自己口袋里的钱少了,武断地认为是儿子拿了,就狠狠地惩罚了孩子,逼他认错。从此以后,小昆变了,他变得沉默不语、胆小怯懦,不愿意在众人面前说话。

问题分析

小昆是因为心理上受到了刺激,在极度紧张恐惧状况下被"吓成了口吃",这属于偶发性口吃行为。而家庭的压力、紧张的生活氛围、成人过分关注口吃现象、同伴的哄笑,这一切都使小昆的恐惧情绪加重,使其偶发性的口吃现象一次次地得到强化。

对策与建议

(1)以表扬、鼓励为主,帮助孩子树立自信心。小昆有了口吃行为,内心非常焦虑担忧,他害怕家长的指责、同伴的嘲笑以及周围人们异样的目光,于是渐渐地对自己失去了信心,不愿意面对现实,以致口吃越来越严重。他需要爱的关注,所以教师与家长都要看到他的闪光点,对他动手能力强、画画好等长处多给予表扬和鼓励,使其通过自己的努力来树立自信心。

(2)积极为孩子创造锻炼的机会,增加他与成人和同伴的对话。游戏时,为他选择集体对话较多的游戏,使其在愉悦的氛围中练习说话。

(3)家园配合,密切联系,共同营造愉悦、轻松的气氛。生活气氛过于紧张会加重孩子的害怕心理,导致口吃行为加重。成人要为其创设一个轻松的环境,不要关注孩子的口吃,尽量淡化口吃意识,引导其在自然状态下改掉口吃毛病。家长更应注意正面引导,多让孩子听、讲故事,为孩子创造语言发育的条件,以起到潜移默化的影响。

幼儿期是口吃发生的高峰阶段。患儿因为口吃,情绪焦虑不安,害羞、退缩,人际交往不良。形成口吃的原因包括生理因素和心理因素两大类,研究者普遍认为,口吃主要由心理因素所致。

生理因素包括遗传和疾病。研究发现,父母亲如果都是口吃,他们的孩子有60%可能患口吃。儿童患百日咳、流感、麻疹或大脑外伤后,如果大脑功能受损,则容易发生口吃,时间长了有可能成为习惯。此外,先天性神经质也是口吃的诱发因素之一。

心理因素包括:第一,错误模仿。儿童最初学习语言时会有意无意地模仿周围人的语言,如果儿童的父母或周围的熟人有口吃现象,那么该儿童就可能受到影响。第二,过度紧张和焦虑。一般正常人在紧张、恐惧、愤怒等情绪状态下也会结结巴巴说不出话来,何况是患了口吃的孩子呢!如果家长和教师以过于严厉的方式来对待孩子的口吃,过分关注和纠正其口吃,都会增加儿童的紧张、焦虑,不仅达不到矫正的效果,而且起了强化作用。于是,儿童越担心自己口吃就越是口吃得厉害。第三,强制改正左利手的习惯。当左利手被迫改为使用右手时,大脑两半球对语言的控制会出现矛盾与混乱,因而使言语中枢受到干扰而出现口吃。

矫正口吃应从消除引起口吃的那些心理和社会因素入手。

(1)了解患儿的有关病史、精神及躯体状态,客观地分析一切可能的原因。关心、安抚、鼓励、指导他们建立自信,循序渐进地克服不良行为,从而达到矫正目的。

(2)消除引起儿童紧张的因素。教师、家长及接触者对儿童的口吃行为不要表现出过分关注,不责备、不惩罚、不嘲笑,也不模仿。不要提出不切实际的要求和期望,要多给予关心和温暖,为他们创造轻松愉快的环境和同伴及成人对话、交流,缓解甚至消除其对口吃的焦虑、紧张和恐惧。要让儿童相信自己的发音器官完全正常,以消除因口吃而致的苦恼、急躁等不良情绪,并注意培养儿童的意志力,持之以恒地矫正口吃。

(3)进行必要的语言训练。诸如发音练习、说话练习、朗读练习等等。在练习过程中,要注意分散儿童对口吃的注意力,以游戏的方式加以训练。此外,还可以借助音乐与节律进行训练。

(4)进行有效的心理适应性训练。即引导儿童在自然环境和其他程度不同的恐惧情形下练习讲话,通过循序渐进的训练,让患儿亲身体验在各种情境中讲话都并不可怕,而且也能忍受他人对其口吃作出的各种反应。这将有利于矫正口吃行为。

实践与思考

矫正"口吃"应主要从哪些方面入手?

七、性别角色错位

一般儿童大约在3～4岁就可以确认自己的性别,然而,有性别认知障碍的儿童时常不清楚自己是男孩还是女孩,他们不能正确地识别自己的性别。这样的问题大多出现于3～7岁的儿童,而且男孩多于女孩。我们的父母们则常常忽视这一类问题。

案例　汶汶,男,5岁。长得瘦弱、灵巧,食欲较好,精力旺盛,平时喜欢和女孩子在一起玩。早在上幼儿园前,他就喜欢女孩子穿的袜子、裙子。上小班时,老师穿着裙子、长筒袜,他会找机会挨到老师身边,朝老师嘻嘻笑着,然后用手摸一下老师的袜子。如果老师不加制止,他就更大胆。据他妈妈反映:汶汶从小就喜欢穿丝袜、抹口红,喜欢女孩穿的裙子。他喜欢穿女孩子穿的白色长筒丝袜,喜欢穿小婴儿穿的裤裆都扣扣子的裤子(平时,他可以把扣子解开,那就像一条裙子),经成人再三讲道理、规劝,才有所收敛,但仍然特别钟爱自己的一条牛仔背带短裤。那是条灯笼短裤,远看就像一条灯笼裙,腿上穿一双白色长筒丝袜,一双小皮鞋,在男孩子中间特别扎眼。有时他会刻意模仿女孩子的一些动作。汶汶上课时经常走神。他喜欢漂亮的女孩子,经常帮她们解决困难。

背景资料

妈妈怀孕时,一直以为肚子里的孩子是女孩,所以以迎接女孩子的心态来迎接他的诞生。准备的物品也都是女孩用的,颜色很鲜艳。汶汶的爸爸干练、豪爽,对待小孩有一定要求,较注重教育。妈妈则对他疼爱有加,细致入微。这是一个典型的严父慈母式家庭。据妈妈说,每次妈妈梳头、化妆时,汶汶都在旁边,眼睛一眨不眨地盯着,等妈妈不在时,他便偷偷地拿着化妆品玩,有时也学着妈妈的样子涂在自己的脸上。等家人发现他有这方面倾向后,重视起来,赶紧把化妆品全部收好,他会去翻、去找。穿衣服也喜欢穿颜色鲜艳的,更喜欢穿女孩子的裙子、袜子。

问题分析

据一些专家分析,个体的性别自认,是由人的大脑中的某一部位确认的,如果这一部位出现病灶,则会出现性别角色错位。对孩子来说,这种性别角色错位有时是周围的环境造成的,一些人为因素及客观因素诸如:当周围的人对女孩子的衣裙大加赞赏时,殊不知旁边的男孩子已产生了好奇心;当看到妈妈梳洗、打扮化妆时,儿子则产生了好奇心;当看到女孩子能歌善舞,人见人爱时,他对女孩子更是喜爱有加。于是他羡慕女孩子、自己也想做女孩子,所以他喜欢和女孩子一起玩,喜欢穿类似女孩子穿的衣服。由于汶汶的母亲一直以为自己怀的是女孩子,且为他出世准备了女孩的用品,所以妈妈的这一心态无疑影响了将要出世的汶汶。汶汶出生后,其母亲依然多少保留了怀孕时的心态,而且打扮化妆不避着孩子,使孩子"有机可乘",加以模仿。此外,汶汶在性格上也倾向于文静。因此,环境(包括母体环境)、教养及心理因素是导致汶汶性别角色错位的主要原因。

对策与建议

(1)可经常让他与同性伙伴玩耍,提供男性化的玩具,或者多与同性的成人玩耍,培养他的男孩子气质。告诉他男孩比女孩力气大等一些男性优点,让他对自己是男孩产生自豪感。

(2)家长平时的言行多注意以欣赏男孩子的口吻与他交谈,父亲尤其要多安排一些时间陪孩子,使他有机会多从同性的父亲身上,自然地学习性别角色的认同。

(3)丰富其日常生活内容,转移他的注意力,引导他把兴趣转移到男孩子的玩具上,以增强其性别角色认同。

(4)随着年龄增长,可以与他谈心,告诉他"你的性别是男孩子",要像个男孩子的样子。

性别角色错位,是指个体对自身性别的认识、行为与自己本身的性解剖特点相反,也就是说男性具有女性气质及行为,女性具有男性气质及行为。

发生性别角色错位的男孩,在2～3岁以后仍然爱穿女孩的衣服,喜欢妈妈的物品,喜欢布娃娃而不喜欢玩具枪;常喜欢与小女孩玩或喜欢整日守着妈妈,还时常模仿妈妈或女孩的言行;玩游戏也喜欢玩平和一些的游戏。而有这类问题的女孩则表现为过分粗野,喜欢参加一些打闹、玩枪、玩棒等男孩子的游戏,喜欢穿男装,不讲究穿着打扮。

导致性别角色错位的因素有两个方面:一是生理特性异常。此种情况较为少见。如三染色(XXX)综合症的男孩常常具有女性气质;有肾上腺皮质增生的女孩,可以呈现假男性畸形,并伴有心理上的男性化倾向。此外,母亲妊娠期如注射大量雌性激素或雄性激素都可能使儿童性格向异性偏移。二是环境、教养及心理因素。一些性格偏向文静内秀的男孩,如果其母亲过分关注、照顾他,并刻意对他的衣着、美观等有较高要求,容易导致该男孩向女孩气质发展。还有一些男孩,其生活的环境主要是女性,缺少男性伙伴,长期与女孩一起玩,玩的大多是一些布娃娃之类的女孩游戏,也会促使男孩女性化。反之,女孩具有男性气质,家庭对她缺乏教育,过的是一种粗犷、随意的生活,那么也容易养成男性化的女孩。

对性别角色错位儿童的矫治主要从这样几个方面入手:

(1)从小培养儿童正确地进行性别角色认同。作为父母,切不可藉自己的喜好来随意打扮自己的孩子。

(2)如果仅仅因为环境教育不良而致病,那么应尽可能地改善其环境和教育。有生理解剖异常的要积极治疗原发病。

(3)如果问题较为严重,那么可采用行为疗法矫治,如正强化法、消退法等矫治效果较好。若是父母中有心理不健全因素,则应同时予以矫治。

实践与思考

什么是性别角色错位?导致儿童性别角色错位的原因有哪些?

八、遗尿

儿童对大小便的控制,一方面是基于大脑发育成熟到一定的程度,另一方面是教育和训练的结果。儿童控制大小便的年龄差异较大。一般而言,1~2岁的儿童尚不能控制大小便;2~3岁儿童中约有80%以上的儿童可以主动控制大小便,但对夜间尿的控制较差;4~5岁儿童中约有80%以上儿童可以控制夜尿。4岁以上绝大多数儿童已经可以控制大便,5岁以后能控制夜尿。倘若在5岁以后儿童依然不能有效地控制自己的大小便,则将出现遗尿问题。

案例一 斌斌,男,上小班。上幼儿园的最初几天里,他不愿意睡觉,只是不停地哭。别的小朋友都睡了,他一边哭一边坐在那儿等妈妈。于是老师陪着他。为了转移其注意力,老师让他讲故事给老师听,他讲了一个关于孙悟空的故事,讲得非常好,很入神。后来他累了,老师就把他抱在腿上,慢慢地拍着,想把他哄睡着,然而没两分钟,老师突然感觉到腿上热乎乎的,就知道情况不好,马上带他来到厕所,只听他说"小完了"。连着几天,斌斌都是这样,不是把尿尿在裤子上,就是尿在床上。经与家长沟通,双方共同商定:准备让斌斌在家过渡一周,在幼儿园吃饭,回家睡觉。一周后,斌斌重返幼儿园,午睡已不成问题,只是需要老师陪伴。因怕他再尿床,老师每天下午2:00左右就喊他起床小便。一天中午老师看斌斌睡得正香,2:00左右就没喊他起床小便,结果起床后发现,他已把小便尿在了床上。有时,他似乎于梦中受到惊吓会突然喊起来,老师忙凑过去问他是否要小便,他摇摇头,一转身,又睡着了,待起床一看,他准定是尿床了。斌斌在家夜间从不起床小便,妈妈给他用尿不湿。

背景资料

斌斌脾气较古怪,平时游戏时,他一般也不和小朋友交流。他的语言发展不错,吐字清晰,声音响亮,但总是比别人慢半句话。斌斌自幼生活在一个大家庭中,家里有爷爷奶奶、姑姑、姑父及他们一家三口。由于六个大人围着一个小孩子转,所以斌斌的自理能力较差,在家里,他从来不用说大便或小便,只要他有一点点大便或小便的神情,奶奶早就观察好了,赶紧去给他把屎把尿。晚上他和父母一起睡。由于父母的工作压力很大,很忙也很累,所以一直给他用尿不湿,从不需要起床大小便。直至上幼儿园之前一个月,他的母亲突然意识到这些。于是进行突击补救,撤掉尿不湿,晚上按时叫醒她,让他起来小便,然而斌斌却迷迷糊糊的醒不了。其母亲看过很多日本育儿方面的书,日本幼教专家认为,孩子不会喊大小便不需要教,长大以后自然就会了,所以其母亲一直没有重视孩子的大小便问题,以致于导致孩子遗尿。

问题分析

遗尿的病因与遗传、器质因素、心理社会因素相关。教养方式不当、缺乏排尿训练、儿童遭受强烈精神刺激等都可能导致神经功能失调而发生遗尿。斌斌遗尿的主要原因在于教养方式不当,缺乏排尿训练。作为家长,在阅读育儿书籍时,应结合实际来运用,切不可照搬硬套。其母亲看的是日本育儿书籍的一部分,而日本人的育儿观与中国人的育儿观有诸多不同,尤其现在多为独生子女,几个成人围着一个孩子,多数情况下对孩子进行全方位的包办代替,这样并不是爱孩子,而是害孩子。日本人很注重对孩子独立能力的培养,父母不注意教孩子大小便,但在平时的生活起居中,已经不经意地让孩子自然而然地学会了。他们不全部包办代替,而是放手让孩子独立、健康地成长。其育儿观确实值得我们的家长们借鉴。斌斌的独立性差,几乎没有自理能力,这使得生活在群体中的他显得紧张、焦虑、自卑,多多少少影响着其心理的健康发展。

对策与建议

(1)针对薄弱环节,注重其生活习惯和自理能力的培养。诸如大小便的训练,吃饭、穿脱衣服的训练和培养等。进行大小便训练时要注意:当孩子能根据要求完成排尿后,立即给予适当的表扬、奖励等正强化,切忌给予任何消极强化。

(2)注意最初的夜间唤醒。每晚由父母或闹钟定时唤醒孩子起床排尿,逐步培养其晚间自己起床小便的习惯,并及时给予鼓励与表扬。

(3)注意减少饮水。吃饭过后要控制孩子对水、汤类、牛奶等液体的摄入量,从而减少睡后的尿量,减少尿床次数。

(4)家长要重视对孩子的排尿训练,应抓住孩子语言发展好的优势,树立其自信心,积极配合幼儿园共同教育好孩子。

案例二 小红,女,6岁。每隔两个星期就会尿床一次,家人想了很多办法,还吃了不少西药、中药,以及其他一些偏方,却不见遗尿症状缓解。在幼儿园,每当被她尿湿的床单晾出来,那"地图"就成了小朋友们的笑柄,这成了小红严重的精神负担。

背景资料

小红在幼儿园时极少主动排尿。因为老师"安排"小朋友排尿时间是在课间和午睡以后,不可以在上课期间或午睡期间小便。然而,在老师规定的排尿时间里小红偏偏没有尿,而且她也不习惯小朋友们排队撒尿。一天午睡前小红没有小便,上床后她才觉得要去上厕所。可是这时老师正熟睡着,她不敢喊老师,于是只好用被子把两腿一裹,让尿憋着,总算等到起床的时候,然而小红的床上已浸湿了一大片,而且影响到了别的小朋友。据小红妈妈反映:小红从小就遗尿,每天晚上都要尿床。4岁上幼儿园以后,尿床次数减少到每周1~2次,但倘若过度疲劳、紧张兴奋,或受了惊吓、天气寒冷时,则比较容易发生遗尿。每次尿完,常常继续熟睡。小红幼时生长发育正常,3岁左右白天已不尿在身上,能自控排便。家族中也没有类似的患者,其他方面均正常。

问题分析

遗尿有原发性与继发性之分,小红属于继发性遗尿,即儿童曾形成过控制排尿的能力,但后来因为种种原因又出现了不能控制排尿的现象。有人认为,这种现象是对紧张的心理—社会刺激的一种反应,已学会的控制排尿行为因精神紧张而被破坏了。小红在上幼儿园之前就遗尿。一般来说,遗尿症是一种自愈性行为,随着年龄的增大,遗尿现象会逐渐消失,然而,进入幼儿园的小红一直生活在精神紧张状况中,老师的"集体化"定时排尿的规定,极大地损害了其心理健康,给她带来了巨大的精神压力。我们认为孩子的尿是不能"憋"的,尿液是机体代谢的废物,必须及时清理出去,作为幼儿园老师,需要培养孩子及时排尿的好习惯,而不是定时排尿的习惯。由于该教师的失职和教育失误,给小红增加了心理负担。

对策与建议

(1)教师应树立正确的儿童观和教育观,加强工作责任心。要尊重儿童的意愿,改变自己的错误训练方式,变"定时排尿"为"及时排尿"。

(2)对小红的遗尿现象,应从关心和爱护入手,缓解孩子的紧张心理和精神压力。教师和家长共同配合,细心观察小红排尿的次数和时间,注意提醒孩子上床前排尿,并在其习惯尿床的前半小时唤醒,让她在清醒状态下排尿。及时鼓励和表扬孩子好的行为,如果在训练期间偶然出现尿床行为,教师和家长都不要指责、讥笑她,更不能把她尿湿的床单故意"张扬",要保护孩子的自尊心,替她保守秘密,维护其声誉。

判断孩子的遗尿症状可从三个方面进行:第一,儿童无论是在觉醒或入睡时,经常不能控制地把小便排在床铺上或裤子上。第二,实际年龄在5~6岁以上,心理年龄在4岁以上,每月至少有2次以上遗尿行为。第三,不是由于其他神经系统损伤、躯体疾病或服用药物的原因所引起。

遗尿的病因来自多方面,主要有:

（1）遗传因素。约有 70% 的患儿有阳性家族史。双生子研究也显示有相当高的同病率。因此，一些学者认为：控制排尿的神经机制是否成熟可能受遗传因素影响。

（2）睡眠障碍。由于沉睡会使孩子感觉不到膀胱饱胀的不适，因此睡眠过深，不易唤醒的孩子较容易出现排尿障碍。

（3）梦境影响。有时孩子会因为梦见上厕所而真的开始小便。

（4）强烈生活事件影响。尤其是在儿童早期，如果突然遭遇重大生活变故，常会使孩子因为惊恐而破坏了正在建立的或刚刚建立起来的自控排尿能力而导致遗尿。这些生活事件包括父母离异或伤亡、分离、入园、搬迁等。

（5）情绪障碍。许多遗尿儿童同时伴有其他情绪或行为问题，如焦虑、抑郁、多动、好发脾气、咬指甲等。

（6）训练不当。父母对儿童排尿习惯的训练过早或训练方案过于粗暴都可能造成自我排尿控制的紊乱。研究表明，最适合的排尿训练时间是在 1～2 岁期间。如果过早训练，由于此时儿童在认知和语言发育方面尚未成熟，难以承受复杂的自控排尿训练，反而可能造成不当后果。

预防和矫治遗尿的最基本方法是从小培养良好的排尿习惯。排尿是一种条件反射，建立良好的条件反射，需要良好的刺激，反复学习、巩固强化。孩子晚餐后要适当控制饮水量，上床前排尿；陪护者在孩子习惯尿床前半小时予以唤醒，使其在清醒状态下排尿；对好的行为给予及时奖励和表扬，对偶尔出现的尿床行为不责备、不讥笑，维护孩子的自尊心；注意解除孩子心理压力，理解、信任、关心、爱护孩子，寻找可能存在的心理矛盾及可能导致遗尿的精神因素，并努力及时地解除这些因素。防止周围的人给他施加压力，减轻其自卑感和羞耻感，耐心地鼓励和训练孩子正常的排尿能力和习惯。除此之外，还可有选择地给予适当的行为治疗：

（1）警铃—褥垫治疗(bell and pad procedure)。患儿被安置在

一个特别的褥垫上睡觉。在这个褥垫上,安装有一个与蜂鸣器相联接的电路,但在褥垫中央这个电路被纸片隔开,使蜂鸣器无法接通。如果患儿开始遗尿,则纸片受潮,使电路恢复通路,蜂鸣器便开始振响。铃声促使其及时起床排尿,帮助他形成按时控制膀胱反射的合理行为。经多次练习后,患儿逐渐学会了这一反射行为,于是即使没有警铃提醒,也可以按时排尿。后来一些学者对此进行了改进,只要有一滴尿排出即作出反应,从而直接影响了患儿的下意识活动,使得训练效果更好。

值得注意的是,在进行警铃—褥垫治疗时:

● 要让患儿在临睡前用餐时尽量吃含水分多的食物或流质,以便在夜里能使警铃充分发挥作用。

● 父母和孩子对夜里可能会出现的警铃声有所准备。每晚需要仔细检查有关装置。

● 儿童睡觉时要脱去睡裤或内裤,以便警铃能在最短时间内作出反应。

● 一旦警铃响起,即刻指导儿童起床入厕(要在儿童完全清醒时)。

● 在孩子回到床上前,需重新更换褥垫,以便继续发挥作用。

● 对于患儿的进步,父母要及时给予鼓励和奖赏,偶尔出现反复,不要作出惩罚表示。一般来说,绝大多数儿童需要经过4~8周的治疗才能彻底消除病状。

(2)膀胱张力控制训练。通常情况下有遗尿行为的儿童每天排尿次数一般比正常儿童要多,而排尿量却少于普通儿童。由此,研究者指出,可通过训练增加患儿膀胱尿量和减少排尿次数来进行治疗干预。先测量儿童的膀胱容量,然后进行治疗。治疗可采取行为塑造的策略,让患儿尽量保持膀胱的张力,逐渐减少排尿次数和增加排尿量。训练从日间活动开始,逐步扩展到对夜间行为的控制。训练过程中鼓励患儿尽量放松自己,只要喜欢即可无限制地饮水。当儿童感觉需要排尿时,要求他们"忍住",直到5分钟以后才让他们去入厕。随着患儿的适应,要求他们忍耐的时间也相应延长,直到其能延长到30~45分钟为止。绝大多数患儿可以在3周甚至更短的时间里学会这种控制行为。当患儿出现控制行为时,治疗者或父母应立即给予表扬或其他形式的强化,并记录孩子控制排尿时间及排尿量方面的变化情况。(参见表3-1:一般儿童学习排尿控制的顺序表)

表3-1 一般儿童学习排尿控制的顺序表

年 龄	排尿控制内容
4周	婴儿在睡眠中排尿时,多半哭闹一阵,有时会有一点矇眬醒来状。
16周	每天排尿次数开始减少,而每次排尿量却有所增加。
28周	给婴儿每换一次尿布,可能已有多次排尿,但干燥尿布的最长时间已经可以维持1~2小时。
40周	午睡醒来或乘小推车上街回来,可能还保持着尿布干燥。母亲把孩子放在尿盆上,可能会偶尔获得"成功"。
1岁	午睡后保持干燥,时常对湿尿布感到不能忍受了,并哭闹着直到更换了干净尿布后才能安静下来。
15个月	开始愿意坐在便盆上,并且高兴的时候,也会乖乖地排尿。但有时候也会反抗,即当你把他放在尿盆上,他反而忍住小便,刚把他抱起来,他却又立刻撒起尿来了。尽管如此,不排尿的时间距离可以拉长到2~3小时。
16个月	问他要不要小便,他可能点点头表示"要"或说出"不要",有时候也会以"嘘嘘"来表示要小便。对于溺出来的小便,可能会表示害羞,或把溺湿的裤子拉出来给你看。
21个月	一般排尿前会报告,对于成功地尿在尿盆里会感到高兴。但排尿次数增加,也会常常尿湿裤子。
2岁	有较好地控制排尿能力,对坐盆已经不加抵抗,常常会主动表达他要坐盆的需要,或走到尿盆前拉下自己的裤子。如果夜里被抱起坐一次尿盆,一般一夜之间都不会尿湿。不过,这样做有时可能会影响孩子的睡眠。
2岁半	闭尿的时间拉长,可能长达5小时之久。

续表 3-1

年　龄	排尿控制内容
3 岁	已经会按时坐盆,很少尿在裤子上;可能整夜都不排尿,或会自动醒来,要求大人把他抱起去撒尿。
4 岁	有按一定时间排尿的习惯。
5 岁	已会自己排尿,但有时候需要人提醒一声。白天几乎不尿裤子;夜里也只是偶尔发生意外,夜里如果要排尿时,基本上会自动醒来,并向父母报告。
6 岁	能自己负责,在必要时可以十分紧促地赶去上厕所,很少有意外。如果需要的话,夜里也能自行去上厕所。

转引自傅宏:《儿童行为评估与矫正》,江苏教育出版社 1994 年版,第 191~192 页。

实践与思考

1. 如何判断儿童的遗尿症状?
2. 具有遗尿症状的儿童有时还伴有其他行为问题,试结合实际予以分析并提出矫正对策。

九、习惯性阴部摩擦

习惯性阴部摩擦(又称夹腿综合症)常常被视为不道德、伤身体的行为,家长和孩子对此都羞于启口。有的父母采用责罚、打骂、恐吓等手段威胁儿童,这更增加了儿童对此行为的罪恶感、神秘感。一方面不良习惯依然存在,另一方面又不断产生内疚感与犯罪感,加之晚上睡眠不好,故而常常出现焦虑、头昏、无力、困乏等症状,儿童的身心健康受到影响。

案例一 荃荃,女,5岁。当呈卧式或坐式时,表现为两腿交叉摩擦或极用力地夹在一起,腿部肌肉紧张,脚面绷直,双手紧抓衣服或被褥,面部充血潮红,目光凝滞,表情紧张,沁汗,口喘粗气,呼吸急促,心跳加快等症状。

背景资料

荃荃小朋友出生方式为:足月后,母亲剖腹产,原因是母亲怀孕七个月时摔过跤,医生害怕胎儿脐带绕颈,加之产前五分钟左右胎心音又出现异常现象。父母文化程度均为大学毕业。出生后一直和父母生活在一起,母乳喂养。10个多月时会说话,11个月会行走,23个月时上幼儿园小班。由于年龄小,自理能力较差,加上害怕老师,有便意也憋着不入厕,久而久之便形成憋尿习惯,经常从早晨8:30入园一直憋到中午11:00离园。该儿童智力发育正常,大约在3周岁左右出现夹腿现象。

曾先后就诊于南京市儿童医院、南京军区总院。遵医嘱,做过脑电图检查,检查结果均为正常,基本排除母亲生产时胎儿颅内缺氧所造成的病患问题。

问题分析

习惯性阴部摩擦一般是不定期地间歇发作,持续时间长短不一,有时1~2分钟,有时5~6分钟或更长时间。早期表现为:患儿在床上睡觉,特别是睡意不浓或没有睡意时会出现上述症状,只要将其从床上抱起,症状即消失。后来发展到:即便是坐在椅凳上,只要是闲暇无事,哪怕只有1~2分钟时间,她也会把腿紧紧地夹在一起,似乎这样做很舒服。

胆小、情绪紧张、自理能力差、孤独无聊(父母工作忙无暇陪她玩,家中又没有伙伴)可能是其患病的主要原因。加上家长早期发现症状时没能引起足够的重视,后来发现其经常病发,情急之下,又简单粗暴地进行威逼利诱(例如:打骂、强行把她夹在一起的腿扳开;坚持几天不夹腿,就奖励一些她喜爱的东西),或过分关心(例如:非要她说出哪儿不舒服,为什么要夹腿),结果弄巧成拙,反而导致患儿精神更加紧张,担心夹腿被父母看见后挨骂受罚。就这样,越是担心,越是不自觉地出现夹腿现象。殊不知,幼小儿童有易受暗示的特点,威逼利诱和过分关心反而会使幼儿无意中想起本已淡化的坏习惯。荃荃因年龄小,自立能力差,加之胆小、害怕老师而经常憋尿,这样极容易引起尿路感染、尿道口发炎等病状而致局部搔痒,这也是导致荃荃患习惯性阴部摩擦的一个原因。

对策与建议

首先,家长要带她去有关医院的脑科或神经内科做相关检查,以排除脑部疾病的可能性,因为有些脑部疾病(如癫痫)也有类似的症状。

其次,教师和家长一定要有耐心和信心,注意观察孩子的日常表现,若发现其通常睡前无睡意时发作,不妨推迟上床时间,陪她多玩玩感兴趣的游戏,等她打哈欠发困时,再让其睡觉;若发现她一个人呆坐那儿,就主动和她说说话或让别的小朋友喊她一道去游戏,尽量减少其独处的时间,并相信通过矫治,孩子一定能改掉这个不良习惯。

第三,当发现她夹腿时,要用她感兴趣的玩具、事情设法转移其注意力,以淡化其夹腿行为。平时,无论是教师还是家长要有意识地态度和蔼地定时提醒她去小便,便后用温水帮其清洗干净,保持会阴部干爽;定时提醒她去睡觉,培养其良好的生活卫生习惯。

第四,教育同班的小朋友要主动关心、爱护她,不要用异样的眼光看待她,更不能讥笑、歧视她。

案例二　盛佳是小班的一个女孩子，3岁，长得文静、秀气，是班上的排头，她在她们那一组是一个领导型的人物，但这种领导作风都是背着老师的，只要她注意到老师在观察她，她马上会停止目前的一切言行，安安静静地坐下来。

　　有时，她只会安静地坐在那里，玩着自己衣服上的钮扣。在幼儿园的大多数时间里，她表现出的性格是很内向的。一般的喜怒哀乐在她的脸上表现不明显。高兴时她不会笑出声，伤心时她也很少流眼泪。

　　中午午睡时，她会很快安静地钻进被子里。过一段时间，再观察她露在被子外面的小脚，能看到她把脚背绷紧了，两条腿伸得笔直、夹紧，有时会抬起来，但怕弄出声音，又会轻轻放下。有时也会突然放下，把床搞出"砰"的一声响。这时，如果你突然翻开她的被子，她的小手准是放在阴部，被子掀开后，她马上会把小手收回，然后尽量恢复镇静。她很敏感，一般在大家都很安静后，她才会动。如果你的眼光碰到了她的眼光，她会马上停止一切行动，假装很安静地睡去。过一会儿，她又会重新开始很用劲地夹紧、摩擦！如果这天她精力旺盛，她能这样反复一个中午而毫无睡意，起床后往往是一头大汗，而且面红耳赤。

　　才3岁的孩子，有着与她的年龄太不相符的心态。她有时在家，能呆呆地坐在那儿好长时间，问她怎么了？她会说："我感到寂寞！"在集体中，她能与同伴玩得不错，但却害怕成人的注意。暗地里观察她与同伴的交流，发现她很能放得开，声音很响亮。但如果把她叫到老师面前，或老师走过去与她说话，她的声音就很轻，有点像受惊的小兔子。

背景资料

　　她家住在近郊一幢三层楼的别墅中。家中就一家三口外带一个远房亲戚——一位年轻的阿姨。外公、外婆住在附近的一幢别墅中,平时,小汽车接送上幼儿园。父亲是电台的,工作繁忙,母亲和阿姨也都有自己的工作。很少有人有空和她一起玩。父亲脾气比较暴躁,家里的人都怕他三分。对待盛佳,一家人虽然非常疼爱,但由于工作忙,也很少有闲暇时间顾及到她,所以盛佳经常生活在自己想像的世界中,在她楼上的卧室中,有大半个房间都放着长毛绒玩具,她更多的时间是与它们为伴。

问题分析

盛佳的家空间比较大,家中成员又少,一般让孩子自己玩的时间比较多,而这种习惯性的阴部磨擦往往是在偶然的一次磨擦中感受到一些快感,才养成习惯成瘾的。大人发现后告知她这种行为是不好的,于是盛佳常躲着大人进行,由于怕被大人发现而造成她在性格上过于敏感,不够大方。

孩子需要有安全感,需要被关怀,然而盛佳及其家人住在远离市区的近郊,家中成员工作繁忙,几乎没有空闲的时间陪她玩、与她交流沟通,盛佳也没有机会和同伴一起游戏(除了在幼儿园以外),她在家里基本上是孤独的、寂寞的,于是她生活在自己想像的空间里,只有自行寻找一些自慰的方式,以致形成习惯。这也是她成瘾的原因之一。

对策与建议

(1)分散孩子的注意力,丰富她的业余生活,多给孩子提供与同伴游戏的机会,增加她的活动量,以便孩子能较快入睡。

(2)注意养成孩子良好的睡眠习惯。给孩子盖的被子要轻而软,侧卧入睡,两手放在被子外面,不把手夹在双腿间,避免俯卧或抱着枕头睡等不良习惯。盛佳的这种习惯主要是在睡觉前较多,成人可在她睡前多陪伴她一会儿,直至她睡着为止,贵在坚持。

(3)家人要给孩子足够的爱抚和关怀,让孩子感受到父母的爱和温暖,在家里时没有孤独感和寂寞感。当发现孩子有习惯性阴部摩擦的不良习惯时,切忌大惊小怪,也不要责怪和恐吓孩子,而应采取分散她的注意力的方法,让她注意到自己感兴趣的东西而不再继续刚才的行为。

习惯性阴部摩擦是儿童通过被子、枕头、玩具等进行摩擦而引起快感的行为。一般多见于女孩。由于阴部摩擦产生兴奋,儿童会表现出面部潮红、双眼凝滞、全身肌肉紧张,持续几分钟后,会出现乏力、出汗、思睡等现象。导致阴部摩擦的原因常见的有肛周湿疹、会阴部炎症、寄生虫病等,这些躯体疾病会造成孩子局部的痒感,于是通过自行抓搔或摩擦止痒。其次,过于频繁地清洗会阴部或用手触摸生殖器都是一些不良刺激。第三,儿童在自由活动和游戏时无意中接触到性器官,从而体会到了与接触身体其他部位不同的快感。于是,当寂寞无聊时即以此行为作为安慰。第四,儿童穿的衣服过紧(尤其是内裤)而不断摩擦和刺激性器官所致。此外,极少数情况是由于成人的"恋童癖"等性变态行为引诱而引起的。

消除病因是最有效的干预措施。一旦发现孩子有阴部摩擦行为,首先要细致地了解并分析其原因,以便"对症下药"。其次,正确指导并培养孩子形成良好的生活卫生习惯。如保持会阴部皮肤清洁干燥,睡眠有正确的体位,不在床上逗留时间太长,不穿太紧的裤子,并注意其透气性等等。再次,注意满足孩子的心理需要,给孩子足够的爱抚和关心。要尊重孩子的人格,培养其从小自尊自爱,形成良好的行为方式。最后,应实施适宜的性教育,这是干预阴部摩擦的治本措施。家园合作,对孩子提出的性问题要自然、科学地解答,不回避、不说谎、不指责。对儿童的性游戏、阴部摩擦等行为不过分关注和错误强化,而要用转移其注意力、讲故事、开展有趣的游戏活动等进行及时的疏导。

实践与思考

教师应如何对待患有"习惯性阴部摩擦"的儿童？

十、虐待和自虐行为

有这样一些孩子：他们喜欢打小动物，把金鱼缸里的金鱼一条一条地捏死，甚至于虐待周围的同伴。也有的时候他们是用指甲狠狠地掐自己，敲打自己的头……这些孩子怎么了？他们为什么会这样？

案例　天天，男，6岁，是个聪明、活泼、能干、顽皮的孩子。天天的舅妈小李有一个刚出世不久的女儿。

暑假到了，按照惯例，天天又住进了外婆家。看到外公特地为妹妹买了小金鱼，天天很不高兴。一天，金鱼缸里的鱼没有了，大家知道除了天天不会有人去玩小金鱼。当时天天正在阳台上忙着，大家冲上去一看，皆大吃一惊，天天正在用一把玩具小刀给小鱼剖肚子。"你在干什么？"外公大叫一声。天天吓了一大跳，半天才慢吞吞地说："我要把小鱼杀死，不让妹妹看。"

又一天，天天和宝宝在一起玩，大人们都在各做各的事，突然听到小宝宝一声惨叫，接着哇哇大哭起来。小李跑去一看，宝宝的脸都哭紫了，急忙问天天怎么回事，天天不说话，把一只小手藏在背后，一副惊恐的样子，小李赶快捉住他的小手拿来一看：一只肯德基的玉米夹。外公急切地问："你怎么搞妹妹了！""我没有！"可能是抢夹子吧，大人们这样想，就没再追问。过了一会妹妹在妈妈的怀里不哭了，小李望着女儿的小脸突然发现右脸颊上一块青紫，这和刚才的哭闹有关系吗？小李喊来了天天，问是不是他干的。"我没有！"天天一口咬定。最后小李说尽了各种各样的好话，天天总算承认他用夹子夹了妹妹的小脸，原因是大家都说妹妹的小脸肥肥的好玩。小李用夹子在自己的手背上试了一下，夹子很紧，怪不得宝宝叫得那么惨。

宝宝的一个洗脸小盆丢在了外婆家，奶奶就又买了一个可爱的新盆，大家都说这个小盆真好看。早晨，小李准备给女儿用小盆洗脸，突然发现盆里有黄黄的小便，一问又是天天干的，因为他不想让妹妹用新盆。

有一次客人送来一个新玩具——一只穿着裙子会歌唱的小羊，小宝宝可喜欢了，一听到羊唱歌，就身体扭来扭去。哭的时候，听到小羊唱歌，就会停止哭声，大人常常用小羊去逗宝宝玩。突然有一天小羊的衣服破了，也听不到唱歌了，一看衣服是用剪刀剪的，不唱歌是小羊肚里电池没了，而且电路板也不见了，电线有明显的剪断的痕迹，无疑又是天天干的，他还把电池和电池板扔到了楼下。在以后的日子里，天天常常做一些令人吃惊的事情，如将妹妹从小床上踢下去，一生气就把送给妹妹的东西收回，将自己脱光等等……

背景资料

6岁前天天是家中的小皇帝、小太阳，由于长得可爱，小嘴巴甜，舅妈小李十分疼爱他，常常把他带在身边。天天妈妈是个小车司机，工作不定时，爸爸常住上海，爷爷奶奶家在外地。因此，周末、节假日、寒暑假外公外婆家也就是小李家就成了天天常去的地方。外公外婆对这个小外孙也是疼爱万分，要什么给什么，尤其外婆更是十分溺爱。天天6岁时，小李怀孕了，一下子外婆家的重心全部转移到未出世的宝宝身上，并且大人们还常常逗天天："天天舅妈生个小弟弟，你就老米跌价了！"天天也总是鼻子一哼说："才不是小弟弟,是个小妹妹!"

转眼间小宝宝出世了,果然是个小妹妹,望着小妹妹胖嘟嘟的小脸,天天也是十分喜欢,经常吵着妈妈带他来看妹妹。可是到了外婆家,看到全家人一齐围着小宝宝转,天天又不高兴了,开始发脾气。一次他看到妈妈抱着妹妹亲个不停,气得午饭不肯吃。起初大人以为他不舒服,就哄他说:"天天乖,告诉外婆哪儿不舒服?"天天说:"我不想吃,我难过!""我的小心肝,哪儿难过呀,是不是受凉了?"天天听了外婆的话忍不住说道:"谁叫妈妈抱妹妹的,我就不吃饭。"听了他的话外婆连忙说:"好,不抱,不抱。"这样,只要天天不让抱,外婆就不让妈妈抱妹妹,并对妹妹说:"宝宝乖,等天天走了奶奶再抱你!"小李看到此景,自然不高兴,对天天原先的喜爱也就减少了很多。

几天过后,冷空气突然来临,小宝宝生病了,大人们十分着急,看病、吃药,百般呵护,看到全家人的心思放在小妹妹身上,天天又开始发脾气了,不是不吃饭,就是要躺在床上边看电视边要外婆喂。一天夜里,小李看到天天一人躺在地板上,就问:"你怎么睡地上,不睡床上去?"见他不吭声,以为他睡着了,小李就蹲下身子去抱他,谁知天天突然说:"我不要上床,我就睡地上。""这样你会生病的。""不要你管!"果然第二天,天天感冒了,他躺在小妹妹的身边高兴地说:"噢,我也生病了,我和妹妹都生病了,外婆快抱抱我,舅妈别抱妹妹快来抱我!""这孩子有毛病了!"大人们这样想。

问题分析

从以上事例我们可以看出:天天的行为表现已明显出现异常。从心理学角度来看,这些都是天天对周围环境不适应,人际关系失调造成的。这种行为表现也称为行为障碍,在儿童期最为多见,且男性多于女性。它阻碍着幼儿正常的心理发育,影响他们的生活和学习,而且也往往是成人期严重心理障碍和社会适应不良的先兆。

在妹妹出生之前,天天一直是大人们关注的焦点、全家的中心。然而妹妹的出世,使天天产生了不安全感,这缘于大人的一句玩笑话"老米跌价"。虽然幼小的天天尚不能真正理解这句话的意思,但以后大人的态度他已感觉到了,大人对妹妹的关爱多,而自己明显被冷落。失落感导致天天心理上的不平衡,造成强烈的嫉妒心理,从而在行为上表现为虐待与自虐行为。天天发现自己不再像以前那样被宠爱,他把这一切都怪罪在妹妹身上,凡是大人为妹妹做的一切他都要破坏,凡是妹妹喜欢的东西他都要搞破坏。天天还通过虐待自己发泄自己的不满或引起他人的重视,如通过不吃饭、睡地板让自己生病,来发泄对大人只重视妹妹的不满,希望通过让自己生病,吸引大人的注意。可是这一切大人注意到了,也发现了,却没有及时正确地加以引导并排解孩子心中的恐惧,帮助幼儿分析原因,建立安全感,而只是听之任之,一味迁就,造成其行为上的失控。

对策与建议

我们不能过多地谴责孩子的行为,应帮助幼儿顺利地度过适应期。

首先应从根本上消除问题的原因,防患于未然。天天有很多可爱之处,他聪明、活泼、能干,希望得到成人的关注和爱护,这是每一个孩子最基本的需要。但这种关心和爱护不是溺爱,而是有一定原则的爱,是尊重孩子人格和意愿的爱。

其次,良好的家庭环境、家庭关系和家庭教育是幼儿健全人格发育的必要条件。应加强对孩子心理适应能力和良好行为习惯的培养,逐步增强幼儿的心理自我强度,以增强适应和改造社会生活的能力。

再次,作为家长和教师要及早发现问题并及时进行干预,防止问题性质恶化。

案例二　Z,4岁8个月,幼儿园中班幼儿。该幼儿自私、霸道、爱发脾气,尤其在要求得不到满足时,喜欢用头撞地。此行为初次发生在一次和父母逛街时,他看中了一个四百多元的玩具汽车,要求父母买,父母觉得太贵了,劝他买另一个,结果他哇哇大哭,父母不理他,他就"啪的"一声往地上一扑,不小心头撞到地上。父母赶紧把他扶起,看头有否撞破,同时爸爸帮他买下了他要的车。从那以后,他只要不顺心,头就往地上撞,以致在幼儿园也会发生这种情况。

背景资料

Z的父母38岁才有他,因而对他非常疼爱,一味迁就溺爱,造成了他的自私和任性。而这次买玩具过程中的意外撞头,被他父母无意间给了强化,使得他在撞头和满足要求之间建立了联系,而以后父母的每次妥协,更强化了这一行为。

问题分析

由上述资料可见,由于该儿童的父母中年得子,过度的宠爱和放纵,养成了Z自私、霸道、任性的个性。这一性格恰恰是导致他产生自虐行为的根本所在。一次偶然的机会,他看中了一个四百多元的玩具汽车。由于玩具汽车太贵,父母原来不打算给他买,然而固执而又任性的他不讲道理,非要不可,就地一扑,没想到无意间撞到了头,这下做父母的心疼了,生怕孩子的头被撞破,一边呵护他,一边就买下了玩具汽车。成人很不经意的行为却为他寻找到了解决问题的办法,这就是以撞头来要挟父母以满足自己的需求。从此,只要自己的要求得不到满足,他便有意地用这样的办法,而每次,父母都因不忍心而妥协,因此使其"撞头"行为进一步得到强化。

对策与建议

针对这种情况,教师在征得家长同意的前提下,决定采用负强化法对其自伤行为进行矫治,改掉其一发脾气即头撞地的行为。同时要求家长在家中也要采用同样的方法。

矫治开始之初,教师将计划告诉孩子,只要孩子发生此行为,教师就用绳子把他绑在椅子上,若不撞头即不绑他。另一方面教师通过自编的故事"生气的小熊"和情景片断对孩子进行教育,让他知道爱发脾气的小孩是不受欢迎的,同时向他提供一些正确的行为示范。于是,每次 Z 的要求没得到满足而发脾气想撞头时,老师和家长即将其绑在椅子上,直到没有此行为迹象发生,才将他放下来。经过多次训练以后,当 Z 发脾气想撞头时,只要听到老师或爸妈喊一声他的名字,他的撞头动作即停止了。经过一个多月的矫治,Z 的撞头行为消失了。

发现孩子有虐待和自虐行为,要认真而客观地分析其发生的原因。一般说来,原因可能与以下几个方面有关:

(1)神经系统尚未发育成熟。学龄前儿童的神经系统兴奋功能强于抑制功能,且兴奋后容易扩散。所以,他们一旦有不如意之处就难以自制,活泼顽皮的孩子更是如此。

(2)家庭教育方式不当。家庭的过分溺爱、纵容容易养成孩子唯我独尊的自私个性,以致无法忍受家人对其他孩子的关爱。

(3)心理需求未能得到正当的满足,同时缺少成人及时而又正确的引导。儿童不仅需要被关怀、被爱护,也需要得到适时的指导,成人应该引导儿童学会以积极的方式去面对和适应新的问题,并帮助儿童增强心理承受能力,提高自我强度。

(4)不会表达自己的情绪。孩子不太知道如何适当地表达自己的情绪情感,也无法平衡自己的情绪,所以,当其情绪郁积到一定的程度就会爆发出来。

根据分析,我们可以从这样几个方面入手纠正患儿的行为:首先,弄清原因并认真地加以分析,做到"对症下药"。其次,注意及时满足孩子的生理、心理需要。关注孩子的情绪,及时交流与沟通,建立民主、宽松而又不乏规范的家庭教育环境。再次,采取保护措施,防止孩子失去自我控制而再次发生伤害和自伤行为。家长应密切注意,及时保护。最后,注意培养孩子的心理承受能力,克服自我中心意识,培养其学会关心他人,学会适应环境。

实践与思考

试析:儿童"自虐和虐待行为"产生的原因及其对策。

十一、心理身体疾病

心理身体疾病是指心理因素导致的躯体疾病。研究表明,不良的情绪、性格及生活事件等都可能通过机体的神经系统、内分泌系统和免疫系统导致躯体器官的病变,如哮喘、呕吐、腹泻、溃疡等。其中,哮喘被认为是典型的心身疾病。

案例 路路,男,6岁,是幼儿园出了名的"哮喘儿"。他差不多每两个月都要发一次哮喘,冬春季节尤甚。大凡天气变化、活动出汗,便会着凉、感冒、打喷嚏、咳嗽,紧接着呼吸加快,出现哮喘症状。一天,老师提醒小朋友:天气凉了,我们要注意及时穿上衣服,要预防感冒,不然会得哮喘病。我们要关心生病的小朋友……话还没讲完,只听一阵急促的咳嗽声、哮鸣音,路路的哮喘又发作了。

背景资料

路路依赖性强、被动、冲动、攻击性强、焦虑水平较高,有祈求母亲和他人保护的强烈愿望,特别敏感与母亲的分离。一般情况下,天气骤变和活动剧烈可引起他哮喘,花粉、尘埃、毛皮玩具、妈妈和老师的化妆品的气味以及辛辣食物也会引起他哮喘。此外,爸爸的批评、妈妈的关注也会诱发路路的哮喘。爸爸对路路要求很严,经常批评、惩罚孩子,路路很怕爸爸。后来,只要爸爸一批评他就发哮喘,这时候妈妈会来关心他、陪伴他。爸爸一看他发哮喘了,也紧张起来,便不再批评他,而且会给他买他所喜爱的食品和玩具,妈妈会抽出时间来陪伴他,还可以不去幼儿园。

问题分析

哮喘是典型的心身疾病。除了花粉、尘埃、污染等环境因素和遗传生物因素外,心理因素对哮喘有直接和间接的促发作用。比如受到惩罚、父母争吵、教师批评、同伴讥笑、过度激动等都会诱发哮喘。而一旦孩子发生哮喘,家长和教师总是十分担忧,于是对其很关注、很呵护。他们的过分关注和保护则又会强化孩子的哮喘行为,使症状持续、反复发作,形成恶性循环。路路哮喘的原因除了环境因素和遗传生物因素外,很大程度上是心理因素。父亲对孩子的过高期望、严厉批评致使孩子发病。母亲看孩子生病了,非常心疼,于是对他百般呵护和关注,殊不知这反而巩固、强化了孩子的症状,此时父亲也做出了让步,不再批评他,还给他买来喜爱的食品和玩具。就这样,路路通过学习从患病过程中"继发性获益",能发泄不良情绪,得到父母的关注和让步,避免不愉快的事情。

对策与建议

(1)进行家庭治疗。这是一种现代心理治疗方法,它通过与患儿及其家长有规律的接触与交谈,促使家庭发生某些变化,使患儿症状消除。路路的家庭已形成了一个不良的环状作用系统:父亲批评孩子—孩子发病—母亲关心—巩固孩子症状—父亲让步—孩子学到以发病作为手段……家庭治疗旨在打破这一恶性循环,以便彻底消除患儿的症状。教师可以通过家访或者邀请父母来园与患儿一起交谈、游戏、讨论,以改善父母不良教养方式、促进亲子之间的冲突化解和改变不良的作用规则为治疗目标。要求父亲对孩子建立合适的期望水平,改善批评孩子的方式;母亲则不必过分担忧孩子的症状,掌握孩子的发病规律,做好护理,给孩子创设一个不溺爱、不体罚的良好的身心环境。教师应充满爱心地积极参与家庭治疗,尊重家长意见,在亲子之间保持中立态度,不偏袒或指责任何一方,藉系统方式思考,进行针对性的干预,以便取得预期的效果。

(2)要注意消除生物病因,预防感染,运用医学手段及时地控制发作症状;注意培养孩子的良好个性,寻找其不良作用规则,以使更多的哮喘患儿得到康复。

(3)孩子一旦哮喘发作,必须及时治疗,但在用药(皮质激素等)的同时要注意消除不良的心理刺激。

心身疾病是指一些心理因素在疾病的发生发展中起主要作用的躯体疾病。心理对疾病发生、发展的影响在于:其一,应激的致病作用。一些研究资料证实,应激在儿童躯体疾病的发作方面是一种诱因。某些躯体疾病发生之前,有明显的突发生活事件发生,如生活环境的变迁、失去母爱、家庭不和等,应激主要通过神经内分泌及免疫系统来影响躯体。当应激引起儿童情绪紧张、抑郁时,下丘脑—垂体—肾上腺系统的活动增强,导致生理功能失常和免疫系统受抑制。其二，儿童的个性和心理反应类型的影响。儿童的个性和心理反应类型与某些躯体疾病之间存在着一定联系。如哮喘儿的个性特征大多是过分依赖、胆小、幼稚、自信心差、不善于表达自己的情感等。其三，家长的态度对患儿病情的影响。当孩子患了慢性躯体性疾病，有的家长能较冷静地看待孩子的疾病，有计划地悉心照顾和教育孩子；有的家长则过分焦虑、抑郁，过度包办、过多保护，有的甚至对孩子照顾不周、迁怒于孩子等等，这些都对患儿的躯体疾病起着十分不利的影响。然而，任何一种躯体疾病对儿童的心理都有极大的影响。这些影响包括：对学习技能的影响，如可能引起特殊技能发育障碍，减少了儿童受教育的时间，家长对患儿的期望值降低等等；对儿童自我意识的影响，患躯体疾病的儿童往往倾向于对自己评价过低，认为自己不如正常儿童，进而自卑，否定自己；对情绪和行为的影响，一些研究资料表明：患躯体疾病的儿童比健康儿童更容易发生情绪障碍和行为问题。儿童患身心疾病的原因很复杂，从心理因素看，有的患儿表现出特定的人格特征：过于依赖、被动、焦虑、冲动或抑郁、攻击性、社会发展不良等；有的表现出明显的情绪不安、紧张焦虑和抑郁、易受暗示、对新环境适应不良等。对儿童心身疾病的矫治，应注意对症下药，除了运用相应的药物疗法外，要运用多种方法消除其不良的心理刺激，如可以用系统脱敏、生物反馈、家庭治疗、阳性强化法、消退法等行为疗法来进行；家庭护理方面，要注重孩子良好性格的培养和训练，创设健康的家庭心理环境，加强户外体育锻炼，增强其体质，切忌过分关注患儿的病状；幼儿园方面，教师要加强对孩子的身心护理，预防感染，避免惩罚和不良刺激，消除其对自身病状的过分警觉与焦虑，及时与家长互通信息，达成良好的矫治效果，促进儿童健康成长。

实践与思考

1. 什么是心身疾病？试分析它与躯体疾病的区别。
2. 讨论：联系实际，谈谈矫治心身疾病的有效方法。
3. 案例分析：

虹虹来园一个多月了，可从没见她开心过。她性格十分孤僻，很少与老师及其他幼儿交往。小朋友做游戏、玩玩具的时候，虹虹总是独自一人坐在旁边一言不发，从不参与，一副愁眉苦脸、心事重重的样子。更令人头疼的是：她不愿意吃幼儿园的午点尤其是水果。每次发午点时她就把嘴巴闭得紧紧的。

试回答：
(1)虹虹发生了什么事？为什么会这样？
(2)如果你是虹虹的老师，你准备怎么做？

本章小结

学前儿童常见行为问题主要指学前儿童在身心发展过程中，由于其生理机能失调、环境适应不良或心理冲突等导致的心理方面的障碍及不适当行为。它与心理疾病、心理变态等不同，有行为问题的儿童与普通儿童相比，表现出某些不适当或不太正常的心理和行为。儿童在发展过程中出现的各类行为问题一般是暂时性的，主要是因不良环境和教育影响所致，它随着儿童生理上的成熟和心理水平的发展、认识能力的提高以及行为控制能力的增强而逐步减少，其不良行为在成人的正确引导和教育下可逐渐获得矫正。

然而在一定条件下，学前儿童的行为问题可能转化成较严重的心理问题、心理疾病、心理变态等。所以，及时发现并矫正儿童的行为问题就显得尤为重要，否则由于缺乏教育和及时的矫正或为某些不良条件的诱因所驱使，可能导致心理失常和行为变态，严重的走上犯罪道路。

常见学前儿童习惯行为问题主要是躯体的障碍和身心的障碍,具体包括情绪方面如羞怯胆小、焦虑、依恋、依恋替代等,进食方面如厌食、偏食等,睡眠方面如睡眠不安、入睡困难、梦游等,不良习惯如咬指甲、吮吸手指、习惯性阴部磨擦等,语言方面如口吃等,功能性障碍如遗尿,性别认知方面如性别角色错位,心身疾病如哮喘、呕吐、腹痛等,此外还有虐待和自虐行为。可见学前儿童行为问题的表现是多种多样的,有时也是错综复杂的。然而,它们还是有一些共同特征的,具体归纳为以下几方面:

第一,行为缺失。即一般情况下,在一定年龄阶段,很少发生或从不发生众人所期望的符合其年龄特点的行为。

第二,行为过度。也就是说某一类行为在该年龄段的儿童身上出现得太多了,表现为注意不集中、干扰别的小朋友、多动等。

第三,行为不当。主要指某些心理表现或行为出现在不适宜的情境中,而在适宜条件下又不发生。如吮吸手指,在婴儿期可视为正常现象,而在幼儿期频频出现则是有问题的表现。

分析学前儿童的习惯行为问题应从其复杂的原因和背景等多角度进行。生理、心理、家庭、社会、幼儿园等因素起着综合的影响作用。

导致这些问题的原因错综复杂,既有其共性的一面,如家庭因素与幼儿园教育因素;也有其个性的一面,即各类行为问题都有各自不同的独特原因,如羞怯胆小有气质方面的原因,焦虑有遗传和素质方面的原因,睡眠问题有中枢神经系统发育不成熟、躯体疾病等方面的原因,遗尿有器质因素,等等。总括起来,这些因素来自于生理、心理和社会诸方面。台湾心理学家柯永河教授提出一个心理卫生公式用以反映这些因素的作用:

$B=P/E$ 其中:B——症状出现率

P——内外压力总和

E——自我强度

可见,个体心理健康的程度与自我强度呈正比,与内外压力呈反比。因此,预防和矫治儿童行为问题的一个重要方面是:在消除致病因素的同时,训练并提高儿童对内外环境压力的心理承受能力。而针对不同的行为问题,应采取不同的方式进行矫治,切忌生搬硬套。运用行为治疗应取得患儿和家长的充分合作,详细了解病史,确定问题行为,选择合适的矫正方法,如焦虑可用系统脱敏法,遗尿可用阳性强化法等。进行游戏治疗,要尽快建立良好的医患关系,治疗者以祥和的态度无条件接受儿童的行为问题,创设出儿童自由表达的气氛,正确地判断和反馈儿童所表达的情绪,对儿童的自我言语和行为予以尊重,循序渐进地进行治疗。注意,游戏过程要有一定的限制。家庭治疗的目标是:促进家庭成员间直接、积极和建设性的沟通,围绕行为问题进行讨论,解决冲突,改变僵硬、失调的相互作用方式。家庭治疗一般由治疗者、患儿以及父母一起进行谈话、示范、讨论。治疗分两步:第一步,对家庭进行诊断评价;第二步,进行定期访谈,布置家庭作业。在此过程中,若加强对父母的训练,将有利于提高治疗效果。

本章参考文献

1. 傅宏:《儿童青少年心理治疗》,安徽人民出版社2000年版。
2. 郑晓边:《现代幼儿心理保育与教育》,武汉水利电力大学出版社。
3. 冯江平:《儿童心理问题咨询与矫治》,浙江教育出版社。
4. 美国费城儿童指导中心:《儿童与青少年情感健康》,中国轻工业出版社。
5. 范翠英、江新:《儿童心理咨询》,安徽人民出版社。
6. 钱源伟:《幼儿健康心理八十题》,华东师范大学出版社1996年版。

第四章 学前儿童常见行为问题分析(下)
——特殊行为问题

本章主要内容
◆ 学前儿童的特殊行为问题及其特征
◆ 产生学前儿童特殊行为问题的因素分析
◆ 学前儿童的特殊行为问题案例分析及其对策

一、"害怕"——恐怖与恐怖障碍

案例一 谢某,男,6岁,因害怕"老虎"及其他动物以致惊恐不安、夜寐不宁。患儿2岁时常夜间哭闹,其母为使他安静下来常吓唬他:"外面有大老虎,它听见小孩哭就进来吃小孩。"于是患儿吓得用被子蒙住头强忍住哭泣入睡。到4岁后,只要一提老虎,患儿就表现得十分恐惧。后来不仅怕老虎,而且怕大灰狼、狐狸、狗、鬼、小偷等,看电影、电视或家长偶尔提起这些词,患儿就紧紧抱头,面色苍白,大声呼叫"我怕"。近半年来上述症状加重,晚上尽管无人提起,患儿自己用被子蒙住头,双手捧着脸俯卧,心跳加快,呼吸急促,全身大汗,说闭上眼睛就仿佛看见老虎在眼前,如果有人掀被子,就仿佛追兵逼近,吓得尖叫,每次持续半小时余。每晚均在这种状态中入睡,常做恶梦、惊叫。白天则诉头昏,性情急躁。

为此,全家人避免看电视、电影,怕提上述动物的名称,但仍无济于事。

背景资料

患儿系第一胎,独生子,母孕期正常,足月顺产。幼时生长发育正常,个性较文静、拘谨、胆小,怕孤独,怕黑暗。患儿一岁时曾从床上跌下,头部着地,当时无意识障碍。平时体健,无重大躯体疾患史。家族两系三代无神经、精神疾病。父母个性一般。对患儿较溺爱。

体格检查及神经系统检查无异常发现。脑电图检查正常。

精神状态:仪态整、接触好,对发病经过能够回忆,说一听见别人讲"老虎"或一想到"老虎"就害怕,晚上睡觉前一闭上眼睛就仿佛看见老虎的形象,自己也知道没有老虎,可是仍怕。在交谈中,又出现面色苍白、头上冒汗现象。情感适当,自知力存在。

问题分析

患儿为男性,6岁,自幼较胆小。起因为其母不恰当的恐吓,主要表现为对某些事物表现出异常强烈的恐怖情绪,以致影响患儿的日常生活及活动。伴有心悸、气促、出汗、面色苍白及睡眠障碍。起病后病程为进行性加重,病期两年。

根据以上表现可考虑是动物恐怖症。

案例二 张某,男,5岁。因怕上幼儿园,怕和妈妈分离而常常恐惧不安,并经常彻夜不眠,害怕第二天去上幼儿园。

患儿自小由妈妈带大,其父在外地工作。当孩子不听话时,其母常说不想理他,并果真不理睬他。家中又极少有人来。久而久之,孩子特别怕妈妈不睬他,有时,为让妈妈睬他,甚至求妈妈,"妈妈,你就理我一下好不好?! 就一下!"平时,孩子寸步不离妈妈。到了上幼儿园的时候,孩子也不愿离开妈妈。一年多来,孩子天天早上大哭,不愿去幼儿园,即使去了,也整天哭哭泣泣,不参加小朋友的活动。而每天晚上,则蒙着被子不停地哭。母亲发现问题严重,采取各种办法来安慰他、说服他,甚至将其父亲调回本地工作以配合帮助孩子,但收效甚微。

背景资料

患儿系第一胎,独生子。母孕期健康,足月顺产。幼时生长发育正常。个性内向、拘谨、胆小、不善交际、自尊心强。

体格检查和实验室检查无异常发现。脑电图检查正常。

精神状态:衣饰整齐,被动接触可,少语,情绪低落、抑郁,说话断断续续,声音极轻,显得疲倦。

问题分析

患儿为男性,5岁,起病一年多。发病有一定的诱因。该患儿病前性格内向、胆小、敏感。临床表现主要为过分害怕与母亲分离,以致影响自身的活动并伴有头昏、失眠、多梦和食欲减退。

根据以上表现并细加鉴别,可考虑是社会恐怖症。

案例三 某女,4岁,因害怕电闪雷鸣并发展到对闪光和巨响均显出极度不安。患儿一岁多进餐时,常将米饭掉撒在桌上、地上,其奶奶就说:"作孽,要天打雷劈的。"在雷雨天气又说:"这就是天老爷在生气,他要惩罚掉米饭的孩子。"于是孩子吓得用被子蒙住头,直叫唤:"我再不掉饭了。"可以后仍然会掉,于是就越来越怕,发展到一听到巨响或看见闪光,马上就抱住头,面色苍白,呼吸加快,仿佛真有人追杀来了。以后一有巨响或闪光,大人马上要安慰她,即使是这样,也无济于事。

背景资料

患儿系第一胎,独生女,母孕期正常,足月顺产。幼时生长发育正常。个性较拘谨、胆小,怕孤独,怕黑暗。

体格检查和神经系统检查均无异常发现。脑电图检查正常。

精神状态:衣饰整洁,语少声低。说一听到打雷声或想到打雷和闪电就害怕,仿佛看见那可怕的人在朝她发火,在熊她。

问题分析

患儿为女孩,自幼胆小。起因为其奶奶不恰当的恐吓。主要表现为对声响和光线表现出异常强烈的恐怖情绪,以致影响患儿的生活和活动。伴有心悸、出汗和睡眠障碍。起病后病程逐渐加重,病期近两年。

根据以上情况,可考虑是对自然事物和现象的恐怖症。

恐怖症是恐怖性神经症的简称,是指对某种特定事物、处境或在与人的交往中产生的强烈恐惧和不安。恐惧不等于恐怖症,它是正常儿童心理发展过程中普遍存在的一种情绪体验,是儿童对周围客观事物的一种正常心理反应,也是儿童期最常见的一种心理现象。曾有人对一组儿童进行纵向追踪调查到14岁,发现90%的儿童在其发育的某一阶段都发生过恐惧的反应。儿童的恐惧是十分短暂的,有研究表明,儿童的恐惧在一周内消失的占6%,在3个月内消失的达54%,在一年内可全部消失。当然,也有的消失时间要长一些。总之,许多恐惧不经任何处理,随着年龄增长均会自行消失。而儿童恐怖症则不然,恐怖症患儿由于对某一事物和现象的恐惧,进而会产生回避或退缩行为。如由于怕考试成绩不好被老师和父母批评发展到怕上学、怕见老师和同学,产生学校恐怖症。恐怖症持续的时间较长,不易随环境、年龄的变化而消失,而且任何劝慰、说服、解释也无济于事,严重影响着儿童的正常生活和学习。

儿童恐怖症的表现形式是多种多样的,按其内容可分为以下几种:

(1)动物恐怖症。如怕猫、蛇等具体的事物,也怕想像中的东西,有的甚至害怕到有精神失常的程度。

(2)社会恐怖症。如怕与父母分离、怕生人、怕当众说话、怕上幼儿园等。

(3)对自然事物和现象的恐怖。如怕黑、怕闪电雷鸣、怕登高等。

综合 ICD-10 草案及我国精神疾病分类方案与诊断标准,儿童恐怖症的诊断要点如下:

(1)持续出现或反复出现对某些情境或事物的恐怖,其内容与发育有关,但其程度过强,以致影响其日常活动。

(2)对与以上内容无关的情况,不出现明显的焦虑、恐惧。

(3)病程至少三个月。

由此,上述三个案例可考虑分析为儿童恐怖症。

对策与建议

儿童恐怖症一般愈后效果较好,随年龄增大,恐怖焦虑情绪可逐渐好转,给予治疗常可加速其恢复。

心理治疗是治疗儿童恐怖症的主要方法,包括支持性心理治疗及行为治疗,系统性脱敏疗法、条件性管理、榜样学习、认知—行为治疗法都可采用。对于恐怖症状较严重者可采用抗焦虑剂或少量三环抗抑郁剂治疗。

(一)系统脱敏

系统脱敏是指将个体置于一个令其产生适量恐怖的事件或情

境中,让其在这种情境中学会主动地去对抗焦虑,直至能平静地接受它。在这个过程中,有步骤和逐渐地接近恐怖性(回避性)刺激物是系统脱敏的关键。这种接近的方式可以通过个体的认知活动进行,即让他想像令其感到恐怖的具体情境,也可通过让儿童假扮成一个他所熟悉的英雄人物(如孙悟空)去面对那些令他恐怖的情境;当然,这种脱敏也可以在实际生活中进行。

具体说来,系统脱敏包括三个方面的内容:放松训练、建立焦虑等级和实际系统脱敏。

1. 放松训练

第一步是将儿童置于一个非常舒适的位置,比如在一个安静的治疗室内,让患者去除束缚身体的物品(如手表、鞋等)之后,睡在躺椅上。接下来就可以按表4-1中的内容来进行练习。在实际操作中指导语可以根据不同儿童的年龄特点而进行调整。完成全部的练习大约需要20~25分钟,其中完成每个步骤需要大约6~10秒钟,间隔10~15秒钟再做下一步骤。在放松训练开始之前,治疗者应该向儿童解释清楚在深度放松时将会发生什么和应该做什么,如果治疗者面对的是一个从未体验过"放松"是怎么回事的儿童时,尤其需要向他们作细致的解释,在他们愿意接受这项治疗后,才能开始工作。

表4-1 系统脱敏中放松训练的步骤

1. 深呼吸,然后憋住气(约10秒钟),憋住。好,现在让它呼出来。
2. 将你的双手举起,大约与肩同高,保持正常呼吸。现在,将双手放下。
3. 现在将你的双肩收紧,再收紧,感到双肩紧张。我开始数数,当我数到三的时候,你便可以放松双肩了。

一……二……三。

4. 再次举起双手,并且尽量张开每个手指头。现在,放下双手,让其放松。
5. 举起你的双手,在你身体的两边摆动双手。好,现在放松。

续表 4-1

6. 再次举起你的双手,现在放松。

7. 举起你的双手,然后让你的双肩和双手的肌肉收紧。保持正常呼吸,现在让你的双手放松。(注意体会那种温暖和松弛的感觉)

8. 现在将你的双手放在身体的两侧,收紧肌肉。注意保持正常呼吸,然后放松。

9. 现在将你的双肩向后躬起,保持。注意继续让双肩保持放松,好,现在放松。

10. 向前弯曲你的双肩,保持。注意让你的双肩保持放松,维持正常呼吸,好,现在放松。(注意体会这种从肌肉紧张到松弛的感觉)

11. 现在将你的头转向右边并让颈部的肌肉紧张。放松,让你的颈部恢复正常位置。

12. 将你的头转向左边并让颈部的肌肉紧张。放松,让你的颈部恢复正常位置。

13. 将你的头微微向后收紧压向椅背,保持。好,现在将你的头恢复自然状态并放松。

14. 这次尽量把你的头向下靠近你的胸部,保持。现在放松并让你的头恢复自然直立状态。

15. 现在,尽量张开你的嘴巴,再大些。好,放松。

16. 现在闭紧双唇。好,放松。

17. 将舌头用力顶住上颌,保持。放松并让你的舌头恢复自然状态。

18. 现在将你的舌头用力压住下颌,保持。放松并让你的舌头恢复自然状态。

19. 让自己尽量松弛地躺好,试着什么都不去想。

20. 注意控制自我言语,我希望你用歌声表达你的情绪(不要太大声)。好,现在开始自己唱歌。继续,好,放松。(你开始变得越来越放松了)

21. 现在用中等强度的音调唱歌,好,放松。

22. 现在用低强度的音调唱歌,好,放松。(你的音调要显得放松,注意放松你的嘴唇)

续表 4-1

23. 现在闭上你的眼睛,用力闭紧并保持正常呼吸。注意这种紧张,好,现在放松。(注意在你放松时那种痛苦体验减轻的感觉)

24. 现在让你的眼睛放松并让嘴巴微微张开。(放松)

25. 尽量张开你的眼睛,保持。好,现在放松。

26. 现在用力皱紧你的前额,保持。好,放松。

27. 做一次深呼吸,憋住气。放松。

28. 现在呼出来,彻底呼出来。放松。(提醒他注意到再次呼吸所体验到的舒畅感觉)

29. 想像有一个重物牵引着你的肌肉,令你感到软弱无力和放松……你的臂膀和身体向沙发下沉。

30. 把你的腹部肌肉收紧,保持。现在放松。

31. 现在注意体会自己就像一个拳击运动员一样,收紧你的肌肉,并让你的腹部保持紧张。放松。(你现在已经变得越来越松弛了)

32. 现在收紧你的屁股,用力收紧。保持。现在放松。

33. 现在注意感受上身肌肉的放松,并将尚未放松的身体肌肉部分放松。首先是面部肌肉(保持3到5秒钟),然后是喉部的肌肉(保持3到5秒钟)、颈部肌肉(保持3到3秒钟)、你的双肩(保持3到5秒钟)……让任何一个感到紧张的部分放松。现在是双臂和手指,让它们放松。变得非常放松。

34. 保持这种放松,抬起你的双腿(大约45度角)。现在放松。

35. 现在将你的脚向上翘起,让脚趾指向你的面部。用力收紧,然后放松。

36. 向相反的方向收紧你的脚,注意这种紧张的感觉。好,放松。

37. 放松,(保持)现在将你的脚趾用力收拢,用力,好,放松。(安静,维持大约30秒钟)

38. 这些就是全部的放松训练。现在从你的脚部开始向上去感受一下你的身体,看看是否每一块肌肉都已经充分放松了。(慢慢地说)首先是你的脚趾,你的脚,你的腿,你的臀部、腹部、双肩、颈部、双眼以及前额。现在所有这些部分都必须放松下来。(安静,维持大约10秒钟)只是躺着感受放松,注意那种温暖松弛的感觉。我希望你将这种感觉保持1~2分钟,然后我将开

续表 4-1

始数数,当我数到五的时候,我希望你睁开你的眼睛并感受到安详宁静。(安静,维持大约 1~2 分钟)好,当我数到五的时候,我希望你睁开你的眼睛并感到安详宁静。一……感到非常宁静;二……非常宁静,非常安详;三……四……五。

治疗者在最初开始进行治疗的时候,有时候可能还需要亲自动手,帮助较小的孩子学习每个步骤,并逐步让他们自己去做。同时,治疗者还需要注意观察孩子,看他们是否确实理解了指导语的含义。实际治疗时,经常需要教他们许多遍才能让他们理解语句的含义;对那些小一点的孩子,我们可以首先帮助他们的父母学会放松练习,然后再教孩子,这样会更容易一些。此外,我们还可以帮助个体在放松的同时做一些想像练习。比如,治疗者先帮助孩子放松腭部的肌肉,然后让他想像自己是一只懒洋洋的狮子,正在张大嘴巴打哈欠。

不过,在采用这些方法训练的时候,也会有些孩子始终不能放松。无论你如何鼓励他,他仍然觉得无法反应你的指导语,他会觉得指导语太难理解、太复杂了。也有少数的孩子拒绝放松,他们会对于放松表现得很紧张,你越是让他做放松的动作他越紧张。显示孩子不能放松的行为包括:呼吸急促或甚至憋住呼吸、双手紧握椅子的扶手、敲击手指、不住地格格笑、坐立不安、经常睁开眼睛或用力紧闭双眼以及不停地打哈欠等。为了解决这种孩子在学习放松上的困难问题,这里可以采用生物反馈训练中的紧张—松弛技术,具体来说就是在放松训练中,让孩子闭紧双眼,并保持一个相当长的时间。这种方法实际上是借助于让孩子体会紧张从而达到放松局部肌肉的目的。所以,也有人采取让孩子拧压各种玩具的方法来造成手臂部位的肌肉紧张,这种方法对于一些特殊儿童尤其有效。此外,让孩子吹气球可以帮助他们练习正确的呼吸方法。

2. 建立焦虑等级

在进行放松练习的同时,治疗者就需要着手和孩子的父母讨论有关焦虑等级的问题。注意这项工作必须是在孩子自觉自愿的情况下进行的,即使孩子确实有实际问题需要解决,但如果孩子或他们的父母不愿意,也千万不可以勉强进行。

建立焦虑等级的具体方法是,发给孩子(比较小的孩子要同时发给他们的父母)10张标有序号的卡片,要求他们在每张卡片上简要写(说)出个人在不同场合和不同等级上的恐怖情境,尤其要让他们描述出那些令他们不安、焦虑和紧张明显加剧的刺激情境。每张卡片上面的序号必须用10的倍数表示(即10、20、30……100),序号越大的卡片,表示恐怖的等级越强,100表示最恐怖的事件。

有时候孩子会把不同的恐怖事件放在一起加以排列,比如,他会列出首先怕黑暗、其次怕狗等,这时治疗者需要向孩子解释,让他明白,这种等级是针对他们的某一个问题来设定的,如怕学校,孩子在不同的情况下会表现出对于学校的不同害怕程度,但都是以害怕学校为标志。为了让他们更容易地列出等级,通常情况下,我们可以让孩子列出最恐怖的事件等级,然后帮助他找出中间等级。在接近最高水平的几个等级上,我们要小步骤地进行改变,经常是在最后的两三张卡片中重复大部分的内容,而只是改变其中极少部分。只有这样孩子们才能比较容易地进入想像。

最终建立起来的等级应该包括20~30个项目。当然,对于有些特殊的恐怖应当特殊考虑:有些恐怖比较简单(如害怕独自在家、害怕入游泳池),可以适当减少项目;另有一些恐怖的内容特别复杂(如害怕考试、害怕学校、害怕上公共厕所),也可以适当增加项目。

建立了一个恐怖事件等级之后,治疗者还需要和孩子讨论一件他感到非常放松的情境,并且把这个情境定义为0等级的内容。

以下是一些 0 等级内容的例子：

(1)临睡觉之前,躺在床上读一本好看的小人书;

(2)看大风车电视节目;

(3)在我临睡之前,让妈妈给我讲故事;

(4)在游泳池里戏水;

(5)独自一人骑小自行车在外面玩;

(6)在电脑上打游戏;

(7)听好听的、我特别喜欢的歌。

3.实施系统脱敏

在实际进行系统脱敏之前,治疗者必须确信我们的对象已经有充分的时间做了放松练习,并且能根据我们的指令做出适当的放松,然后从最低等级的恐怖事件开始进行脱敏,并逐渐提高等级。

当孩子在躺椅上进入放松状态 3 到 5 分钟之后,我们便可以开始进行第一次脱敏训练。为了确信孩子已经进入了适当的放松状态,需要事先告诉他们,当感到充分放松以后,请微微抬起右手的食指示意。

当孩子示意之后,治疗者便可以让他去体验开头的一两件在前面的事件等级中已经讨论过的情境,要求想像得越具体生动越好。可以提醒他们"你正在身临其境"。如果孩子能够想像逼真而且不感到有明显的焦虑,便可以抬起右手指示意。当孩子示意后,治疗者可以让孩子想像 0 等级上的事件,令其放松,然后再重复上述活动。

每个等级的体验可以重复呈现 3~4 次,第一次呈现时间应该不超过 5 秒钟,以后逐渐增加到 10 秒钟以上。恐怖事件等级的呈现应该是按照逐渐上升的顺序进行的,从最少焦虑的事件开始,每次呈现 10~15 秒钟。通常情况下,每次训练呈现 3~4 个事件,大约持续 15~20 分钟的时间。在每一次训练结束之前,治疗者通常应该让孩子放松一段时间。

图 4-1 是系统脱敏的示意图。从图中可以看出,治疗者需要经常检查患儿的脱敏进度,并根据这个进度来决定进一步治疗的进程,其中示意放松和想像清晰都是为了取得反馈的一种手段。具体做法是治疗者可以事先与患儿商量好一种示意方法,比如在治疗者问及上述问题时患儿若抬起右手食指便表示肯定,不抬手指表示否定;根据这些信号,治疗者决定是否进入下一个步骤。此外,进入想像以后,维持想像时间的方法可以有两种:一种是让患儿维持一个固定时段的想像,大约在 20~30 秒钟;另一种是允许患儿自己决定想像时间的长度,直到患儿感到对想像内容能够适应为止。

如此循环往复,将每一个事件逐一地呈现给孩子。当孩子能够连续三次成功地面对这一事件时,就可以转入下一个事件了。但是,如果孩子连续两次失败(即显示焦虑),治疗者便要回到前一个等级重新开始。如果再次失败,则需要重新呈现前一个等级的事件,以便孩子再次体验并唤起对令他感到困难的问题的合理感。

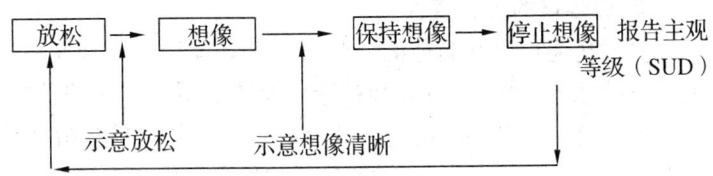

图 4-1 想像系统脱敏示意图

(二)条件性管理

对刺激和行为反应之间的联接问题进行研究,并将这种联接学说用以进行有关的行为治疗尝试,便是条件性管理。在治疗儿童恐怖症方面条件性管理有以下几种常用的方法。

1. 积极强化

在一定的情境中,当个体作出某个行为之后,随即出现的行为或事物如果导致个体增加从事这个行为的机会，那么，该个体便获得了积极强化。因此，在这里积极强化物十分重要，它直接刺激行为的发生并导致行为发生的概率增加。在恐怖症治疗中，强化物可以被定义为那些能够促使儿童更多发生趋向于接近恐怖刺激的行为的材料。

积极强化可以单独使用，也可以配合其他行为治疗技术，用于降低儿童的各种恐怖以及与其相关的行为。如 Leitenberg 和 Callahan(1973)便采用积极强化技术成功地降低了儿童对于黑暗的恐怖。他们把 14 名儿童分为实验组和对照组两个组，每组包括 4 个男孩和 3 个女孩，其中实验组的平均年龄为 6 岁，对照组为 5 岁 4 个月。两组分别通过前测和后测来确定其症状水平。实验开始后，实验组接受了所谓的"强化练习"。这种练习的内容主要是让实验组的儿童报告他们呆在黑暗房间中的确切时间，然后，给予赞许奖赏。在适当的指导之后，让儿童进一步重复上述每一步骤，直至适应为止。结果显示，接受强化练习的儿童比控制组的儿童明显增加了呆在黑暗房间中的时间长度。

2. 积极强化的各种变式

积极强化还可以和其他的一些条件性管理程序结合使用，来降低儿童的恐怖。比如，可以和塑造以及减少不良行为的社会后果等内容结合。1970 年，在美国曾经有过一例相关的研究报告，Ayllonh 和他的同事们采用这种变化了的积极强化方法，成功地治疗了一名患有学校恐怖症的 8 岁女孩。他们首先为这个儿童作了深入的行为分析，然后，在这个基础上，建立了一个 5 阶段治疗计划。

第一个阶段的工作主要是刺激和塑造儿童参与学校的行为。进行这一步骤的工作主要是在每天由一名助手陪同孩子去学校，并且这名助手和孩子一起坐在教室里，直到下课。下课时，这名助手还向她的同学们散发糖果，鼓励他们陪同她一道走回家。这样，逐渐地,这名女孩下午在学校的时间逐渐延长,而需要助手陪同她的时间在逐渐减少。到了第八天,这名女孩已经能够独自和她的同学们在一起了。但是维持了没有多久,她又开始退缩了。

第二个阶段的治疗是进行启发。当要求这位女孩子去上学的同时,她的父母也出门上班去。Ayllon和他的同事们解释说,这种方法可以避免儿童因为逃学在家而获得来自父母的社会性奖赏。

紧接着便开始治疗的第三个阶段,以家庭为基础对儿童进行契约管理,并对于儿童到学校去的行为施行代币管理,同时配合重复第一阶段的塑造(是由其母亲而不是治疗助手来陪同孩子)。这时孩子开始重新上学,是在大人的带领下,而不是自觉进行的。

及至第四个阶段,母亲开始每天到学校去见孩子,并给孩子和她的同学们分发糖果或给予其他社会性奖赏。同时继续进行前面的家庭契约管理和代币管理的操作。采用这种方法可以鼓励孩子自觉地参与学校活动。

到了治疗的第五个阶段的时候,开始让母亲从去学校见孩子的行为中逐渐地撤离出来,然后逐渐取消家庭积极强化计划。这种做法丝毫不会影响儿童参与学校活动的自觉意愿,而且在随后的几个月中一直保持得很好。

3. 塑造(shaping)

塑造即行为塑造,是指治疗者在进行行为塑造中,可以告诉儿童每个具体的步骤,希望他做的行为,并通过这每一个步骤来最终实现所期望他达到的目标,详细阐述可参见本书第二章有关内容。

Auiselli(1978)曾经采用逐渐暴露和塑造的方法治疗了一位害怕乘坐校车的7岁男孩。起初,治疗者安排这个男孩和他的母亲一道坐在停在校园里的校车上,这时他感觉还比较安全,同时,他母亲也不断地强化他的这种行为;然后由他的母亲陪同他一道乘坐校车去学校。在适应了这一行为后,开始由治疗者代替孩子的母亲陪同他乘车去学校,直至最后让他独自乘车去上学。

4. 刺激隐退法(stimulus fading)

如果一个患有恐怖症的儿童,虽然在通常情况下都有恐怖症状出现,但是在有些情况下,也可能并不出现恐怖症状,或者显得不明显,这时便可以考虑使用刺激隐退法。这种方法的基本策略是:帮助儿童学会把那些能够比较不恐怖的面对情境的方法,转换到那些不能很好面对的情境中去;随着能够成功地面对情境的几率逐渐增加,恐怖和焦虑也就相应地开始隐退。

5. 阻断法(extinction)

有些儿童可能会因为某种恐怖行为的后果影响而进一步助长了他们的恐怖,因为他们在作出反应时受到了不适当的强化。最常见的例子是,当一个孩子被狗吓了以后,其父母立刻关注他,哄他,不让狗再接近他,这样的结果,使得这个孩子更加不敢去接近狗。事实上,如果这个孩子在发生了恐怖行为之后没有继续受到这种不适当强化,那么,这个行为发生的机会就会相应减少。

阻断法便是通过去除那些紧随儿童的某种回避反应而出现的强化来进行治疗的。为了使这种方法产生效果,治疗者必须能够识别出那些强化了儿童恐怖反应的后果(事件)以及相应的情境,具体包括以下内容:①后果(事件)的具体内容;②这些后果(事件)发生的精确时间;③这些后果(事件)对于诱发儿童与恐怖相关的行为的影响分别有多大;④治疗者是否能够操作这些事件,避免再次发生。如上例所说,儿童恐怖行为发生后最常见的一种后果就是其父母的关注。如果治疗者通过与其父母进行接触和讨论,使他们能够确信,对于这个孩子来说,父母的过分关注是助长儿童恐怖行为的主要因素,那么,进一步,他就必须要决定这种关注发生的频率,以及在何种情境下发生;同时,还要了解父母是否愿意调整自己的这种关注行为。

在很多情况下,这种方法可以和针对适当的和不恐怖行为的积极强化结合使用。例如:有一个6岁的男孩,是个独生子,患有较明显的幼儿园恐怖症。一年多来拒绝上幼儿园,每天早上其父母都要花费近一个小时的口舌,连哄带骗,才能让他勉强答应去上幼儿园。从这个案例来看,父母每天早晨的"哄、骗",实际上为孩子拒绝上幼儿园提供了一个不适当的强化。针对这种情况,可从以下三个步骤进行治疗:

第一步,会见其父母,要求他们做到:第一,坚持让孩子上幼儿园,对于孩子的哭闹采取"装聋作哑,置之不理"的办法(阻断);第二,对于孩子作出的任何一点与幼儿园活动相适应的行为,即刻给予口头赞许;第三,密切关注儿童,一旦出现了其他与幼儿园有关的回避行为时,及时给予阻断。

同时,由于这个孩子在幼儿园也会哭闹,并且班上老师要花很多时间处理这个行为。为此,第二步,需要同他的老师和班上小朋友商量,让老师和小朋友在这个孩子哭闹的时候不要理睬他,并且坚持要他坐在班上进行活动。

第三步,治疗者直接会见这个孩子,向他提出以下辅导:第一,对于该孩子所作出的各种接近幼儿园的行为,从口头上给予强化,以巩固他的信念;第二,通过忽视或不与之讨论的方式,消除儿童的不适当行为;第三,让孩子有机会表达对于前面治疗过程中各种问题的看法。

经过上述三个步骤的治疗,这个孩子已经完全克服了幼儿园恐怖症。

除了上面讨论的情况外,阻断法还可以在很多情况下应用。例如一个4岁女孩,她在近半年的时间里,拒绝咀嚼食物,靠吃流质维持生命。产生这种行为的原因是,她在半年前因为扁桃腺发炎住院治疗,住院期间,因为治疗的原因,医生曾经给她打了许多针,同时医生曾暗示她多吃流质,出院后她伴随着害怕医生的心理,开始拒绝咀嚼食物。针对这个孩子的情况,治疗者为她制定了一个咨询治疗计划,其中也包括了拒绝这个孩子害怕见医生的行为,对她表现出来的和医生合作的行为及时给予强化。同时,要求她的父母停止关注她不吃东西的行为。另一方面,在咨询中,通过采取塑造和积极强化的方法,刺激孩子形成合理的进食行为。进而,让其父母学会在家中应用这些方法,巩固孩子的合理行为。

经过大约四次的咨询治疗后,这个女孩已经开始能够吃少量的软质食品了;五次后能够基本正常进食。再经过两次巩固治疗,这名女孩便完全恢复了正常。在以后的一年随访中,没有再复发。

(三)榜样学习(modeling)

因为观察另一个人而引起的个人行为改变称为榜样学习。榜样学习包含了通过观察学习榜样和实践模仿榜样的示范行为两部分内容,因此,榜样学习在操作上必须由两部分组成。其一是需要有一个榜样存在。对于儿童来说,这种榜样通常包括如父母、教师、同伴以及书本或影视节目中的某些明星人物。其二是需要有一个观察者存在。如让一个患有恐怖症的儿童注意观察榜样去示范做一些行为,而这些行为是他(观察者)过去所不敢做的。

在治疗中,这种观察与示范行为,必须要发生在观察者比较熟悉的而且确实令他感到恐怖的场合进行。假设一个孩子害怕没有拴上链子的大狗,那我们在治疗中就不适合让榜样去接近一条小狗来作为示范。

在进行积极行为的示范情境中,有一个非常重要的因素需要注意,那就是,必须让观察者看到榜样在那个令他感到恐怖的情境中所经历的积极或安全的后果(如实际上大狗表现得很友好)。此外,班杜拉等人(Bandura,Albert)还描述了进行模仿学习中的四个要素。首先,治疗者必须确信儿童能够参与到这种示范情境中,如即使当他们路过这种场合的时候也能驻足观看榜样,并且他们能够注意到一些相关的内容;其次,他们应该能够把他们对于示范情境的学习保持下来;第三,是要能够主动复制出他所观察的榜样示范行为;最后,如果需要的时候,还要能有动机去执行这些行为。

依照班杜拉的理论,榜样学习可以分为现实榜样学习和符号榜样学习两种,具体内容参见本书第二章。

在电影示范的基础上,后来的一些研究者又发展了一些有趣的变式,用于治疗儿童的恐怖症,比如,让患儿阅读与儿童恐怖相关主题的故事、诗歌等。

关于榜样的示范操作方式,可以分为两种情况:一是以"适应情境"的方式示范给儿童,也就是当榜样接近恐怖情境时,开始的操作水平应该是观察者能胜任的,然后逐渐向更高的水平过渡;其次是以"驾驭情境"的方式进行示范,即始终向观察者展示一种对恐怖情境胜任自如的方式。这两种方式都可以有效地加以应用。

许多情况下,榜样学习可以通过渐进的方式进行,但在操作中需要遵循以下步骤:

(1)让患者逐渐地、小步骤地接近恐怖情境,在每一步中,首先要由榜样提供示范;

(2)在进行榜样学习过程中为患者提供身体接触强化(如拍拍肩膀);

(3)对于儿童的合理行为及时提供言语强化,同时精确指出他们的合理行为,提高他们的自我意识;

(4)对恐怖情境或事物进行语言描述;

(5)极融洽的医患关系。

综上所述,在进行模仿学习的同时,让患者参与情境,对于降低儿童的恐怖是一种非常有效的方法。事实上,班杜拉的榜样学习也就是一个榜样示范和患者参与的综合治疗方法。

(四)认知—行为治疗

认知—行为治疗主要依据以下假设来建立自己的理论:第一,认知治疗过程是与人类的一般学习过程相一致的。第二,思维、情感和行为是具有内在联系的(因此,人的活动包括了认知、情感、行为成分)。第三,各种认知活动(如期待、自我陈述、归因等)对于了解和预测人们的心理病理状况以及寻求治疗机遇都是重要的。第四,认知和行为是彼此呼应的:一方面,认知可以转换为各种行为样式;另一方面,认知又来源于行为操作。第五,认知—行为治疗的工作就是与患者一道来评价已经扭曲的认知过程和行为,同时设计出一个新的治疗不适当认知、行为和情感过程的学习策略。

按照上述基本原理,认知—行为治疗又可以分为许多亚类型。可用于儿童恐怖治疗的亚类型主要包括:自我指导训练、自我控制和合理情绪治疗。

1. 自我控制(self-control)

在这个治疗中,治疗者教会个体成为他日常行为的驾驭者,使个体成为一个有良好预见和能够作出合理行为的人。该治疗的重点是帮助儿童发展合理的思考技巧,令他们在遇到恐怖情境时,能够正确面对。自我控制包括多种通过个人的认知过程来实施的治疗方法,其中一项基本的要素是治疗者要能够扮演"鼓动者和激励者",帮助儿童转变观念。如,让恐怖黑暗的儿童听到一些自信的陈述:"我是一个勇敢的孩子,我不在乎黑暗","黑暗是一个很有趣的地方,在黑暗中有很多好玩的事情",等等。

在进行这种治疗的时候,我们必须时刻注意儿童对于改变自己行为的动机和意愿,动机和愿望越是强烈,应用自我控制治疗取得的效果就越好。自我控制治疗在策略上已经成为以下两种认知治疗的基础。

2. 自我指导训练(self-instructional training)

在治疗过程中,治疗者和患者一起练习生成一套自我陈述的策略和形成自我效能体验,让患者学习在遇到恐怖情境时运用自我言语。治疗者首先为患者进行示范,然后患者逐渐自己独立地去实施认知策略,如:"我的问题是什么?""我的计划是什么?""我在应用我的计划吗?""我过去是怎么做的?"等等。具体说来,自我指导训练包括以下步骤:

（1）一个成人榜样在一边作示范操作，一边大声地说出自己的行为（认知示范）；

（2）儿童在成人榜样的言语指导下操作同样的行为（外部指令）；

（3）儿童一边操作行为一边自己大声地说出来（外显的，自我指导）；

（4）儿童一边操作行为一边自己轻声地说出来（渐渐隐去的，但仍然是外部的自我指导）；

（5）儿童不出声地或在非言语的自我指导下操作行为（隐蔽的自我指导）。

3. 合理情绪治疗（rational-emotional therapy）

合理情绪治疗的基本目的是教会人们识别和改变那些导致他们发生错误行为的不合理信念，进而能用更合理的方式去对待他们自己。假如一个学生对考试有明显的恐怖，并且拒绝参加考试（情绪和行为后果），那么，他与另一位对考试没有焦虑的学生比较，两人之间的最大差别就是他们对于考试所持有的信念不一样。恐怖考试的学生的想法可能是："我不能胜任考试，我不如别人，我肯定会在考试中失败的。"而对考试毫无恐怖感的学生的想法是："别人都能做到的，我也能做到。我只要尽自己最大的努力，就会考好。"在这里，前一个学生的想法被称为不合理信念，而后一个学生的想法则被称为合理信念。合理的信念可以引导人们对事物作出适当的情绪和行为反应，而长期持有不合理的信念，就会使人处于不合理情绪状态之中。

通过合理情绪治疗，患者可以认识到：自己的哪些信念是错误的和不合逻辑的，自己对自己的情绪和行为问题负有安全责任，要区分出合理和不合理信念，并以合理信念替代不合理信念。

儿童恐怖症在儿童中并不常见，男女均可发病，症状是患儿对某些客观事物或某些特殊的情景表现出异常强烈的恐怖情绪。患儿明知不用害怕，但无法控制，常影响儿童的正常行为。严重时患儿整天沉湎于恐怖情绪中，无法自拔。恐惧对象可以是十分具体的东西，如怕狗、猫、老鼠等，也可以十分抽象，如怕鬼怪、怕天灾、怕动物、怕与父母分离等。与成人恐怖症不同，儿童恐怖症往往与特定的发育阶段有关。

正常儿童在发育过程中，几乎都会对某些事物产生恐惧，在不同年龄阶段，内容可不相同，例如学龄前儿童害怕动物。但这种恐怖是一时性的，随着年龄的增长而消失（多数在3个月内消失，一种恐惧很少持续一年以上），一般不对儿童的行为产生严重影响。只有当恐惧程度过强以致影响其日常活动，才作出恐怖症的诊断。

儿童恐怖症的产生原因主要有：

（1）父母对孩子的溺爱、过于保护、限制儿童的许多行动；

（2）父母用吓唬威胁的方法对待孩子的不听话、不乖顺；

（3）父母的言行对孩子的影响，如有的父母当着孩子的面毫无顾忌地绘声绘色地讲述自己所见所闻或经历的一些可怕事情，也有的父母对某一些现象或事物存在恐怖，在孩子面前毫不掩饰地表现出来，使孩子也身受其害；

（4）大人过高过严的要求；

（5）家庭成员关系不和睦或对孩子缺乏一致性、一贯性的教育。

实践与思考

1. 什么是儿童恐怖症？
2. 儿童恐怖症的诊断要点有哪些？
3. 如何创设良好的心理环境，并为幼儿心理的健康发展提供帮助？
4. 根据观察，你周围幼儿有无心理问题或心理问题前兆？你是如何对待的?

二、"好动"——注意缺陷与多动障碍

案例 某男,6岁,大班儿童。该孩子从幼时起,自控力就明显低于同龄儿童。常常是先行动后思考,从不考虑行动后果,做事缺乏条理性,容易激怒,爱发脾气,倔强,好冲动,遇到想办的事父母不能满足,便大喊大叫,甚至在地上打滚,不服约束,有时还会突然做出一些危险举动;在班上,他总是表现得比别人兴奋些,不能认真听老师的讲课,时常在老师讲话时发出一些怪叫声或用手和其他东西敲击桌椅,甚至离开位子而在活动室里到处走动;晚上睡觉总是不得安稳,不停地来回翻动,久久不能入睡;和同伴游戏时,常为一些小事而与别人争吵,爱和别人顶嘴,没说几句,冲上去就给人几拳,常因打架而被老师批评。为此,父母亲伤透脑筋。

背景资料

该患儿系独生子,母孕期正常,足月顺产。幼时生长发育好。父母均为干部,对孩子要求比较严格。

体格检查和神经系统检查无异常发现。脑电图检查正常。

问题分析

患儿为男性,6岁。起病诱因为不恰当的教育方式。主要临床表现为精力显得特别充足,好冲动,好恶作剧;注意力不集中,好动,以致影响患儿自身的正常活动和生活。起病后病程无进行性加重。

根据以上表现,可考虑是儿童多动症(即ADHD)。

儿童多动症又叫脑损伤综合症,是儿童常见的一种以注意力缺陷和活动过度为主要特征的行为障碍综合症。目前较为普遍接受的全称是注意缺陷与多动障碍(attention-deficit hyperactivity disorders,简称 ADHD)。

儿童多动症可分为两大类:一类是机质性多动症,此类不常见,故在此不作阐述。另一类是气质多动症,是本书主要要介绍的。

对 ADHD 的诊断必须谨慎,这种障碍的基本表现是逐渐获得的注意缺陷、冲动和活动过度。具有这种障碍的人都会在不同程度上显示出下述若干方面的症状(表 4-2):

表 4-2 多动症诊断标准

A. 满足以下八项症状,并且持续时间在六个月以上:
1. 经常手足无措或坐卧不宁(在青少年中,可能仅限于个体对于这种不安的报告);
2. 在需要静坐的场合难于静坐;
3. 容易被外部干扰所吸引;
4. 难于及时把注意转移到团体活动的状态;
5. 经常冒冒失失、不假思索地回答问题;
6. 经常难于跟随他人的指令(不是由于对抗或理解障碍所致),如不能做简单的家务;
7. 难于在需要保持注意的时候或在游戏中保持注意;
8. 经常一件事情没有做完便又转移到另一件事情上去了;
9. 难于安静地玩耍;
10. 经常说个没完;
11. 经常干扰别人,如突然闯进其他孩子正在进行的游戏中;
12. 经常显得心不在焉;
13. 经常把在学校或在家中必须用的物品(如玩具、铅笔、书本等)遗忘掉;
14. 经常不顾后果做一些危险的活动,如不看四周便直冲上街道。
B. 发病年龄在七岁以前。
C. 不属于其他与发展有关的精神障碍。

资料来源:Diagnostic and statistical manual of mental disorders, 3rd ed., revised. Washington, D.C., American Psychiatric Association. 1978.

注意:在考虑某种症状时,必须以具有相同心理年龄的人为参照依据,并且其症状发生频率明显高于同龄人。

此外,在诊断时还要审慎区别出多动和好动儿童的差异(表4-3)。

表4-3 多动与好动的区别

多动儿童	好动儿童
活动杂乱、无目的 在各种活动中都表现出多动、注意力不集中 多动不分场合,一些举动难为人们所理解 不能专注某一项活动,没有什么活动内容能使他们安静下来投入进去	活动有时盲目,有时有序 只在某一个活动或某一个场合下有多动表现 即使特别淘气,其举动也不离奇,能为人们所理解 对感兴趣的活动如玩玩具、看儿童动画片则能安静地玩很久或看完电视

多动症的形成原因主要有:

(1)遗传及素质因素。目前,较多的学者认为,遗传素质在多动症的发生中有相当大的作用。对家系的调查及双生子研究发现,多动症儿童的血缘兄弟姊妹中,患多动症的明显高于非血缘者,达40%以上,同卵双生子的发病率至少在80%以上。

(2)轻微脑损伤。有学者认为,多动症的病因可能是轻度脑损伤或脑疾患,多动症出现的一些软神经症状,实际上就是轻微的额叶损伤所致。美国一些学者的研究认为,多动症儿童大脑中控制注意力和行为动作的区域,其代谢机能低于正常儿童,因而认为儿童多动症是一种与脑代谢有关的疾病。

(3)铅中毒及食品添加剂。有的学者根据偏僻农村多动症儿童较工业城市儿童发病率低的事实认为,多动症是工业污染的牺牲品。有人测定发现,多动症儿童的血铅水平较正常对照组为高。现已发现,轻微铅中毒病人可出现活动过多、注意力涣散的症状,而严重的铅中毒可导致中毒性脑病及痴呆。因而不少学者推断,铅污染可能是多动症的一个重要致病原因。

另外,多种食品添加剂,如食用色素、食品添加剂、某些调味品及一些饮料、糖果、香肠中的成分等,也被怀疑可导致多动症,但还未找到明确的因果关系凭证。

(4)感觉统合功能失调。所谓"感觉统合功能失调"是指大脑不能将来自身体各部分的感觉信息充分地进行加工整理。就像食物过少,机体就得不到充分的营养那样,感觉不足或感觉在大脑中综合不好,大脑也会发生"营养不良",组织不好机体各方面的活动,导致注意力不集中、多动等异常现象。多动症儿童感觉统合功能失调的原因在于:城市中林立的高楼剥夺了孩子们与绿地接触的机会;家长长期将孩子搂抱在怀中使孩子缺少成长所需要的活动;有的母亲为了保持体形而要求剖腹产,使孩子失去了惟一的经过产道挤压获得触觉训练的机会,等等。这些都使孩子没能得到足够的运动,大脑也就没有得到相应的感觉信息刺激而发育不良,因而出现注意缺陷、动作过多和自我控制能力差等后果。

(5)社会和家庭心理因素。不良的社会环境、家庭不和、经济过于贫困、住房过于拥挤、父母性格不良或有其他心理障碍、长期寄养在不良条件家庭中,均可构成多动症的诱因。家庭和环境的不良因素主要有以下几个方面。

其一,有的儿童自幼丧失父母或父母离异,或是在缺少关怀和温暖的环境下长大,如有的父母因工作和家庭负担重无暇悉心教育孩子,有的是因文化水平低不懂教育方法,有的则是自身缺乏责任感,只顾自己享乐不关心孩子的教育,儿童就容易出现多动、行为异常、自卑、孤独等情况。

其二,父母过于溺爱,对孩子的要求百依百顺,不注意培养儿童良好的生活和学习习惯,造成孩子娇生惯养、随心所欲、自制力差、缺乏克服困难的意志和毅力。

其三,教师和家长对儿童学习和行为过于苛求,造成孩子心理上的过度紧张、情感压抑而出现行为异常,这时教师和家长可能还认为孩子是有意对抗,又采取暴力式管教,结果加重其症状。

现在一般认为,多动症是由多种生物因素、心理因素、社会因素单独或共同作用所造成的一种综合症。由于原因不同,多动症儿童可能有不同的症状特征,如多动、冲动、注意障碍等,并有一些伴随障碍,如品行问题、情绪问题、学习困难等。

对策与建议

对儿童多动症的治疗,主要采取药物治疗、行为管理和父母训练等方法。

(一)药物治疗

对多动症明显且严重影响到集体活动和生活者,可考虑用药物疗法,这也是最常用和最传统的方法。其疗效有积极的方面,但也有副作用,因此需要在医生的指导下谨慎用药。根据 Kratochwill & Morris(1991)的报告,从长期影响来看,药物疗法并没有明显改善症状,且即使是医生也很难合理地决定是否该用药。因此,1981 年 Barkley 提供了一套参考指南:

(1)是否这个孩子身心发育得当?在没有进行充分的身体和心理检查之前,不能出具处方。

(2)这个孩子的年龄有多大?药物对于 4 岁以下的儿童不会起多大的作用,而且有很大的副作用,建议不要在 4 岁以下儿童中使用。

(3)是否已经使用过其他的一些治疗方法?如果这个孩子是刚刚开始接受治疗,建议首先选择使用针对父母或儿童的一些心理训练方法;只有当孩子的问题已经相当严重,无法进行系统的心理训练时,才可以考虑使用药物。

(4)这个孩子的问题到底有多严重?如果一个孩子的问题已

经足以严重到无法采用其他干预方法时,可以使用药物治疗,使得孩子的行为和情绪恢复到可以配合进行心理治疗的水平上来。并且,一旦行为问题得到控制,便应该考虑减少药物剂量和增加其他治疗方法。

(5)患儿的家庭是否能承担起医药费用?许多生活条件比较差的家庭难以长期维持接受药物治疗。

(6)患儿的父母对这方面是否有足够的知识,以避免滥用药物?

(7)患儿父母对采用药物治疗的态度如何?有些父母在心理上对使用药物存在恐怖,不愿配合,对于这种孩子不宜用药物治疗。

(8)家中是否有其他具有犯过行为的亲人中有滥用药物的现象?在这种情况下提供药物治疗是极其危险的。

(9)患儿曾否有过任何痉挛、思维障碍或其他精神障碍史?如果有,也是不适合用的。

(10)患儿对于药物治疗是否表现出高度的焦虑、恐怖或其他相关的拒绝症状?在这种情况下,这种消极情绪也会干扰药物的疗效。

(11)治疗者是否有充分的时间来考虑为患者制订详细的治疗方案?

(12)患儿对采用药物治疗的感觉是怎样的?在使用药物治疗中非常重要的一点是应该经常和一些曾经用过药的患儿聊聊,了解他们对药物使用的感受。这对于合理指导用药极其重要。

(二)行为管理

主要是通过行为矫正的方法,采用一些适合儿童的认识活动来改善儿童的注意力,并通过已安排好的一定的训练程序,减少儿童的过多活动和不良行为。具体方法包括代币管制训练、契约管理、合理的惩罚策略以及与家庭相结合的条件管理。

1. 代币管制训练

具体方法为：首先，选择目标行为，可以是行为的结果（如在规定的时间中完成一定数量的数学题），也可以是具体行为（如能迅速地按照老师的指令行动）。其次，选择用于作为次级强化的代币（筹码）工具，如纸牌、自制的小卡片，或像幼儿园中广泛使用的那样，在墙上的分类栏中贴小红花。通常比较小的孩子喜欢有型的筹码，而对比较大的孩子则可以运用符号记录的方法。对太小的孩子，如四五岁以下的孩子，不宜选择运用代币管制的方法。再次，教师和孩子一起来商量建立一组应该而且能做到的合理行为内容，并以此作为交换的依据。在有些情况下，也可邀请家长参与其中的项目讨论，以便在家中配合管理。最后，教师根据学生的行为发放筹码。一旦出现合理行为，立即给予筹码。同时，至少每天要和孩子交换一次筹码，并且兑现有关的奖赏承诺。经过几周以后，需要对进展进行一次评估，并且相应地进行调整，去除一些旧项目，增添一些新项目。在整个过程中，需要随时对不当行为给予惩罚。（相关内容参见本书第二章）

2. 契约管理

其主要方法是与具有不良行为的孩子"签订"契约，并以此控制他们的行为。参见"行为契约样本"（孩子小，无法进行书面"签约"，可以让孩子跟着说，大人用录音机录下来）。

行为契约样本

我，×××同意做到以下行为：

(1) 在老师讲话时集中精力注意听讲；

(2) 在参加集体活动的过程中，始终保持安静；

(3) 和小朋友玩时不打人、骂人，不大声喊叫。

如果我在一天中成功地做到了以上行为，我将可以得到以下项目中的任一项（由我自己决定）：

(1)可以随便看电视;
(2)可以选择一个自己喜欢的零食。
如果我在一周中成功做到了以上行为,我将可以买一本卡通书。
如果我不能做到这些我所承诺的行为,我将会被取消以下活动:
(1)参加小朋友的游戏;
(2)不能自由活动。
我同意尽自己最大的努力,做到以上所规定的内容。

×××(录孩子自己的名字)
年　月　日

契约管理的时间,需根据孩子的年龄来决定。通常年龄较小的孩子行为强化的施加频率要短一些,如对8～9岁的孩子,可以每天检查一次契约执行情况,并给予相应的强化;而对于相对年长的孩子,则可以适当延长契约检查的时间间隔。特别要指出的是,要使此方法有效,还必须注意三点:一是年龄问题。对语言理解力强的孩子更为有效。二是契约要及时兑现。三是重视奖赏内容。奖赏内容必须是孩子自己确定而且喜爱的。

3. 惩罚策略

这种方法包括忽视(这是一种有效的社交性惩罚方法)、取消特权、为自己的行为反应支付代价(如在代币管制中交出筹码)及限制自由活动时间等。注意,这里所讨论的惩罚,不包括对儿童的肉体伤害和精神摧残。此外,这种方法必须满足以下基本条件:第一,一经采用惩罚策略,要迅速实施,而且要有足够的时间长度被用来限制儿童的自由。第二,时间限制的长短以及限制什么时间都要由教师来决定(注意:在这个问题上不可以与学生商量)。

教师在采用惩罚策略时还需考虑两个问题:其一是必须征得

家长的同意后才可以实施(最好也签订一个契约),通常,大部分的家长是愿意配合的;其二是必须保证在不伤害儿童的自尊心的前提下进行,否则容易使儿童受到伤害或导致某些孩子为维护自己的自尊而直接采取对抗和过激的方法,使局面变得不可收拾。此外,特别要注意无论在什么情况下,都不可以单独实施惩罚,而必须与奖赏配合进行。即一旦出现不适当行为的时候,即刻给予惩罚;而一旦出现好的行为时,则要随即给予奖赏。

实施奖赏和惩罚的具体方法参见本书第二章相关内容。

4.与家庭相结合的条件管理

老师对儿童在幼儿园的某一时段(如一天中)的行为作出评估时,要及时向家长通报。家长根据评估结果,在家中给孩子提供相应的强化。这种训练可以有效地配合和支持在幼儿园中的行为训练计划,提高其效果。但这种方法对年龄小的孩子,尤其是6岁前的孩子效果不理想。

儿童多动症又叫脑损伤综合症,是儿童常见的一种以注意力缺陷和活动过度为主要特征的行为障碍综合症。其症状一般在7岁前表现出来,典型年龄为3岁,8~10岁为发病的高峰期,男孩多于女孩。

多动症的病因与多种因素有关,主要有以下方面:遗传因素、铅中毒、食物过敏、教育失当、放射作用等等。

多动症的表现主要有:活动过多、注意力涣散、冲动任性、不良行为、学习困难、言语过多。

实践与思考

1. 何为多动症?其主要表现是什么?
2. 多动和好动有何不同?怎样鉴别两者的不同?
3. 记录你班上一名在你看来有多动行为的孩子的表现,再慎重考虑其是否是真正的多动症。

4. 如何才能更恰当地对待患有多动症的孩子?

三、"不断重复"——强迫性障碍

案例 石某,男,6岁,幼儿园大班孩子。据其父母反映,近一年来,这孩子走在马路上总是要数电线杆,而且是数了一遍又一遍;过桥时,他数桥栏杆;上下楼梯时计数阶梯;一遍又一遍地数书本上的人或物的数目等。在家里或在其他任何有水的地方,他总在不断地洗手,有时一天能洗几十遍,一次竟能持续十几分钟;平时他还喜欢反复弄手指头,反复摇头;对自己的东西,总在反复检查是否在。有时他也知道不好或没有必要,但就是克制不住地要去数、要去做。

背景资料

该孩子系独生子,母孕期健康,足月顺产。自幼该孩子发育良好,性格内向。其母性格急躁,情绪波动大,对孩子缺乏耐心,其父虽然对孩子较有耐心,但由于工作较忙,使得对孩子的教育没有计划性、系统性。最近,孩子的情况越来越严重。

问题分析

患儿为男性,6岁。发病原因为母亲的不良性格和不适当的教育方式。病程呈进行性加重。主要临床表现为行动呆板、动作机械,神态显得忧心忡忡。

根据以上情况,可考虑为儿童强迫症。

强迫症又叫强迫性神经症,是一种以强迫观念和强迫动作为特征的神经官能症。它是指患者主观上感到有某种不可抗拒的、不能自行克制的观念、意向和行为的存在。患者虽然能意识到这些观念、意向、行为是不必要的或毫无意义的,但就是难以将其排除。它既有自我强迫,又有自我反强迫,是一种典型的冲突疾病。

儿童强迫症与成人的强迫症是不同的,它不存在明显的心理冲突。儿童强迫症的主要表现是强迫行为和强迫观念,前者明显多于后者,而且年龄越小,这种倾向越明显。

判断儿童强迫症可以依据以下特征:

(1)报告有强迫观念或行为。

(2)在行为上明显表现出有强迫倾向。

(3)这些观念或行为使得患者产生了至少是轻度的抑郁和部分功能性缺损(如在社交、语言及学业方面出现障碍)。

(4)出现这样几类问题:①体验到不自主的强迫行为;②想竭力阻止这种强迫行为;③开始觉得这是一种障碍(太小的儿童例外)。

临床上的诊断标准主要是依据症状进行判别的。只要患者具有强迫观念或行为中的任何一项,且不属于其他精神障碍,就可以被诊断为强迫症。但在儿童中,仍需要注意区分以下问题:第一,暂时性的强迫行为。在儿童正常发育的某些年龄阶段,可能会出现一些强迫行为,如走路数格子,反复折叠毛巾、手绢等。但是这些行为随着儿童的成长,在一段时间之后往往会自动消失,并不影响他们的正常生活,所以尚不能构成变态行为。第二,儿童孤独症。由于孤独症患儿往往也会具有刻板重复动作,易与强迫症混淆。强迫症患儿并不像孤独症儿童那样,具有严重的社交功能障碍、语言障碍及智力障碍。第三,儿童精神分裂症。精神分裂症的早期表现就可能是某些强迫症状,但是,往往其强迫观念的内容比较荒唐,近乎妄想,并且会伴随着明显的冷漠和退缩离群的特性。

对策与建议

儿童强迫症治疗后的效果是较好的,多数患儿通过治疗在不长的时间里就能恢复正常。治疗儿童强迫症主要的方法包括家庭关系治疗、行为治疗及药物治疗等等,其中药物治疗对降低抑郁和解除痛苦是十分必要的,但仍应以心理治疗为主,药物治疗为辅。鉴于篇幅有限,故在此主要介绍前两种方法。

(一)家庭关系治疗

家庭关系治疗,主要指家庭行为的评价和具体治疗。

1. 家庭行为评价

家庭行为评价即观察并记录下儿童与其家庭成员在所有涉及强迫症状方面的相互活动内容。这种评价的目的是为了区分出各种可能激发强迫症状的刺激内容(如时间、场合、一些预兆行为及认知等)、儿童的相应强迫症状(如洗手、反复核对及其他仪式动作)以及家庭成员对这些行为的反应。其中,家庭成员的反应可以被看作是促使症状行为维持下去的强化因素。在这里,治疗者可以通过多种方法获取资料及填写自我报告表等。在收集了基本的资料和对这些资料进行评价后,治疗者便可以开始治疗了。

评价的另一个重要任务是要描绘出家庭互动的模式结构。在这一点上,家庭治疗者和采用医学模式的治疗者具有明显不同。家庭治疗者把对家庭互动方式的评价看作是贯穿治疗始终并对治疗起着支撑作用的因素。在治疗中,治疗的结果通过家庭结构的变化反映出来,并提示进一步治疗的取向。因此,可以说,家庭治疗本身就包含了评价和治疗,譬如,可以通过治疗者的直接观察、家庭记录进行时间取样。与此同时,家庭治疗还强调认为,治疗者也是患者社会关系中的一部分,他们对于患者的介入方式也会影响治疗效果。

2. 系统家庭治疗

这种治疗通常是广泛借用其他各种已经比较成熟的技术来进

行。其主要程序简要介绍如下：

第一，环境和设备。系统家庭治疗的治疗室要求除了具备一般心理治疗的条件之外，应该为比较小的孩子准备一些玩具和图书；要准备5～6张相同的椅子，围成一个圆圈。

第二，初期的接触。在进行正式治疗之前，治疗者需要与患儿及其家庭成员进行一些接触。接触的方式可以通过电话或直接面谈来进行。所要获取的背景资料主要包括：求诊动机（主要了解接受治疗的意愿是否强烈），需要解决的主要问题，曾经接受过何种治疗，效果如何，对于系统家庭治疗的了解和态度等。根据这些资料，治疗者决定是否接受患者参加系统家庭治疗。如果症状不符合或治疗条件尚不成熟，也可以暂时不进行这种治疗。

第三，建立"家谱图"。内容包括父母家族中两系三代人的人口统计资料和健康状况资料。在这个图表中，家庭成员按照辈分顺序分别填写以下项目：姓名、性别、生卒年月、职业、受教育水平、宗教信仰、婚姻状况、生育抚养状况、重大经历及身心健康情况等。由此可以看出，系统家庭治疗不仅要求了解接受治疗的家庭成员状况，而且还要了解这些成员所处的"大家庭"的状况。这对治疗极具价值。

第四，预备性会谈。在建立了"家谱图"之后，治疗者就需通过一些讨论和交流来对患儿及其家庭加深了解和进行评价。这一阶段的工作目的是要在合理评价的基础上对患者的问题作出综合假设，为进一步建立全部疗程的治疗方案提供依据。

第五，正式治疗会谈。这是系统家庭治疗中最核心的部分。一般每次会谈时间在一个小时左右，不宜太长；每次会谈与下次会谈之间的间隔大约在5周左右，比一般心理治疗时间要长得多，目的是要让家庭可以有充分的时间去消化、吸收和改变系统行为。有些治疗者认为，这样就可以把引起变化的责任留给家庭自己。

第六，布置家庭作业。治疗结束之前，治疗者要向家庭成员布置一些家庭作业。具体家庭作业的内容可以根据治疗的进程和不同流派的要求来决定,但是,家庭作业对于维持治疗功效的作用是肯定的。

(二)行为治疗

包括行为评价和个别行为治疗两个方面。

1. 行为评价

在治疗开始的时候,需要做细致的个人评价工作。对有强迫性障碍的患儿进行评价时,首先要对问题行为进行精确的界定,这项工作主要通过与儿童及其家人的临床会谈来获得。根据会谈的资料,建立一个儿童问题行为的列表。在这个问题列表中,需要分析有关个人强迫行为与仪式动作的认知、动机及各种外部表现的内容。评价应该把重点集中于人际知觉方面,同时还要评价想像的情况,以及激起想像的水平。一些重要的影响因素(如抑郁、焦虑)也不可忽视。强迫性障碍的具体问题行为包括以下四个方面:

第一,强迫行为与仪式动作。这通常包括如反复洗手、反复核对等过度重复行为。有些情况下患者还会有一种程序性的动作,即重复做一系列的成套动作,如果中间被打断的话,便又要重新开始,直到满意为止。

第二,强迫认知。包括强迫性地复述某个词、句子、数字顺序,或进行其他的计算等。

第三,强迫性行动迟缓。即在完成一些生活必需的基本活动时,动作异乎寻常地迟缓。

第四,强迫性怀疑。这同时包括其他涉及焦虑的强迫症状,患者会因为特定的认知方式而产生焦虑和不安的体验。譬如,怀疑自己刚锁好的门是否没锁上,学生担心刚做完的作业没有做对,把信仍进邮筒后怀疑没贴邮票。在儿童中最常见的是怀疑与不洁或患病有关的问题,如怀疑自己沾上了脏东西或细菌,不许别人碰自己的生活用品等。

从对认知、动机及各种外部表现的分析可以看出,对于强迫症患者来说,强迫行为、仪式动作及强迫认知是用于降低焦虑的方法。强迫性行为迟缓通常也会使得焦虑降低,它往往是借助一系列的行为来避免面对过多的挫折刺激。而强迫性怀疑则与之相反,是一种导致焦虑上升和因为特定刺激而造成焦虑后的反应方式。例如,如果一个患者怀疑自己的手没有洗干净,那么,他就可能强化不安,直到重新检查完成,才能适当减少这种焦虑;可是,很快,新一轮怀疑又重新启动,开始了新的焦虑,再检查……如此循环往复。一旦他的父母或老师开始注意他,他的行为本身便开始获得了积极强化,患者会使用延长操作时间、减缓行为速度的方法来赢得更多的关注和同情,因而避免了压力。

此外,评价还应该关注有关人际关系方面的一些因素。在这方面,主要是要检查基本的交往技巧、人际关系维持技巧、与异性交往技巧以及适度的情绪反应方式。通常,强迫性障碍的患儿在一些基本的人际沟通技巧方面具有困难,而且一旦在经历失败后,便不愿再面对这一事件。因此他们一般恐怖人际关系,恐怖自我呈现,这些问题在一些需要表达强烈情绪体验的场合中最能被观察到。

对问题行为的评价具体包括以下步骤:第一步,重点收集有关问题的一般性历史资料。譬如患儿早期的成长情况、与家庭成员的关系、受教育情况、身体状况及疾病史等等。这些资料往往是建立总体咨询治疗方案的重要依据。第二步是要区分哪些是与患儿有关的行为,哪些属于其家庭成员的行为内容,并在此基础上开始深化治疗方案。为了改变患者,经常需要首先改变那些对患者具有明显影响意义的他人。对儿童来说,帮助他们的家庭成员作出适当的改变,是使治疗顺利进行的必要保证。因此,此时可与儿童以及他们的父母一起讨论一些与障碍和治疗有关的问题。第三步是建立对治疗的动态评价。具体内容包括从对在家庭中是否能完成所安排的家庭作业的评价到对特定强迫症状的评估等各个方面。治疗者可以定期对有关项目的进展情况进行比较。最后一步是对患儿及其家庭成员对治疗的投入水平和治疗动机的增进情况进行评价。一般说来,当患儿和其家庭开始面对强迫障碍和随着介入治疗的加深,他们对于这种障碍的认识也在不断提高。在治疗的过程中,当他们看到一些问题正在好转或得到了控制时,他们接受治疗的动机会大大增强,在这种情况下,他们也会表现出更加愿意配合治疗的倾向。

2. 个别行为治疗

包括暴露疗法、反应阻止法、认知行为治疗等。

(1)暴露疗法(exposure treatment)。暴露疗法和后面将要介绍的反应阻止法在实际治疗中通常是同时使用的,但为了便于解说而分别叙述。暴露疗法需分两步进行:治疗前,要先确定引起不同焦虑水平的等级(即 SUDS,参见前述"建立焦虑等级"),并按照由低到高的顺序,把这些事件加以排列。治疗可以通过想像的方法进行,也可以在现实中进行,不管用哪种方法,治疗都必须从这个系列的低焦虑一端开始。例如,在一个强迫性洗手的个案中,可能存在各种各样的污染物可以被考虑用来建立等级,但是,应该优先选择处在 SUDS 序列中最低位置上的那个物体(如路上的灰尘)。治疗者同时还要协助儿童把这些污染物加以分类,如从手部、面部以及身体其他部位,按照严重程度的不同逐一加以区分。治疗时,每个事件等级每次大约需要暴露 10 分钟的时间。每次暴露之后,都需要重新核对 SUDS 的水平。如此循环往复,直到当事人报告在这个事件上已经完全没有不安的感受为止。通常经过大约 2 小时的治疗,便可以比较好地解决这一部分的焦虑问题了。还必须记住的是,在每次想像结束后,都需要对症状作重新分析和核对(如图 4-2)。

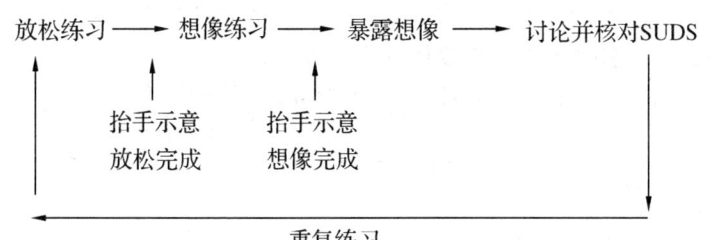

图 4-2 暴露治疗流程示意图

在每天的治疗结束后,还要布置 2～4 小时的家庭作业,以延长暴露治疗的效果。在布置第一次家庭作业时,需要向患者介绍有关反应阻止法的基本要点;以后在每次治疗前需要检查家庭作业完成的情况,包括评估回避行为的改进情况以及提供支持和再保证。一般说来,如果孩子年龄太小,治疗者应该向家长示范讲解之后,由家长回家帮助孩子完成家庭治疗。

当 SUDS 的分值降到 20～30 分时,便可以进入下一个等级的治疗。如此循环往复,直至儿童能在经验最高等级的恐怖事物时,也能基本上不感到焦虑(即 SUDS 降至 20～30 分)为止。整个治疗如果按照每天一次,每次 2 小时计算,大约需要 2 周的时间。一旦暴露治疗结束之后,即可以转入下一个治疗目标的内容。但值得注意的是,当治疗逐渐接近 SUDS 中最高水平的焦虑内容时,2 小时一节的训练就显得不够了,此时需通过适当延长时间以达到治疗目的。

(2)反应阻止法。这种治疗的方法主要是阻止儿童去做任何仪式动作或回避行为。如,患儿有反复长时间洗手的强迫行为,那就当患儿手弄脏想要去洗手时,阻止患儿去洗,开始,患儿会不舒服,出现焦虑反应,但慢慢就习惯了。针对一些导致患者强迫症的重要回避行为,譬如担心人脸和小便的污秽,有人还作了专门的评价调查。结果显示,一旦患者接触面部、小便及其类似事物时,就会出现强迫性洗手的仪式动作。以下就是据此而建立起来的有关患者针对各种不同污秽物体的主观等级评价(见表4-4)。

表4-4 针对不同污秽物体的主观等级评价

事 件	主观等级(SUDS)
他人的粪便	100
动物的粪便	95
自己的粪便	90
他人的小便	85
自己的小便	80
他人的头发	75
自己的头发	60
小鸟的排泄物	55
精液	50
洗衣机里的水	45
下水道的水	40
鞋底	35
呕吐	30
按铃	25
洗澡间的门把手	20
不洁的地板	15
不洁的指甲	10

在进行评价的同时,治疗者提供了一个详细的治疗计划并与患者取得了认同。这项治疗的主要内容包括2周的暴露治疗以及在这之后的反应阻止治疗。

在开始进行现实暴露治疗的时候,治疗者首先选择了一项在

SUDS序列中处于较轻度水平上的内容：洗衣机里的水（SUDS＝45）作为暴露的情境。在2小时的治疗单元中，治疗者首先与患者简单讨论了有关治疗的程序以及涉及的问题，然后以每15分钟为一个节段进行暴露治疗。在每个节段中，洗衣机里的水被泼洒在患者的手上和脸上。在暴露结束后，治疗者允许他立即去洗手或脸，但是，他还是选择了不洗手和脸。在整个治疗过程中，暴露治疗、进展和问题讨论是连续不间断进行的，每隔10分钟就要求他报告一次SUDS的等级水平。一旦患者表现出已经能够比较平静地接受现实，而不再有明显的焦虑时，就可以转入下一个等级的治疗了。这时，可以开始在洗衣机的水中掺入精液。当继续下降时，可以进一步掺入小鸟的排泄物及小便，直至最后，将粪便也掺入其中。

暴露治疗家庭作业的内容与此基本相同，每天让他做两次暴露，每次仍为2小时和15分钟一个节段。在平时，鼓励他把这种行为运用到日常生活中去。此外，家庭作业还包括了自我管理的内容，同时，要求他每天记录下洗手和其他回避行为发生的次数。

按照计划，暴露治疗共进行2周，每周5天；家庭作业是每周7天。从第三周开始，转入反应阻止治疗，这时患儿的家庭作业除了仍然保留自我管理外，暴露的内容则被反应阻止取代。除了对患儿的反应予以阻止以外（譬如在这一段时间中不允许患儿洗澡和洗手），其他内容与第一阶段相同。及至最后的5天时，才同意患儿在治疗者的指导下去洗澡和洗手。淋浴的时间限制为10分钟，洗手的时间为30秒钟。这时，患儿的仪式动作已经消失。离结束还剩3天时，治疗者开始停止提供任何指导，仅仅观察患儿的行为。

治疗结束后，按照指导计划，对患儿作了两周的随访。在随访中，没有发现任何仪式动作和回避行为，只是在患儿和他母亲之间发生过少量冲突。以后，每隔1个月进行一次随访，共进行了3个月,情况良好。

这个个案充分显示了采用个别行为治疗技术对强迫性障碍的治疗效果。

(3)认知行为治疗。主要针对那些有强迫性观念的人来治疗。用这种方法对患者进行降低焦虑的治疗时,与前面所说的治疗强迫性仪式动作的操作方式大致相同。但由于治疗过程中患者的情况、观念,治疗者都无法得知,也就无法控制,故建议让患者在接受治疗时尽可能地使用言语陈述,以便治疗更为有效。

认知行为治疗所包括的方法是多种的,有消极尝试、思维阻止法、认知冲击法等。其他方法前面已有述及,这里重点讲讲思维阻止法和认知冲击法。思维阻止法,即当患者出现强迫性观念时,采用方法打断其想法,使其思想中断,从而达到效果。例如,1973年,Campbell 采用思维阻止法成功地治疗了一位患有强迫症的 12 岁男孩。该男孩强迫性地反复回忆他的妹妹被碾死的场面。在他得病的 9 个月之前,他曾亲眼目睹了他妹妹被机器碾死的情景。为此,治疗者先进行了为期 15 天的行为分析,每天大约花 20 分钟的时间。接着,开始行为治疗,其方法是设法唤起儿童的一种消极念头,当这种念头出现后,随即通过快速大声地倒数数(从 10 数到 1)来阻止儿童的思维。数数结束后,便要求儿童转向去想一个令他愉快的场景。如此循环往复,治疗者不仅在治疗室中,而且要求患儿在家中一旦出现焦虑时和临睡之前,也采用同样倒数数的方法。根据治疗者对患儿母亲所作的三年随访,效果良好。认知冲击法,是指在治疗中,治疗者把由患儿自己讲述的有关情境下焦虑状态的内容编制成录像,然后在大约一个小时的时间中,再向患儿反复播放。需要注意的是此治疗法需要儿童学会把注意力始终集中在电视屏幕上有关自己的问题,这样效果更好。

强迫症又叫强迫性神经症,是一种以强迫观念和强迫动作为特征的神经官能症。它是指患者主观上感到有某种不可抗拒的、不能自行克制的观念、意向和行为的存在。病人虽然能意识到这些观念、意向和行为是不必要的或毫无意义的,但就是难以将其排除克服。它既有自我强迫,又有自我反强迫,是一种典型的冲突疾病。

儿童强迫症的发病年龄多数在 10~12 岁之间,发病原因主要是精神因素、性格的影响、家庭的影响等。

实践与思考

1. 什么叫强迫症?
2. 强迫症的治疗方法有几种?
3. 简述强迫症的治疗顺序。
4. 试编制一份强迫性行为的焦虑等级表。

四、"好斗、惹事"——攻击性行为

案例 黄某,男,5 岁半,幼儿园大班孩子。该孩子活泼开朗,有时会撒谎,好惹事,和小朋友不能友好相处,经常欺负别人。如:晨间锻炼时,别的小朋友都按老师要求在踏步,他却一会儿停下来,一会儿又转个圈,还朝别的小朋友撞去,结果自己也差一点摔跤。老师及时制止了他。很快,在老师带小朋友活动时,他又开始了他的"花式"走步了,并又一次地朝另一个小朋友撞去。老师问他何故,答是不小心;老师说他是故意的,他说老师看错了。又如:小朋友们上厕所,他从后面将一个小朋友推倒了,其他小朋友纷纷谴责他,他只当没听见,照常洗他的手。老师批评他,他说是那个小朋友走路太慢了,自己小便都来不及了。有一次,妈妈邀几个朋友各自带着孩子去郊游。该孩子一路上不断和别的孩子吵架,动手打人。当别的孩子被他打哭后,他只当没看见,似乎这事与他无关,弄得妈妈好尴尬。

背景资料

该孩子系第一胎,独生子,母孕期身体健康,足月顺产,自小身体健康。父母均干个体,无暇顾及孩子的教育。放学后,孩子常一人独自在店门前自由玩耍。母亲的教育方式是说理,父亲对他的教育则多采用严厉的"高压政策"。

脑电图检查正常。

问题分析

患儿为男性,5岁半。起病的主要原因是不当的教育方式。主要临床症状是经常挑起事端,与人相处常冲突,经常打架或故意伤害他人;经常坐立不安,容易冲动,比较粗心,显得比同龄孩子活动量大得多。起病后病程呈进行性加重,病期为三年。

根据以上情况,可考虑为儿童攻击性行为。

攻击性行为是指个体对他人进行言语或身体的攻击。很多儿童在日常生活中或多或少表现出一些攻击性行为,但轻重程度不一,男孩比女孩表现更明显。

判断儿童的攻击性行为可以根据以下特征:

(1)言语较多,喜欢与人争执,好胜性强。遇事往往非争不可,并时常讲粗话、骂人。

(2)情绪不稳定、脾气暴躁。任性执拗,喜欢生气,时常乱发脾气,稍不如意就可能出现强烈的情绪反应,如哭闹、叫喊、扔东西或以头撞墙等;有的可能表现出一种屏气发作,即大声号哭之后,呼吸短暂停止,严重时可伴有发绀和痉挛现象。

(3)经常向同伴发起身体攻击,如打人、咬人、推人、踢人等,惹是生非,戏弄、恐吓、欺负同龄孩子或比他小的儿童,强占抢夺别的孩子的玩具和物品。

鉴别时,只要满足上述特征中的一项(行为单一),且行为出现的时间在半年以上又经常发生,就可以了。

引起儿童攻击性行为的原因主要有:

(1)遗传因素。从有攻击性行为的儿童父母身上也可以发现攻击性倾向甚至攻击性行为。有关专家研究认为,这些大人可能存在着某种微小基因缺陷,受到遗传基因倾向影响的儿童在后天的环境中会将其表现出来。

(2)心理因素。一般来说,有情绪问题或行为障碍的儿童易产生攻击性行为。如多动症的患儿因冲动、任性、自控力差,当情绪稍有激动,便头脑发热,与人发生争吵或动手打人。

(3)教育因素。儿童的攻击性行为与教育不当有很大的关系。有的家长怕自己的孩子在幼儿园或学校吃亏,常"教育"孩子说:如果别人打了你,你就狠狠地打他,下次他就不敢打你了。如果当孩子被人打而孩子又未还手时,家长就对孩子骂道:你真蠢,别人打你你都不知道还手啊!有的家长当老师或别的孩子及家长向他反映"你的孩子今天打了人"时,不仅不批评教育自己的孩子,还当着孩子的面说,我家小孩是有点调皮,但如果人家不先动手打他,他是绝对不会先动手打人家的。很明显,家长在袒护自己的孩子。由于家长这种过分的保护和袒护,使儿童产生了一种随时可以攻击别人的合理感,特别是在攻击性行为中占了"便宜"、得到了"好处"的儿童,更是攻击欲望增强,攻击性行为加重。

(4)模仿学习。儿童辨别是非的能力差,模仿性强,许多攻击性行为都是从父母、同伴等周围人那里和电影及电视中模仿学习而来的。如有的父母惯用打骂等粗暴的方式来教育孩子,结果孩子也学着用父母的这种方式来"征服"其他孩子;当儿童看到同伴通过打人、抢夺等方式获得了更多的玩具,他也用同样的方式去获得玩具。有资料表明,电影电视中攻击性行为对儿童影响较大,儿童的许多新奇古怪的攻击性行为都是从电视录像中模仿而来的,特别是那些受赞扬的攻击性行为,儿童越易模仿。因此,常看那些暴力武打影视片的儿童易出现攻击性行为。

(5)饮食因素。有攻击倾向的儿童,在摄入过多的糖后容易发生攻击性行为。

对策与建议

儿童的攻击性行为不仅影响了其他儿童的生活和学习,而且还会影响到自己一生的发展;延续到青春期后,会出现人际关系紧张,社会适应困难等问题;做人父母后,会影响其子女的发展。同时,还会引起一系列的社会问题,如影响社会的稳定、提高犯罪率等等。有资料表明,70%的暴力少年犯在儿童期就被认为有攻击性行为,因此,对儿童攻击性行为必须予以彻底的矫治。治疗的方法包括三个层次:针对具体行为的操作学习治疗、针对同伴关系的社交技能训练、针对家庭过程的父母行为管理训练等。

(一)操作学习治疗

具体应用包括以下几种:

1. 奖赏技术

奖赏通常包含了予以称赞、积极关注、给予特权以及实际的强化等内容。这方面应用最多的是代币管制技术,儿童通过某些合理行为来赢得筹码(如小红花、小红五星、累计点数等)。这种技术既可以用于个别儿童,也可以用于某个群体中的全部儿童。以下是用于个体的事例。Bristol(1976)报告了对一个8岁的二年级男孩进行代币管制训练的过程,该男孩有习惯性好斗的现象。训练开始前,治疗者与父母、老师及他本人签了一份同意参加治疗的协约。每天早晨患儿都会收到一张在上面画有一个小笑脸的卡片。

从早晨吃早饭开始,到晚上临睡觉前为止,只要患儿没有出现攻击行为,老师和父母便在卡片的相应栏目中填写内容。时间间隔大致为早、中、晚三次。

老师的签字可以作为儿童获得奖赏的凭据,据此他可以获得诸如可以到图书馆自由借阅自己喜欢的读物或可以多睡 15 分钟的懒觉等奖赏。实验者发现,随着实验的进行,患儿攻击性行为明显减少,经过大约 3 周的训练之后,攻击性行为已经完全消失。并且在此后的 7 个月随访中,该孩子没有再出现过攻击性行为,显示效果良好。

在使用这项技术时要注意:首先,在治疗前,必须对靶行为加以精确的定义和测量。包括攻击行为(需要去除的)和适当的社会行为(需要增进的)。在对行为的基础发生频率(即开始治疗前的行为发生频率)进行评估后,方可开始实际的强化训练。至于强化物的选择,主要是经验问题,根据不同儿童的喜好作相应的选择。用强化问卷是了解儿童喜好的常用方法,也可通过询问或观察孩子的日常活动来了解孩子的喜好。其次,在实际治疗开展后,如果连续几天强化不能导致孩子的靶行为发生改变,则说明该强化物对该孩子缺乏强化意义,需要及时调整。

为使奖赏达到最大效果,切记一定要在儿童出现合理行为后及时地给予强化。当这种合理反应得到巩固后,便需要逐渐减少强化(尤其是奖赏)的频率,以维持行为。同时,强化物也需要加以调整,逐步让患儿从人为设计的强化物转向现实社会生活中的自然强化物。

2. 惩罚技术

它可以被用来阻止和消除各种反社会行为,通常需要伴随奖赏共同使用。在治疗时,常以取消患儿的奖赏为代价来实施惩罚。具体方法包括:

(1)暂停法。即治疗者在一段时间中去除可以令患儿获得奖赏的活动内容(如停止游戏或不许看电视)。患儿接受暂停的过程中,必须严格控制情境,以确信他不可能通过其他途径得到奖赏。同时,还必须有足够的时间让患儿受到惩罚。如让患儿在一个短暂的时间中(5分钟或7分钟)无法参与其他任何社会活动,像罚站等,但注意时间不能过长。

(2)反应代价法。该方法通过使患儿失去得到奖赏的机会来进行,但它不需要有一个时段的考虑。常用的策略是撤消代币或把对一些不合理行为进行代币交换作为代币管理中的一个组成部分。当患儿作出适当的社会行为时,便获得代币酬赏;当作出攻击性行为或其他反社会行为时,便要交出一定量的代币。

(3)矫枉过正法。包括两部分内容,一是还原,主要是要求患儿将那些由于不良行为而造成的对环境破坏的内容加以恢复;二是积极尝试,主要是让患儿在这个情境中反复练习各种适当的行为。如,一旦患儿进行破坏行为(将床铺搞乱)时,便要求他更正由于他的不合理行为对环境造成的破坏(即把搞乱的床铺恢复原样);然后,再要求他练习正确行为,去维修或放好其他床铺。

(二)社交技能训练

其主要内容是帮助患儿发展与环境之间的合理互动,从环境中获取适当的资源并能适当地满足他人的需要。典型的社交技能训练包括以下几种发展技能的训练策略:提供指令、治疗者的示范、由患儿进行练习、矫正反馈等,并且这种训练经常需要在多个不同的人际关系情境中施行,包括与父母、老师和同伴之间的互动。在这些情境中,治疗者和患儿通过角色扮演的方法去实际演练适当的社交行为。在训练中,治疗者首先要明确告诉患儿他所要做的行为应该是什么(作出指令,如"与别人交往中采取积极主动的姿态是十分重要的"、"与别人说话时要看着别人"),然后,治疗者通过提供行为示范,让患儿感受到适当的行为应该是什么样的,并依照榜样作出相应的模仿学习。治疗者和患儿根据这种实际演练的行为反馈,进行调整和决定进一步改进练习。需要说明的是,当治疗者发出了指令而患儿在理解和执行上不能与其一致时,就要对信息进行反馈。在训练中,一旦患儿出现合理的行为,治疗者便即刻予以鼓励和奖赏(社交强化)。当这种行为得到巩固之后,便开始让患儿尝试将其运用到实际的社交情境当中去。(关于社交技能训练的具体应用可参见本书第二章有关内容)

(三)父母行为管理训练

其主要目标是帮助父母发展一些可以帮助自己孩子的专门技能,学习避免陷于一种过激的家庭争战之中(如避免过度惩罚、相互争吵)。下面就以上述的案例来说明之。

在治疗前,治疗者要与母亲讨论孩子的行为,以及可以令孩子做出适当社会行为或可以减少攻击行为的抚养方式。总的治疗目标是要让这位母亲学会用不同方式来对待孩子,尤其是要指导这位母亲系统观察孩子和父亲之间的互动情况,帮助母亲学会协调孩子和他的父亲之间的关系(包括应用积极强化、必要的温和惩罚以及与儿童取得妥协等方法)。整个治疗训练分若干个阶段。在每个阶段的训练开始之前,治疗者都要对前一个阶段的训练内容进行回顾,把有关问题应用到下一个阶段的训练当中去。在治疗的同时,还要注意分析父母双方分别对孩子的影响差异。

对孩子母亲进行的训练可放在周末进行,每次可持续两小时。在每周,治疗者给孩子的父母打两次电话,以了解进展情况和处理一些新出现的问题,这样可以及时处理那些新的问题,而不致累积到周末。在治疗初期,可以为孩子安排一些任务,要求孩子在这段时间中完成一些简单的家务劳动(如整理房间、布置环境等),以此激发孩子的行为,使得其母亲有机会可以应用所学到的方法去对待孩子。对孩子在家中发生的攻击性行为,都采用比较温和的暂停法予以处罚,即让孩子独自站在客厅中 5 分钟。如果孩子能在他母亲或父亲要求处罚他时立即去客厅站着,便可以减少 2 分钟的处罚时间。

在治疗进程过半时,可以对孩子进行一些与学校有关的强化,以此来配合父母行为管理训练,效果可能比较理想。

攻击性行为是指个体对他人进行身体或言语的攻击。男孩比女孩表现更明显。

攻击性行为的特征:言语较多,喜欢与人争执,好胜性强;情绪不稳定、脾气急躁;易冲动、自控力差。

引起儿童攻击性行为的主要原因有遗传因素、心理因素、教育因素、模仿学习、饮食因素等。

治疗方法主要有:操作学习治疗、社交技能训练、父母行为管理训练等。

实践与思考

1. 攻击性行为的形成因素主要有哪些?
2. 你是如何对待你班上有攻击性行为现象的孩子的?
3. 观察一名有攻击性行为的孩子的活动情况并给以记录(包括该孩子的言行、表情、体态语、事发的原因等等)。

五、"自闭"——缄默与孤独障碍

案例一 郝某,男,4岁,在幼儿园不肯讲话已有4个月。患儿系独生子,自幼由祖母带大,十分受宠爱。平时父母上班即与祖母相处,很少出门和小朋友玩,被认为是听话的乖孩子。家里来了客人,从不主动打招呼,总是躲在大人身后,胆小、害羞。4个月前被送进幼儿园,适应环境十分困难,开始两周几乎整天哭泣,以后虽然不哭了,但幼儿园老师反映他很少开口,不回答问题,以致老师怀疑他是哑巴,但是回到家里与祖母、父母有说有笑,会唱幼儿园的歌,告诉家里人今天玩了什么游戏,并与邻居较熟悉的小朋友说话。

背景资料

该孩子系第一胎,母亲孕期无异常,足月顺产,幼时生长发育好,11个月能独自行走,1岁能讲话,智力好,现能背诵唐诗十余首,能算5以内加减法。家族中无精神病患者,其父不爱讲话。

精神状态:仪态整洁,被动接触,对医生的任何问题均不予回答,对玩具很感兴趣。

问题分析

该孩子自幼被过分宠爱,个性较孤僻、胆怯、内向。病前言语发育正常。起病于入幼儿园后。主要表现为在幼儿园和其他有生人的地方拒绝讲话,而在家里,在亲人面前则谈笑正常,对语言的理解及表达无障碍,无其他思维情感及行为异常。

根据上述情况,可考虑为选择性缄默症。

儿童缄默症是指已获得了语言功能的儿童,经常无故一言不发或少言寡语,其实质是社交功能障碍而非言语障碍。如,儿童在一定场合时讲话,离开这个场合则沉默不语,拒绝讲话,代之以点头、摇头、手势来表示自己的意愿或仅用"是"、"不是"、"好"、"不好"等非常有限的单词或书面语来表达自己的态度和愿望。这是一种儿童期的心理障碍,在实际生活中较多的为儿童选择性缄默症。其主要特点是:第一,正常或接近正常的语言理解水平,有足以进行社会交往的语言表达能力,有在某些场合下正常或接近正常讲话的明确证据。第二,具备有效的语言能力,只是根据社会情况不同,在语言利用方面有很大差别,即患儿在某些场合能讲话而在另一些场合沉默或接近沉默。第三,不能讲话的表现长期存在,哪些场合不能讲话,哪些场合可以讲话都是固定的、可预测的。患儿所占比例不大,仅占 0.2%～1%。此行为一般在 3～5 岁时发生,有时也可能持续多年,在小学儿童中偶尔会发现,且女孩比男孩多。

缄默症的原因除去生理原因外,大多为心因性的原因,如受惊、恐惧、忧郁、压抑、孤独而造成的精神紧张所引起的。

对策与建议

选择性缄默症严重地影响着儿童的人际关系、合作关系和社交能力的锻炼和发展,因此要重视并及早对其进行治疗。主要方法有:

(1)消除引起精神紧张的因素。譬如有一个女孩,自幼胆小,言语不多,上幼儿园时遇到一位脾气较大的老师时常训斥孩子,她很害怕。一次,上课时该老师让她回答问题,她答不出来,被该老师当众批评,自此,她在幼儿园一言不发,在其他场合也不说话,只有在家里讲话才比较自如、流畅、活跃。针对该孩子的情况,家长首先取得幼儿园的支持,共同创造一个轻松愉快的生活学习环境,帮助该孩子建立起平等亲切的师生关系和友爱和谐的同伴关系。其次,建议老师在一定时间内对该孩子暂停当众提问,以消除其紧张、恐惧的压力和负担,并鼓励其多参加集体活动。

(2)心理治疗。对于上例个案,为取得孩子的信任,老师应以热情、亲切的态度和蔼地与该孩子说话,从正面引导启发,调动其自尊心、自信心;改变孩子的生活环境,多带孩子出门,主动让她与家长交谈、与小朋友交谈;在幼儿园里,要求别的小朋友主动来和这个孩子玩。

(3)药物治疗。这一点必须在医生的指导下方可进行。

案例二 陈某,女,5岁,幼儿园大班孩子。平时该孩子很少讲话,其班上老师反映她半学期只讲了6次话(6句话),生活中很常见的事她也不会说,而且在幼儿园整天是一个人玩,不与他人交往,父母起先以为是发音器官有缺陷,经医学专家每次会诊,发音器官正常。但语言发音迟缓,并伴有性格上的明显变异。

背景资料

该孩子的父母均是地质工作人员,长期在野外工作、生活。孩子出生后不久便被送到农村的外婆家,由外婆带到4岁半才接回,送到基地幼儿园入托。外婆是一个既无文化,又因丈夫过世早,一直寡居而形成孤独性格的老人。

体格检查和神经系统检查均属正常。

问题分析

女性,5岁。主要表现为语言发音迟缓,性格变异。起病原因主要是孩子口语发展的关键期生活在不良环境中。

根据上述情况,诊断可考虑为儿童孤独症。

儿童孤独症又叫儿童自闭症,是发生在儿童早期的全面发育障碍,是一种比较严重的儿童精神疾病。发病率在1%～2%,一般起病于2岁半以前,男孩多于女孩。

识别孤独症儿童,可从以下方面进行:

(1)与人交往和沟通困难。患儿没有与人交往、交流的倾向,对集体生活环境不适应,平时也不和别的小朋友玩,整天沉浸在自己的小天地里;若要找小朋友玩,要么突然拍一下他的肩膀,要么揪他或搂抱他一下,然后就走开了,好像拍人、揪人、抱人不是为了与人联系,而仅仅只是一个个动作。

(2)言语和语言障碍。这是孤独症儿童的一个突出症状。大多数孤独症儿童语言发育迟缓,平时言语较少,显得很安静。有的即使会说,也不愿意说,常用手势来表达自己的愿望和要求,以致被误认为是哑巴,严重的患儿几乎终生不语;有的虽然在说话,但声音极小,很难听清楚;有的自言自语重复一些单调而无意义的话,不能主动与人交谈,不会以提出问题的形式维持与别人的谈话,即使在说,所讲内容与当时人物、环境内容也不相符,也不管别人是否听懂或在听;不会使用代词或代词使用颠倒,常用错的代词是"你"、"我"、"他(她)"。有的患儿时常尖叫,这种情况持续到5岁或更久。

(3)兴趣狭窄,行为刻板,适应新环境困难。患儿常常在较长的时间里只专注于某一种或几种游戏,如单调地摆放积木、玩一辆小汽车等,强烈要求保持环境的现状,不肯改变所处的环境、生活习惯、行为方式。如天天要穿同样的衣服、玩同样的玩具、出门要走同样的路线等等,一旦改变,便大哭大闹发脾气,硬要满足他的要求后才罢休;多数患儿还表现出一种无目的的重复行为,如单调地反复拍手、蹦跳,在房间里长时间地来回跑,在楼梯上不停地上上下下,任何人不得阻止或妨碍。另外,多数患儿智力迟钝,少数患儿正常或接近正常。有的患儿智力活动在某一方面出奇的好,大多是记忆力尤其是机械记忆力好,如对日期、数字、诗歌、识字、人名、路线等记忆特别好,以致在较小年龄阶段被误认为是超常儿童。

孤独症的发病原因至今不明,可能与家庭环境、遗传、脑部疾病、母亲孕期生病吃药的影响有关。有调查资料表明,孤独症患儿的父母多数是知识水平较高的专业人员,成天忙于工作、科研,很少照顾孩子,亲子关系较冷淡。

对策与建议

1. 加强亲子间的情感交流

一个 5 岁的女孩,很少讲话,班上老师反映她半学期共讲了 6 次话(仅 6 句话),生活中很常见的事她也不会说,而且在幼儿园整天是一个人玩,不与他人交往。开始父母以为她发音器官有毛病,可经医学专家反复会诊,发现她发音器官正常,后经心理医生测试诊断,发现孩子其他能力均属正常,仅语言发音迟缓,并伴有性格上明显的变异,属于孤独症。

心理医生进一步了解到,该孩子的父母均是地质工作人员,长期在野外工作、生活。孩子出生后不久,便交给在农村的外婆照料,直到 4 岁半才被接回,送到基地幼儿园入托。而外婆是一个既无文化,又因其丈夫过世早,一直寡居而形成孤独性格的老人。孩子口语发展的关键期生活在这样的环境里,导致了她语言发育迟缓和性格变异、社会适应困难等问题。为此,父母已对孩子失去了治疗的信心。

鉴于此,在对孩子进行心理治疗的同时,建议家长:首先,要对孩子的治疗充满信心,毕竟,孩子才 5 岁,尚有补救的可能。其次,要求为孩子创设一个良好的生活环境,加强亲子关系,不应该因此而嫌弃孩子,要与孩子多接触、交流,多带孩子到娱乐场所去玩耍,鼓励孩子和小朋友一起玩,分享儿童世界的快乐。

2. 加强语言训练

语言障碍是孤独症患儿的一个突出症状,因此,对患儿进行语言训练是一个非常重要的康复内容,在训练中应注意:

第一,对一个刚开始理解语言的患儿,父母对他说话应尽量使用孩子能理解的简短的语句,因为多余的词、句会把孩子弄糊涂。如说"非非,吃饭!"时孩子有反应,而说"非非,快过来,你的饭快凉了"时孩子就没反应。所以,父母在对孩子进行训练时,一定要在孩子能理解的基础上,逐步增加句子中的词汇,不可操之过急。

第二,训练时要尽可能地运用具体形象的物品、图片、动作、行为,演示并带他们重复以帮助理解、记忆。如:老师把一个皮球递给一个患儿说"去拍皮球"。患儿不懂是什么意思,抱着皮球望着老师,这时,老师应拿过皮球边讲解边示范,让孩子模仿。经过几次这样的联系,患儿就较容易地理解了"拍皮球"这个短语。

第三,应创条件、情景,鼓励患儿用言语提要求,与人交流。有些父母因长期与孩子生活在一起,从孩子的一个眼神、一个表情、一个动作就知道孩子在想什么,要干什么,于是不等孩子开口就满足了他的要求,使孩子失去了用语言表达事物的机会,这是不利孩子语言发展的。一定要鼓励孩子说出自己的愿望、要求,要询问孩子在幼儿园的情况,还可让孩子传递一些简单的信息。

第四,患儿在说话时,常常会出现一些用词不当、词语颠倒等现象。父母和老师一定要耐心地听儿童讲,不能表现出不耐烦、不在意,以免伤害患儿的自尊心,失去说话的兴趣,产生对说话的恐惧感,形成口吃的语言障碍。

3. 行为治疗

(1)矛盾意向疗法。让患儿故意从事他不喜欢、不愿意做的事情,以致于对该事情感到无所谓,改变一下也行。如:有的患儿每次外出要走同样的路线,购物要去同样的商店,家长就可有意带孩子走不同的路线,到不同的商店去买东西。开始,孩子可能不愿意,要坚持,结果孩子会发现这条路可以回家,那条路也可以回家,到不同的商店都可以买到东西,也就不强求走同一条路,进同一个商店了。通过各种有弹性、多变化的方式来教育孩子,帮助他们改变单调刻板的行为,提高适应环境的能力。

(2)正强化法。对孤独症儿童不愿接近人、不注视人的行为可以采用正强化法。如:一个患儿3岁了还不会讲话,对周围事物也不关心,每天沉醉于刻板重复的翻书动作,而且只翻一本书,感情冷漠,即使妈妈坐在他身边,也既不找妈妈,又不看妈妈,对周围所发生的一切事情无任何反应。针对此种情况,治疗者可采用奖励强化的方法来治疗,其步骤是:

第一步,母亲与孩子面对面地坐在地板上,母亲一手拿孩子喜欢的那本书,一手拿好吃的东西(糖果、饼干等孩子平时喜欢吃的东西),放在孩子看不到的地方。

第二步,母亲将书突然呈现在孩子面前,放在地上,这时孩子可能会表现出非常喜欢这本书并伸手去拿,紧接着母亲又在他面前摆出他喜欢吃的东西,他又可能会伸手去拿。这时母亲要把吃的东西放在离孩子稍远一点的地方让他去拿,当孩子吃到东西就会表现得很高兴。以后每天按上述方法去做,多次重复,形成一个固定的模式,即出现书的同时,还会用眼去找吃的东西。

第三步,将书的位置由地上换到小椅子上,孩子看到后伸手去拿,这时立即把糖果等放在椅子上。以此类推,按这种方法,将书移到大椅子、书桌上等靠近孩子眼睛的水平方向。

第四步,将书放在孩子左眼侧面,再移到右眼侧面,不断给糖果以刺激强化,让孩子眼光逐渐适应,慢慢注视到母亲的眼光,进而逐渐改为拥抱、亲吻孩子,慢慢使孩子与母亲不断建立起母子感情。

(3)负性活动练习。负性活动练习就是让患儿过度地进行他喜欢的某种习惯,致使产生一种不愉快的感觉,从而达到消退这一习惯的目的。如:患儿喜欢不停地上下楼梯,就规定他在某一段时间里(一个小时甚至更长)反复不停地在楼梯上来来回回,他就会感到太累、不愉快,用不了几次就不会再不停地上下楼梯了。负性活动练习对患儿的兴趣范围狭窄、行动单调刻板有显著疗效。

4. 放松疗法

运用此法可治疗患儿的紧张行为,疗效较显著。

一个6岁男孩,情感反应淡漠,不与任何人进行言语交流,若有要求也绝不主动表达，只是被动地接受指令，经常因紧张而导致大小便失禁。

据其母亲介绍，该孩子在3岁以前能仿说句子，还能识别二三百个字词，且会背诵儿歌、讲故事，但其后不知何故就逐渐失去了言语功能，到5岁时，就不再说出一个字了。曾在专家医院接受过有关检查，证实其发音器官并无问题。家长承认对孩子早期采用的教育方法粗暴简单，给孩子造成了很大的精神压力，以致孩子精神高度紧张，这可能与语言能力发生障碍，人际交往严重退缩有关。

根据患儿的主要异常行为，治疗者采用放松疗法对其进行训练。首先，使其熟悉环境，从心理上放松对陌生环境的不安全感。具体做法是：将患儿安排在一群能够和治疗者进行交流的患儿中间，在进行活动时，不对其提出任何要求，但他可以获得与其他患儿相同的玩具。这样，经过两三周后，他的精神压力得到了减轻，并且逐渐对治疗者和其他患儿的交流活动产生了兴趣，并能随着情境表现出恰当的反应。其次，治疗者在给其他患儿训练时，随意走到他面前，将图书放在他的桌子上，并指着图片反复说一些简单的词汇，但并不要求他开口。开始时，他依然有些紧张，闭起眼睛玩弄手指。经过两三次以后，他就能睁开眼睛，看看图片，偶尔还会抬眼注视治疗者。如此状况持续近一个月后，该孩子在治疗者的引导下发出了第一个音节，但还不够清晰和准确，且音量极小。然而，自此以后，他每天发音、说话的次数越来越多了。现在，尽管他的语词广度仅在3～5个词之间，但是，他已经能够在放松的状态下说一些简单的词汇和句子，如"老师好"、"再见"等等。

5. 药物治疗

此法应在专科医生的指导下进行。（略）

儿童缄默症是指已获得了语言功能的儿童，经常无故一言不发或少言寡语。其实质是社交功能障碍而非语言障碍。缄默症在儿童中发病较少,发生的年龄偏小,女孩多于男孩。

儿童缄默症形成的原因主要是受到某些刺激,诸如受惊、恐惧、忧郁、压抑、孤独而造成的精神紧张而引起的。

儿童孤独症也称儿童自闭症,是发生在儿童早期的全面发育障碍,是一种比较严重的儿童精神疾病。发病率在1%~2%,一般起病于两岁半以前,男孩多于女孩。

识别孤独症儿童,可从以下方面进行:

(1)与人交往和沟通困难;

(2)有言语和语言障碍;

(3)兴趣狭窄、行为刻板,适应新环境困难。

对儿童孤独症的治疗方法有以下几种:

(1)加强亲子间的情感交流。

(2)加强语言训练。

(3)行为治疗。

(4)药物治疗。

实践与思考

1. 孤独症也称什么?其病因的主要原因可能是哪些方面?
2. 如何识别儿童孤独症?
3. 举例说明用"加强语言训练"的方法治疗儿童孤独症应注意的问题。

本章小结

学前儿童特殊行为问题,主要是指恐怖、多动、强迫、孤独障碍和攻击性行为等,此类问题在儿童中发生率并不高,但是,一旦发病,对儿童心理健康发展影响极大。

形成儿童特殊行为问题的因素大致有:儿童的遗传素质;不良的家庭环境,尤其是不良的教育方法;社会环境等其他因素。

要审慎对待儿童的特殊行为问题。日常注意观察,认真分析其形成的原因,听从专职治疗人员的建议,选择合理的治疗措施,配合治疗,以观其收效。

本章参考文献

1. 杜亚松:《孤独症儿童的辨别和训练》,《大众心理学》2000 年第 1 期。
2. 陈永胜:《小学生心理咨询》,山东教育出版社 1994 年版。
3. 钱源伟:《幼儿健康心理八十题》,华东师范大学出版社 1996 年版。
4. 易法建、倪泰一、杨丹燕、彭剑飞、杨新援、杨莉等:《心理医生》,重庆大学出版社 1996 年版。
5. 傅宏:《儿童青少年心理治疗》,安徽人民出版社 2000 年版。
6. 李黑妮:《倾听孩子内心的风暴》,花城出版社 1999 年版。
7. [美]V·M·阿克斯莱因著,方观容、廖高励译:《游戏治疗》,江苏教育出版社 1990 年版。
8. [美]黛安·E·帕普利、萨莉·W·奥尔兹:《儿童世界》,人民教育出版社 1981 年版。

第五章　学前儿童行为评价

本章主要内容
- ◆ 学前儿童行为评价的目的和原则
- ◆ 运用访谈法对儿童行为进行评价
- ◆ 运用行为观察法对儿童行为进行评价
- ◆ 运用标准化测验法进行儿童心理与行为评价

近来,我们在儿童心理与教育咨询工作中发现,家长心目中的"问题儿童"越来越多。从家长的描述中可以看到,通过行为对儿童的心理状态和健康水平进行评估是家长"无师自通"的,也就是说,家长都能够根据自己的经验来观察儿童的行为特点,并依此对儿童的心理健康水平作出评估,为他们戴上诸如"多动症"、"注意力不集中"等小帽子。

但是,通过外部行为对儿童的心理活动特点和水平进行鉴定决非如人们通常想像的那样简单,它需要依靠儿童心理发展的理论、心理测量的理论作指导,按照科学的方法和程序来进行才能达到准确评定儿童心理发展和健康水平的目的。在日常生活中,人们通过行为观察对儿童的心理和行为进行评定的一个最容易犯的错误是:以成人的标准要求儿童。按照这样的标准来观察儿童和评定儿童,自然就会发现儿童许多"不正常"的地方,于是去向心理学家或教育工作者咨询,有时还拉着孩子一起去咨询,久而久之,本来很正常的孩子也被折腾出毛病来了。

为了帮助幼儿教育工作者和年轻的家长正确地观察儿童的行为,对其心理特点和发展水平做出准确、客观的评定,本章结合一些实际案例,介绍对儿童的行为进行观察和评定的一般方法、常用工具和基本的态度。

一、学前儿童行为评价的一般问题

因为对学前儿童心理的测量与研究多半是从其外部的行为表现来进行的,所以对儿童心理和行为的评估一般不作太多的区分,也就是说,有时把行为的评估看作是心理的评估,有时又把心理的评估说成是行为评估。我们在本章中虽然更多的是使用行为评估的概念,但是它也包括心理的评估在内。关于儿童的行为评估,一般要清楚这样几个方面的问题:一是儿童行为评估的目的,二是儿童行为评估的基本原则,三是儿童行为评估的基本方法。

1. 学前儿童行为评价的目的

很显然,对儿童的行为进行评估的一般目的就是通过对儿童的行为及其行为能力进行评估,来鉴定其心理发展的水平是超前、相当于还是滞后于同年龄的大部分儿童的心理发展水平,并对其是否存在问题行为进行诊断,为对其施加适当的教育影响提供科学依据。具体分析,对儿童进行行为评估的目的主要有三个方面:

第一,是为了对儿童的心理或行为能力的发展水平作出评估和描述。对儿童的心理和行为能力的发展水平进行评估与描述是儿童教育工作与儿童心理研究中的一项基础性工作,它的主要目的是为了查明儿童智能发展的基本过程、不同阶段的基本特点,以及发展中的影响因素。有了这些基础性的工作,我们对儿童的心理发展是否正常就有了判断的依据,对儿童的教育影响及其策略也就有了心理学的依据。我们在实践中经常遇到一些对孩子很是不满的父母,这些不满实际上是父母的期望远远超过儿童的心理发展水平造成的。我们看下边的一组对话,或许会对此有所理解。这是一个年轻母亲与一个心理学博士的对话:

"我想向这位老师咨询一下,我的孩子不知怎么回事,学习总是不专心,而且你要求他学习什么他就是不好好学,你不想让他学的他偏偏要学。他不大敢和别人打交道,我就想让他练武术什么的。尤其是学外语,天天让你操心。……"这位母亲显然已经被她孩子的"不争气"急坏了,一见到咨询者就一股脑儿地说起来。

"你都让你的孩子学习了些什么内容呢?"咨询者看来有足够的耐心,平静地问道。

"我让他参加了少年宫举办的书法班、绘画班、武术班、围棋班,还有学外语。"做母亲的列举着,似乎还很不满足。

但咨询者显然已经有些诧异了,不过他依然平静地问道:"那么,他什么不愿意学,什么愿意学呢?"

"比如,他爸爸让他学围棋,可他偏要下象棋,好像一会喜欢学这个,一会又喜欢学那个,真拿他没办法!"

"你的孩子上几年级了?"咨询者从孩子母亲的谈话中认定孩子已经是小学生了,而且肯定是小学高年级的学生了。

"在幼儿园,已经5岁了!"

……咨询者一时语塞,对这位母亲的回答还是感到意外。
……

毫无疑问,上面这位做母亲的已经过高地估计了孩子的智能发展水平,因此对其学习和行为活动提出了过高的要求,而孩子显然是不可能胜任的,家长却由此对孩子持否定态度,这样下去造成的后果是可以想见的,对孩子智能和行为的发展水平作出正确评估的重要性也由此可见一斑了。幼儿园的教师面对众多儿童,他们的教育不仅要根据某一年龄段的儿童心理发展的一般水平来进行,而且还要能够通过观察和一些有效的测量手段,来鉴定儿童心理发展的差异,以便因材施教。

在儿童心理发展与教育的研究工作中,探索心理发展与各种因素的相互制约关系也是非常重要的,它可以在进行儿童心理和行为评估的工作中,找到他们的差异,然后再分析这些儿童遗传、家庭环境、社会文化影响等诸多方面因素的差异,从中寻找心理发展和行为能力发展与它们的共变关系、因果关系。没有这些研究工作的深入开展,改进教育教学、加强儿童综合素质的培养、有效促进儿童人格的健康发展就会成为一句空话。

第二,是为了对有问题行为或有问题行为潜在倾向的儿童进行甄别。心理学和教育学的研究表明,成人的人格障碍和行为变异除了一部分是其在成人后的一些特殊因素造成的以外,有相当一部分的人有先天遗传或早期教育失当的原因,而且他们多半在儿童期可能就有所表现。只要我们采取有效的评估方法和手段,就可以尽可能早地甄别出一些人格障碍和行为变异倾向的儿童,然后采取有效的教育干预,就可以在相当程度上避免一些人的人格及行为变异或减轻其程度。一般来说,有明显发育迟滞的儿童行为表现异常也比较明显,也许可以不经过系统的行为评估就可以得出明确的结论,但是也有很多儿童的变异倾向在早期表现并不明显,也难以引起家长和老师的注意,甚至还会受到盲目的教育强化,加剧心理的不正常发展;或者因为某些行为表现不同于其他儿童,就被盲目地诊断为患有"什么什么症"。这两种倾向都是非常有害的,必须加以说明和克服,教给家长和幼儿园的老师一些有效的儿童心理和行为评估的方法和工具。

第三,是对教育的有效性进行评估,并对教育影响进行适当和必要的调控。测查和评估不是最终目的,测查和评估是为了教育的目的。具体地说,对儿童实施的教育方法和措施是不是有效,是不是适合于儿童心理和行为发展的水平,这就要对有关的教育影响的实际绩效进行评估;而教育的绩效最大者莫过于促进儿童智能以及整个人格结构的健康发展。所以,对教育影响绩效的评估也必须包括儿童心理和行为能力发展水平的评估,在此基础上可以对教育进行适当的调控,以更有利于教育目标的实现。

我们提倡幼儿园的老师在对儿童进行教育中开展一些有效的教学试验。具体的做法是:首先,系统学习儿童心理发展与教育方面的知识,了解儿童智能与人格发展的一般过程、主要特点和基本规律。其次,在系统学习的基础上,对传统的儿童教育教学方法进行考察,分析其中的优缺点,提出改进方案并加以试验。最后,在实验过程中必须要善于对儿童心理和行为能力的发展进行评估,掌握必要的评估方法。这样的教育教学试验如果能够经常地进行,不仅能够丰富儿童心理发展与教育方面的研究文献,而且可以激发幼儿教师投入教学的积极性和主动性,为幼儿成长提供有利的教育条件。

2.学前儿童行为评价的基本原则

学前儿童心理评估工作是一项关系到儿童人格发展与教育,因此关系到儿童终身发展的大事业。我们必须在这一工作中坚持科学客观、系统动态和发展教育的原则,保证上述心理与行为评估的目的切实实现。具体阐述如下面几点。

(1)客观性原则。客观性原则就是指在进行儿童心理和行为评估时必须坚持实事求是的原则,一切从实际出发,而不能主观臆断,随意地对儿童的心理发育水平进行评价。尤其是在进行诊断性评估时更要谨慎,以免错误的结论带来的严重后果。在社会活动中,每个人看待问题和处理问题都是以自己的知识经验、信念为基本的心理背景的,这会自觉或不自觉地影响到对事物的判断,所以为了切实保证评估的客观性,必须从评估工作的操作方法上入手。比如在采用行为观察法时,要尽可能地要求观察者直接记录被观察儿童的实际行为事实,而不加以推测和个人的说明。

(2)系统性原则。这一原则是指在儿童心理和行为评估过程中,测查人员要树立系统观、整体观,对评估对象的心理和行为进行全面的观察、测量和调查分析,在充分掌握可靠的材料的基础上进行全面评估。按照系统论的观点,人的心理、行为及生理活动是一个有机的整体,它们相互影响、相互制约,因此不能把其中某一个方面的内容分离出来单独进行评估,而是必须作整体的考察与评估。此外,个体的身心发展与个人的生理系统、家庭教养环境和社会文化影响也是相互联系的一个整体,在对儿童的心理和行为形成与变化的原因进行分析时,也不可单从某一方面着手进行,而是必须把这三个方面综合起来进行考察,方能寻找到心理和行为活动的真实因果关系,为教育教学提供真实可靠的研究基础。

(3)动态性原则。所谓动态性原则包含两层含义:一层含义是指儿童的心理和行为能力总是处在不断发展变化之中的,我们对儿童的心理和行为进行评估时,要把他(她)放在动态的过程中来进行,不能就某一个时间或短时期内观察和测查到的资料来进行;况且不同儿童心理和行为发展变化的速度和时间规律各不相同,如有的儿童在某一个时期的发展速度可能较低,此时不可简单将其诊断为发育迟滞。另外一层含义是,随着社会的不断进步和经济文化的不断发展,不同时代儿童心理和行为的发展变化也具有不同的影响机制、不同的影响因素和不同的规律,所以评价或常模也要随之有所不同。比如在下文介绍的"画人智力测验"的评价常模中,一个5.5岁的儿童得到15分,其智能水平被评估为中等。如果提前20年进行同样的测验,5.5岁的儿童要能得到15分可能就是属于智能优秀者;而如果往后推20年,一个5.5岁的儿童得到15分则可能属于智能发育迟滞者。

(4)教育性原则。这一原则是指在进行儿童心理和行为评估时，必须始终不要忘记教育是我们工作的出发点和归宿，任何不利于儿童健康成长的做法都是不可原谅和不被允许的。在心理学研究中，有些研究者为了得到一些重要的观察资料，不顾其研究过程对儿童心理发展造成的负面影响，这是与我们工作的目的背道而驰的。比如有的心理学家为了研究习得性恐惧的形成机制，用一个幼儿做被试，当这个儿童接近小猫时就给予一个非常恐惧的声音刺激，结果使得这个儿童以后见到猫或类似于猫的动物就害怕，甚至后来见到毛大衣也感到害怕。这一研究就违背了教育性原则。

此外，贯彻教育性原则还包括在一些调查与访谈过程中，利用一切可以利用的机会，向家长、幼儿园的老师传递一些正确的儿童心理和行为发展方面的知识、正确的教育干预措施，间接地进行儿童教育，帮助其营造良好的成长环境。

(5)保密性原则。这一原则是指在儿童心理和行为评估中，必然要进行一系列的观察、调查、访谈和心理测验，收集许多关于某一个儿童的相关资料，并因此得出某一诊断结论。评估者对这些资料和结论都要注意保密，不得随意告知他人。这既是贯彻教育性原则所要求的，也是对心理学工作者、教育工作者起码的道德要求，更重要的是为了避免由于这些资料的外传、误传和误用给被评估儿童造成伤害。

3. 学前儿童行为评价的基本方法

学前儿童还处在自我意识发展的早期，自我封闭性相对较小，所以其心理活动与外在行为表现的一致性较高。这一特点为学前儿童的心理发展水平进行评估提供了便利，也是本章的标题被定为"学前儿童行为评价"的原因之一。但是学前儿童的心理和行为评估也有其困难的地方，其最大的困难就是他们的智能发展速度很快，而且其情绪情感与意志活动也变化多端，很不稳定，受到主体和环境中众多因素的影响，所以在评估过程中又容易出现偏差。这就需要我们系统地掌握一些比较科学规范的评估方法。

就学前儿童心理和行为评估的方法来说,它应该具有这样几个特点:第一,重视儿童多方面相关资料的收集,比如其家族的遗传病史、父母的健康状况、孕期及产后发生的一些有关事件、家庭早期教育环境、居住的社区环境、社会环境、本人的患病史等等。第二,注重对儿童在多种环境或情境中的行为表现的观察与记录,一般包括其在家庭生活情境、伙伴游戏的情境、与成人交往的情境、在幼儿园上课和集体活动中的情境等。第三,注重对其活动产品的评价与分析,比如我们在下文介绍的"画人智力测验"就属于对儿童活动产品进行分析的方法。第四,注重收集来自多方面的有关人员的观察与评价,比如儿童的父母(或其他监护人)、幼儿园的老师等。总而言之,不管是出于对儿童的心理与行为发展进行研究,还是出于对某一儿童的心理与行为问题进行诊断的目的,都要非常慎重,因为客观而准确的评价对于一个正在成长中的儿童来说可能是具有特殊意义的。

具体的儿童心理行为测验与评价的方法很多,虽然在不同的情景或不同的研究目的及课题性质中又有所侧重,但这其中有些方法是具有普遍使用价值的。一般认为比较规范的、可操作的方法可以概括为三个方面,即访谈法、行为观察法、心理测验法等,下文我们就对这三个方面的方法进行具体介绍。

实践与思考

1. 课堂讨论:你是如何理解儿童行为评价的内容和意义的?
2. 儿童行为评价的基本原则有哪些?
3. 儿童行为评价的基本方法有哪些?

二、访谈法

访谈法是儿童心理健康教育与咨询工作中最常使用的基本心理评估方法,它既是一种信息的收集技术,也是一种有效的心理疏导技术,所以凡是从事儿童心理和行为研究与辅导的研究与教育工作者都必须经常性地使用这种方法。访谈法的最大特点是整个访谈过程是访谈者与被访谈者相互作用的过程。在一般的观察中,被观察者常常是处于被观察的被动地位,无法积极主动地展示自己心理活动的深层次内容和动机,而当被观察者知道自己是处于被观察的过程中时又可能会掩饰自己心理活动真实的一面。访谈法具有深入到被访谈者心灵深处的优点,但访谈者也要注意掌握访谈的主动权,积极影响被访谈者,这样才能在一定时间里收集到自己需要的材料。访谈法在实施之前要先拟定谈话提纲,此外要求访谈者具有较高的谈话技巧,能消除被访谈者的心理防御;还要善于从访谈记录中整理出有用的信息,使之变成可利用的科研材料。所以,进行访谈前一定要进行周密的计划和准备,而在进行准备时就要认真分析被访谈的对象及其特点。

访谈对象不同时,访谈的目的、内容和方式也都有所不同。如果单从幼儿园老师的角度来谈的话,利用访谈法对儿童的行为或心理品质进行评估,其访谈的对象主要有三个方面的人员:儿童本人、父母或其他监护人、幼儿园的任课老师或保育员等。从这三个方面的被访谈者可以了解到不同的信息,或者说,访谈对象不同时,其访谈的目的和内容也应有所侧重和区别。

对儿童本人进行访谈,要特别注意的是打消他们的紧张、不安心理。除了自己喜爱或信任的老师以外,对于不信任或不熟悉的访谈者,他们很难打开心扉,甚至把这种谈话当作是做了什么错事而受到批评,因而难免会产生一种抵抗或不合作的态度;尤其是那些不善于言谈的孩子,对于陌生人更是尊口难开。因此,访谈者一定要在与之沟通方面先下一些工夫,使谈话在一种和谐、信任和愉快的气氛中进行,这样得到的资料不仅很丰富而且更真实。我们在研究中发现,有些儿童由于早期教育的欠缺,口头表达能力很差,即使不紧张,也存在表达困难,使访谈效果很差。遇到这样的孩子,除刚才所强调的一些方面以外,还要注意启发和引导,而且也要利用访谈的机会训练其口语表达能力,鼓励其表达自己,贯彻心理学研究中强调的教育性原则。

对孩子的父母或其他监护人进行访谈,一般比较容易进行,只要访谈者是这些监护人比较了解或熟悉的人,他们都很配合,因为他们对于来访者寄予了教育好自己孩子的厚望。当然,幼儿园的老师所面对的儿童的监护人涉及社会生活的各个阶层,其文化修养、教育程度、对儿童教育的关注程度都相差很大,所以访谈中要根据被访谈者的不同情况有所策略地进行。这里需要注意的问题有这样三个方面:第一,访谈的计划性和针对性。在家访之前一定要有明确的访谈目的、内容,在与被访谈者作必要的沟通后,就可以切入主题,并注意引导被访谈者的谈话方向。第二,收集信息的客观性。这是访谈中最重要的一个问题。一般来说,儿童的监护人都希望为孩子的成长提供积极的配合,而为了这样的目的,往往有两种截然不同的表现:一种是主要提供孩子的优秀表现材料,正所谓是"孩子都是自己的好",由于过分的喜爱而看不到孩子的缺点和不足;另一种则是由于望子成龙心切,而看到的都是孩子的缺点和不足。遇到这样两种倾向时,最好的方法是引导其只谈具体的事实,即孩子的客观行为表现,不让其陷入到过分情绪化的评价中。第三,教育性。在家访中一方面了解一些必要的关于儿童行为和心理的资料,另一方面也要利用这一机会与监护人进行沟通,纠正一些父母在儿童教育中的不适当做法,帮助儿童建设良好的家庭成长环境。同时,还要注意避免一些儿童对老师来访的误解:我有什么错误或哪些方面做得不好,所以老师来告状了!这种误解会妨碍以后教育的实施,所以要与儿童有所沟通,适当地让孩子知道老师家访的目的。

对幼儿园里儿童的任课老师或保育员进行访谈。这些人员都是儿童教育的直接责任人,一般也都是受到过一定程度的专门训练的,所以在对这些人员进行访谈时不需要太多的沟通,可以开门见山。但是也要注意他们对某个孩子的偏爱或不喜欢倾向给访谈带来的不利影响。

访谈法是个案分析的一种常用方法。在访谈中要注意根据访谈对象,选择适当的谈话方式和语气。为了说明访谈法的具体操作,这里提供如下案例材料。

案例 有一个不满5岁的小女孩忽然有一天说自己活着没意思,想自杀,而且说出了用什么方法自杀,并在说这话时伴随着流泪。家长被这一反应惊呆了,一想孩子真的出了什么问题,也变得焦虑不安,这一态度更激起了孩子想自杀的念头。之后,她经常说起这种话,使家长心神不宁。于是家长领着孩子找到心理医生进行咨询。

访谈者的处理方法是:先接触孩子,发现这孩子像她的家长描述的那样,十分聪明,口头表达能力出众,对于自己的行为和所经历的事情有一定的表达能力。经过询问,,验证了家长所说的话,这个小女孩的确存在着不想活的念头,一再重复说活着没意思,想自杀,但又怕父母难过,而且说的时候开始伤心落泪。显然,可以排除女孩患有神经病的可能,因为经过观察可以肯定这是一个出色的儿童。于是问题就集中在她为什么会产生这一怪念头上,是什么环境因素导致她会这样想问题,这样想问题时她想表达的是什么愿望和目的。访谈者这样正式问这类问题时,小女孩不能理解,所以无法回答。于是访谈者与小女孩谈别的事,当问及她的最大愿望是什么时,她回答说是放假出去玩,而且说现在有的小朋友已经放假了,而自己没有放假。接着她又谈到在同一所幼儿园任教师的姨妈和其女儿已经放假出去玩了。这是一个重要线索,因为这是近来她环境中发生的一件最重要的变化。于是访谈者详细询问了有关这一方面的情况,终于发现了问题的关键,原来该女孩所在的幼儿园没有暑假,而她的姨妈作为职工有假期,带着孩子出去旅游了。她平时与姨妈及其女儿朝夕相处,眼看她们放假而自己还要呆在幼儿园中,心理非常不平衡,她又知道提出与他们一道外出的要求是肯定不能实现的,所以便用想死来表达这一挫折,把目前这种不平衡表达成是没意思的、不值得过的生活。这是小孩子的一种防御机制,不了解心理防御机制的人很难识别孩子的真实想法,难免为孩子表面所说的话弄得不知所措。

访谈结束后,要结合通过其他途径取得的相关资料进行整理和分析。在资料整理和分析中,一定要根据访谈目的来进行,也就是说要看访谈收集到的资料中哪些资料是能够回答访谈前提出的问题的。这里需要特别注意的一点就是访谈者的"求证误区"。所谓"求证误区",就是当人们在收集资料之前就具有关于某种事物的假设、期望或预期时,他(或她)就可能在资料收集和整理过程中自觉或不自觉地回避那些不支持自己的假设或预期的证据,而选择那些支持自己的假设或预期的证据。访谈者在访谈之前具有某些假设和预期是必然的,甚至是非常必要的,但在收集、整理和分析资料时就要尽量克服这些先入为主的信念的影响,把对儿童的心理和行为能力发展水平的评价建立在事实资料的基础上,防止自己的主观臆断给对儿童的评价甚至对儿童的终身发展带来不利的影响。

实践与思考

1. 利用访谈法对儿童行为进行评价的基本过程是什么?
2. 实践与讨论:针对不同的对象进行访谈。
3. 撰写一份访谈报告。

三、行为观察法

行为观察法是一种较为精确的评估行为和心理发展及其过程的有效方法,它是指在一定时间内记录被观察对象的行为表现,如记录某一儿童的日常活动过程和特点,包括其睡眠、饮食、游戏、完成学习任务等方面的行为过程及特点。这些行为表现是发生在自然情景中的,所以观察到的行为是自然的行为。那么在使用行为观察法时需要注意哪些方面的规则呢?

首先要对观察的行为有一个范围的界定,必要时还需要对要观察的行为下操作定义。比如对于做作业不专心,就有一个如何表现出来的行为才算是做作业不专心的问题。与小朋友打架的行为,也必须有操作定义,比如身体的接触、口头上的对骂可以算是打架,目光的敌视、言语上的挑衅也可以算是打架。只有对观察的行为给出一个精确的、具体的操作性定义才能便于观察记录,使得不同的观察具有一致性和可比性。

其次,行为出现的次数和持续的时间是行为观察法比较注意记录的内容。比如就次数来说,一个儿童一天中哭了多少次、玩了多少次玩具、与小朋友接触的人次数、与小朋友发生了多少次冲突等等;就时间来说,一个儿童一天中哭了多长时间、某一次哭了多少时间、某次发脾气持续了多长时间、一次安心做作业用了多少时间、一次安心地玩玩具用了多少时间、在不要求的情况下一次练琴能坚持的时间有多长等等。

再次，行为的质量和表现深度也是观察中值得关注的一个方面。有些行为表现在一般儿童的日常生活中都会有所表现，但是如果在某个儿童行为中总是表现得非常强烈或表现得非常微弱则可能预示着有某种障碍或不良的倾向。所以在一些行为的观察记录中不要简单地记为"有"或"无"，而是要记录其表现的强度或深度，具体的操作就是把出现的行为评出表现等级，对每个等级所反映的强度或深度都要做明确的规定和说明。

最后，对行为表现的背景条件也要有详细的记录，因为某些行为表现是否是正常现象在很大程度上依赖于环境条件，如果不对环境条件做记录，行为的原因不仅无法解释，行为表现是否属于正常范围内的表现也无法评说了。

儿童在心理或行为方面出现的问题和障碍，大多属于发育过程中特有的现象，它们在一定的发育阶段出现尚属于正常，只有当表现得过分突出或者在不适宜的阶段出现时，才被认为是异常的。一般来说，判断儿童正常心理和行为的标准如下：

(1)心理表现与年龄相称；

(2)行为与当地的社会文化相适应，并参与社会生活；

(3)通过学习能掌握、使用所处社会的语言等；

(4)在日常生活、学习中能逐步学会遵守纪律，能懂得奖与罚的意义，并能遵守有的法则；

(5)能正确处理与小伙伴的关系；

(6)能逐步学会控制自己的情绪，其情绪表现与环境相一致。

由于儿童正处在发育之际，年龄较小，尚未成熟，辨别是非的能力不足，心理与行为的易变性、波动性比较突出，所以随时可能发生一些使成人为难、不易解决的问题，但成人还是要注意不要过于敏感，不要用成人的标准来要求儿童。

比较标准的行为评定就是采用标准化的行为观察量表，让调查者对所观察对象逐项进行评定，并将评定的结果按照标准计分后与标准进行对照。表 5-1 就是"教师评定量表"(康纳斯),用于教师对儿童的行为进行评估。表中每个项目以四个等级记分。"0"表示完全没有此种行为表现,"1"表示有一点此方面的行为表现,"2"表示此方面的行为表现比较明显,"3"代表此方面的行为表现非常明显。通过所得分数对儿童的行为是否正常进行评估。

表 5-1 康纳斯儿童行为教师评定量表

	0	1	2	3
1. 在座位旁不停地来回走动				
2. 发出不该有的声音				
3. 有要求必须马上给予满足				
4. 动作冲动(莽撞、冒失)				
5. 容易突然发脾气和出现一些不可预测的行为				
6. 对批评过分敏感				
7. 易分心,集中注意力的时间短				
8. 打扰他人				
9. 做白日梦,好幻想				
10. 好撅嘴和生气				
11. 情绪变化迅速和激烈				
12. 好争吵				
13. 对权威人士很顺从				
14. 不安静,常常"过分忙碌"				
15. 易激惹和冲动				
16. 要求教师给予极大的注意				
17. 明显地不受同伴的欢迎				
18. 容易接受同伴的领导				
19. 游戏时不能正确对待输赢,只能赢,不能输				
20. 明显地缺乏领导能力				
21. 常不能完成已经开始的事				
22. 幼稚、不成熟				
23. 不承认错误或责怪别人				
24. 与同伴相处不好				
25. 与同伴不能合作				
26. 办事易受挫折				
27. 与教师不能合作				
28. 学习困难				

这一量表涉及攻击性行为、注意力不集中、焦虑、多动和社会

合作性行为等五个方面的问题。例如,第 1、5、7、8、10、11、14、15、21、26 项记录与儿童的多动行为有关,得分高则提示可能有多动症。

行为观察法对儿童的行为进行评价,一般是指研究者或教育者对儿童的行为表现进行直接观察;但是考虑到学前儿童与幼儿园老师的接触时间比较短,而儿童本人对自己的很多行为表现又缺乏意识性,所以我们要通过其他一些间接的方式收集来自其父母等方面的行为观察资料。经常采用的方式就是设计一些调查表格,提出一些儿童的行为内容,要求其父母等人根据自己的观察对这些项目进行回答。表 5-2 是一份要求父母填写的关于儿童早期表现的观察表,将其列于此处作为一个范例,研究者可以借鉴或修订后加以使用。

表 5-2 早期观察量表(父母问卷)

儿童姓名_____出生年月日_____性别_____
学前教育机构名称_____住址_____
家庭
　父亲:_____最后学历_____职业_____
　母亲:_____最后学历_____职业_____
　儿童在以往年月里主要和谁生活在一起?
　　□母亲　□父亲　□父母双亲　□其他人
儿童病史
　出生　　　　　　　　　　　　　　　　　　　　　　　是否
　　a. 你的孩子是否早熟?……………………………………□□
　　b. 婴儿出生时的体重是_____
　　c. 是否为婴儿用过氧气?…………………………………□□
　　d. 出生时婴儿是否立即就啼哭?…………………………□□
　　e. 在住院期间婴儿有没有发生黄疸、皮疹、紫绀或者痉挛?
　　　　……………………………………………………………□□
　　f. 婴儿住院的时间是否比母亲更长?……………………□□

续表 5-2

g. 婴儿开始由母亲带养？	☐☐

儿童健康状况

眼

你的孩子看东西曾有过任何障碍吗？ ☐☐
你的孩子眼睛有没有斜视？ ☐☐

耳

你的孩子的耳是否经常受感染？ ☐☐
你的孩子在听觉方面有没有任何障碍？ ☐☐

神经

你的孩子曾发生过昏厥或暂时性知觉丧失吗？ ☐☐
有没有经常的头痛？ ☐☐
有没有昏？ ☐☐
有没有惊厥或痉挛？ ☐☐

儿童发展　　　　　　　　　　　　　　　　　　是 否 不知道

1. 你孩子能够
   a. 使用刀叉进餐而不撒一地吗？ ☐☐ ☐
   b. 洗干净并擦干自己的手吗？ ☐☐ ☐
   c. 自己穿衣服吗？ ☐☐ ☐
   d. 自己扣钮扣吗？ ☐☐ ☐
   e. 单独与看护人在一起而无情绪不佳吗？ ☐☐ ☐

2. 你的孩子有
   a. 进餐的问题吗？ ☐☐ ☐
   b. 睡眠的障碍吗？ ☐☐ ☐

3. 你的孩子还会将大(小)便拉(尿)在裤子上吗？
   ☐☐ ☐

4. 你的孩子
   a. 能在没有帮助的情况下成功地玩拼版、积木或其他结构性玩具吗？ ☐☐ ☐
   b. 能适当地握笔吗？ ☐☐ ☐
   c. 能写或画些什么吗？ ☐☐ ☐
   d. 喜欢用右手？ ☐☐ ☐
   e. 喜欢用左手？ ☐☐ ☐

续表 5-2

5. 你的孩子能够
   a. 骑三轮小车吗？
   b. 抛出和接住一个球吗？
6. 你的孩子
   a. 有许多意外事故发生吗？
   b. 比别的儿童更经常地丢失东西吗？
   c. 容易跌跤吗？
   d. 常与人纠缠不清吗？
   e. 爬楼梯有没有困难？
7. 你的孩子
   a. 活动过多吗？
   b. 非常安静吗？
   c. 经常很愉快吗？
8. 你的孩子
   a. 很会哭吗？
   b. 经常发脾气吗？
9. 你的孩子
   a. 经常能遵照吩咐去行事吗？
   b. 害怕说话吗？
   c. 容易与一个陌生人相熟悉吗？
11. 你的孩子说话比你所认识的其他孩子晚一点吗？
12. 你的孩子经常重复语音或语词(口吃)吗？
13. 你的孩子
    a. 打开电视时将音量开得非常大吗？
    b. 总是问"什么、什么"吗？
    c. 坐时离电视机很近吗？
    d. 弯着腰,非常凑近地看图片或绘画吗？

当前,在儿童行为观察方面的一些比较成熟的方法和问题表格多是集中用于小学生,能够直接用于幼儿园儿童行为观察记录与分析的工具还不多见。非常可贵的是,南京师范大学教育科学研究所、南京市实验幼儿园联合开发了《幼儿发展评估手册》,此《手册》从实际出发制定了一些切实可用的专门针对幼儿园行为观察与分析的评估方法和表格,在此有选择地作一简单介绍。

1. **幼儿健康和动作发展评估**

幼儿的健康和动作发展是幼儿阶段的主要发展目标之一。幼儿健康和动作发展评估中的评估内容包括两个主要的方面:一般健康情况和动作发展情况。

一般健康情况包括:

(1)生长发育情况(包括身高、体重、血色素等)。

(2)身体适应能力。儿童的免疫力和对生存环境变化的适应能力,可以通过发病次数表现出来,体质强的儿童很少生病,而体质弱的儿童在外界环境变化时,稍有不适就会生病。

动作发展情况包括:

(1)大肌肉运动。大肌肉是通过观察动作姿势的准确性(走、跑)、协调性(平衡、排球)、敏捷性(连续跳、5米来回跑)和耐力(悬吊、连续走)等动作素质来加以评估的。

(2)小肌肉动作。主要是从观察手指和肌肉活动的正确性(使用工具、材料、方法正确)、协调性(手眼协调动作)、精确性(运用工具熟练、用精细动作进行操作)来加以评估。

具体评估内容、评分标准详见附表5-1-1:幼儿一般健康情况观察表。(幼儿动作发展评估的评分标准和方法请参见南京市实验幼儿园编写的《幼儿发展评估手册》)

2. **幼儿社会能力评估**

幼儿从家庭进入幼儿园,标志着人生首次体验正式进入社会团体的生活,幼儿的社会适应能力面临着新环境的挑战,因此幼儿园对儿童社会能力的培养具有重要的现实意义。对于幼儿社会能力的观察与评估,应当十分强调从日常生活中的经常性观察中积累评估信息。教师尤其应重视在小组活动与个别交谈中了解幼儿的情况,以及在与家长接触和父母问卷中收集信息。在很多情况下,还需要教师参考平时积累的观察印象作出判断,因而教师应当时时处处做有心人,在全面了解与掌握评估体系的方法、标准的基础上,真正做到把观察评估工作与日常教育教学工作紧密地结合起来。幼儿社会能力评估的具体内容、评分方法和标准见附表5-2-1:幼儿社会能力评估表。该评估表可以通过评估,促进教师对幼儿社会能力的了解,以便更有效地采取培养措施。

3. 幼儿习惯评估

在幼儿发展评估中,一般都要把幼儿习惯作为评估的一个重要方面,因为幼儿期是良好习惯养成的重要时期,也是教育干预发生影响的关键期。具体评估内容、方法与标准见附表5-3-1:幼儿习惯评估表。该评估体系根据3～6岁儿童身心发展的规律和特点,结合幼儿园实际,从生活、行为、学习三方面共18个项目对幼儿习惯进行评估。这些项目的制订既考虑了幼儿自理、自律、自我保护等需要,又考虑幼儿适应环境、与人相处的需要;既考虑幼儿适应当前生活的需要,又考虑未来入小学、走向社会的需要。

实践与思考

1. 儿童行为观察的主要内容有哪些?
2. 设计一个对某儿童进行行为观察的方案。

四、标准化测验法

心理测验也是对儿童心理特性及发展水平进行评估的重要方法。所谓心理测验是确定一系列的问题或项目,让被测者按照标准的程序和方法对项目进行反应,然后根据被测者在一定人群中的相对位置或与常模相比较的位置,鉴别其心理特征、心理发展水平或行为表现。很明显,心理测验是一种采用相对的方法的标准化工具,在近一个世纪的发展与应用中发挥了重要作用,特别是在儿童心理发展、咨询与治疗工作中发挥了重要作用。我们在此对其一般的使用过程与注意事项进行介绍,并介绍一些简单的儿童心理测验量表。

从当前国内心理测验的发展情况来看,心理测验量表的开发更集中于青少年心理发展、学习心理和心理或行为问题的诊断与治疗方面,这些量表经过不断地使用、修订和淘汰,逐渐形成一些具有较高信度和较高效度的心理量表,从事儿童心理研究和教育的人员可以选用一些现成的量表加以使用,未必都要亲自编制新的量表。在使用已经成型的心理量表时要注意这样几个问题:

(1)目的匹配,即测量的目的与所选量表的测试目标相匹配。当前社会上流行的心理量表测试目标一般是比较清楚的,经常使用的研究人员也清楚在什么样的研究课题中选用什么样的心理量表,但是幼儿园的老师一般没有接受过此方面的专门训练,对一些量表的真实测试目标不一定很清楚,容易误用心理量表。大部分的心理量表可以从项目的字面意义看出其大致的测试目标,但也有一些测试量表的测试目标无法从其字面上看出。

(2)年龄匹配,即所选测试工具的适用年龄范围与当前要研究和测试的儿童的年龄相匹配,切忌把适用于年龄更大一些儿童甚至成人的量表拿来用于儿童。

(3)严格按照量表设计的指导语、标准测试程序和方法、结果的计算和分析方法来进行,而不可随意地做出改变。

(4)对结果的使用一定要慎重。一般来说,心理量表的测试结果更具有统计学的意义,因为测试中被试的反应或选择具有一定的随机性,所以结果也容易受到偶然因素的影响,切忌用一个测量的结果就去对儿童的心理特征和发展水平做出诊断性结论。一般是把心理测验作为一种便于操作的工具,与其他方法结合使用。

(5)对测试的结果要保密,不要把一些通过心理测验检测到的儿童的异常心理表现或特征随意扩散,这不利于儿童的健康成长。

儿童心理或行为测验的量表很多,一般包括三种测试对象:儿童本人、家长或其他监护人、幼儿园或学校老师,也就是采用间接或直接两种方式。不过心理测验本身就是一种间接的的评估方式,因为人的心理活动是内在的,人的心理特征也是内在的,但可以通过外在行为表现,或通过对自己的体验的表达来加以测验。这里介绍几种儿童行为或心理测试量表作为简单例证,我们也可以从中体会心理测验的使用方法和过程,以及要注意的事项。

1. Rutter 儿童行为问卷

根据儿童的外部行为表现对儿童的心理特征和发展水平进行鉴定,已经普遍应用于儿童心理和行为的研究和教育工作中。虽然说儿童的外部行为表现带有情景性和偶然性,但是正是这种情景性和偶然性才使得其表现出随机性,而随机事件的出现频率往往反映着某种规律,特别是个体差异方面的规律。因此,一些心理和行为研究专家设计了各种行为观察量表,用以对儿童的发展状况进行评估,特别是用这些量表来诊断儿童的问题行为,及早发现儿童的某些异常行为或心理表现,这对于儿童的健康发展非常重要。我们这里介绍的《Rutter 儿童行为问卷》主要就是针对问题行为诊断和筛选而编制的。这一问卷具有较好的信度和效度,已经被广泛地用于很多国家的儿童行为问题研究。虽然设计者的设计目的主要是针对学龄儿童的,但我们从具体的项目来看,也可以把这一量表进行适当修订后在学前儿童的行为评估中加以借用。下面我们将此量表介绍如下,为有关研究工具的编制提供一个范例。

表5-3　Rutter 儿童行为问卷(父母问卷项目)

请根据您的孩子最近一年的情况按 0、1、2 三级将评分填到括号内。

(一)有关健康问题(1—8项): 0＝从来没有　1＝有时出现,达不到每周一次 2＝至少每周一次	(二)日常生活中的某些习惯问题 0＝从来没有　1＝轻微或有时有 2＝程度严重或经常出现
1. 头痛 …………………………………（　）	27. 有没有口吃(说话结巴) ………（　）
2. 肚子痛或呕吐 ………………（　）N	28. 有没有言语困难,而不是口吃(如表达自己或转述别人的话有困难) 　　　　　　　　　　　　　　（　）
3. 支气管哮喘或哮喘发作 …………（　）	如果有请描述其困难程度:
4. 尿床或尿裤子 ……………………（　）	
5. 大便在床上或在裤子里 …………（　）	
6. 发脾气(伴随叫喊或发怒动作) …（　）	
7. 到学校就哭或拒绝上学 ……（　）N	29. 是否偷东西 A
8. 逃学 ………………………………（　）	(1) ……………………………（　） 　1＝不严重,偷小东西如钢笔、糖、小玩具 　2＝偷大东西 　3＝上述两类都偷
(三)其他行为问题 0＝从来没有　1＝轻微或有时有 2＝严重或经常出现	
9. 非常不安,难于静坐 ………………（　）	(2) ……………………………（　） 　1＝在家里偷 　2＝在外边偷 　3＝在家里及外边都偷
10. 动作多,乱动,坐立不安 …………（　）	
11. 破坏自己或别人的东西 ……（　）A	
12. 与别的儿童打架或争吵 …………（　）	(3) ……………………………（　） 　1＝自己一个人偷 　2＝与别人一起偷 　3＝有时自己,有时与别人一起偷
13. 别的孩子不喜欢他(她) …………（　）	
14. 烦恼,对许多事都心烦 ………（　）N	
15. 一个人呆着 ………………………（　）	30. 有没有进食的不正常表现 如果有　　　　　　　　　（　） 　1＝偏食　2＝进食少　3＝进食过多 其他,请描述
16. 易激惹或勃然大怒 ………………（　）	
17. 表现出痛苦,流泪或忧伤 ………（　）	
18. 面部或肢体抽动和作态 …………（　）	
19. 吮吸拇指甲或手指 ………………（　）	31. 有没有睡眠困难_____　　N 如果有　　　　　　　　　（　） 　1＝入睡困难　2＝早晨早醒　3＝夜间惊醒 其他,请描述
20. 咬指甲或手指 ……………………（　）	
21. 不听管教 …………………………（　）A	
22. 做事拿不定主意 …………………（　）	
23. 害怕新事物和新环境 ………（　）N	总分 　A 　N 调查者_____　　日期
24. 神经质或过分特殊 ………………（　）	
25. 时常说谎 …………………………（　）A	
26. 欺负别的孩子 ……………………（　）A	

《Rutter 儿童行为问卷》包括"父母问卷"和"教师问卷"两个分量表,分别用于父母和教师对儿童在家里和学校的行为进行评定,内容包括一般健康问题和行为问题两个方面。其中行为问题又包括两大类:第一类是违纪行为或反社会行为,即 antisocial behavior,简称为"A 行为",如经常破坏自己和别人的东西、经常不听管教、时常说谎、欺负

别的孩子、偷东西等;第二类是神经症行为,即 neurotic behavior,简称为"N 行为"。两种问卷评分均为三级:"0"分指从来没有这种情况;"1"分指有时有、每周不到一次,或症状轻微;"2"分指症状严重或经常出现,或至少每周一次。父母问卷总分的最高分为 62 分,教师问卷总分的最高分为 52 分。根据原量表和我国的测试情况,父母问卷达到 13 分以上,教师问卷达到 9 分以上,可能有行为问题,其中"A 行为"总分大于"N 行为"总分时,其行为问题属于"A 行为"问题,"A 行为"总分小于"N 行为"总分时,其行为问题属于"N 行为"问题;"A 行为"总分等于"N 行为"总分时,其行为问题叫做"M 行为"问题,即混合性行为(mixed behavior)问题。但是我们要指出两点,一是如果我们借用这一量表来研究和评定我国学前儿童的行为问题时,一定要在学前儿童当中进行试测和修订,对问卷项目进行必要的增删,对计分标准也进行一定的研究和调整;二是不要盲目地把以前有关研究或测试的数据拿来作为鉴别标准,因为儿童的心理和行为发展及表现形式与文化和社会环境关系密切,不能盲目地借用别人的测试结果。(汪向东,1993)

表 5-4 教 师 问 卷

有关健康和行为问题		11. 破坏自己或别人的东西 …………( ) A
0 = 从来没有		12. 与别的小朋友打架或争吵 ………( )
1 = a. 有时出现,达不到每周一次		13. 别的孩子不喜欢他(她) …………( )
b. 症状轻微		14. 引起烦恼,对许多事情心烦………( ) N
2 = a. 至少每周一次		15. 一个人呆着 ……………………( )
b. 症状严重或经常出现		16. 易激惹或勃然大怒 ………………( )
1. 头痛或腹痛 …………………( ) N		17. 表现痛苦、不愉快、流泪或忧伤 …( )
2. 尿裤子或大便在裤子里 …( )		18. 面部或肢体抽动或作态 …………( )
3. 口吃 …………………………( )		19. 吮吸拇指或手指 …………………( )
4. 言语困难 ……………………( )		20. 咬指甲或拇指 ……………………( )
5. 为轻微理由就不上课 ……( )		21. 不听管教 …………………………( ) A
6. 到学校就哭或拒绝上学 …( ) N		22. 偷东西 ……………………………( ) A
7. 逃学 …………………………( )		23. 害怕新事物或新环境 ……………( ) N
8. 注意力不集中或集中时间短暂		24. 神经质或过分特殊 ………………( )
…………………………………( )		25. 说谎 ………………………………( ) A
9. 不安,难于长时间静坐……( )		26. 欺负别的小孩 ……………………( ) A
10. 动作多,乱动,坐立不安		
…………………………………( )		

总分
A
N

2. 儿童画人智力测验

对儿童的心理或行为进行评定，除通过对父母和家长的观察进行间接调查以外，还可以对儿童本人的心理和行为表现进行测查。测查的方式多种多样，就拿儿童智力测验来说，也有多种国际著名的智力测验量表，但是大部分智力量表的完成需要受测者具有一定的文化知识才能完成，这一方面影响到测试工具本身的测验效度，也给实际的测量带来困难。我们这里介绍一种便于对学前儿童进行测量的智力测试方法，即"儿童画人智力测验"，这种测试方法主要注重测试儿童在空间及形象思维方面的智力发展状况。

画人测验不仅简便易行，而且是儿童感兴趣的智力测验。这种测验不需要标准工具，也不需要复杂的指导语，可以在比较短的时间里完成。画人测验是一种心理测验，不是特殊的绘画艺术能力的测量与评价。儿童画人必然是以其已有的人的心理表象为基础的，而其心理表象是与平常对人的注意、观察、记忆分不开的，同时在绘画过程中，也必然需要想像、创造等心理活动，还需要手眼的协调等等，所以儿童画人的作品能够反映其注意力、观察力、记忆力、想像力、创造力、手眼协调能力等多种能力的发展水平。画人测验只要求画一个人像，无需任何其他指导语，所以操作非常简便，结果真实可靠，并且符合儿童的兴趣，因此测试气氛轻松愉快。（傅宏，1993）。

儿童的画人能力随着年龄的增长而不断发展变化，这一发展变化也体现了儿童智力从具体形象思维向抽象逻辑思维发展的规律，具体地说包括以下四个方面的动态发展过程：

第一，对人体的认识由简单到复杂。例如，4岁左右儿童对人体的认识很简单，画人测验时只能画出一个人头、两只眼睛和两条腿，约3~5个部位；而8~9岁的儿童对人体的认识就复杂得多，可以画出20个以上的人体部位。

第二,对人体各个部位形状的认识由不正确到正确。例如躯干的形状由开始的不规则形到三角形或长方形,乃至最后画出与人体躯干形状相近的形状。

第三,对人体各个部位的绘画从没有轮廓到有轮廓。例如画人测验时,最初他们可以用一根线代表上、下肢甚至躯干,随着年龄的增长渐渐地就变成了双线条,然后再演变成相应的轮廓。

第四,对人体各部位比例的认识从不协调到协调。包括对四肢、头面及躯干大小、长度比例等的认识,都是逐步发展完善起来的。

当然画人也有局限性,主要是儿童在早期所具有的绘画天赋和接受的绘画能力训练不同,造成不同儿童绘画能力发展水平差异明显。这种本来属于特殊能力发展的因素却会影响到其画人的实际效果,因此也妨碍了我们对其真实智力发展水平的评估,所以在使用这种智力测验时一定要慎重。此外,儿童在形象思维及空间知觉能力方面的能力水平并不能反映其语词逻辑能力、言语表达及计算能力的发展水平,所以画人测验不能作为对儿童整体智力发展水平的评估工具。

画人测验适用的年龄范围在 4~12 岁。为了便于评价,年龄范围应该较为精确地划分成几个阶段,对于学前儿童来说一般都是在 7 岁以前,所以我们对 7 岁以前的儿童的年龄划分进行规定:

4 岁组:3 岁 10 个月~4 岁 3 个月

4 岁半组:4 岁 4 个月~4 岁 9 个月

5 岁组:4 岁 10 个月~5 岁 3 个月

5 岁半组:5 岁 4 个月~5 岁 9 个月

6 岁组:5 岁 10 个月~6 岁 3 个月

6 岁半组:6 岁 4 个月~6 岁 9 个月

7 岁组:6 岁 10 个月~7 岁 9 个月

为了统一画人测验的评分方法,研究者设计了"儿童智力筛查量表"。该量表包括两个部分,印在一张纸的正反两面,反面为被试的一般情况(见表5-5),表的正面空白处供儿童画人。为了便于评分,把画人的成分按身体部位归纳为17大项,而每一个项目中又按照评分点和评分标准划分成1~5个项目,总共有50个小项目(见表5-6、表5-7)。在评分时,把儿童所画出的人像与表5-6中的评分点和表5-7中的评分标准进行对照,符合一项就圈起来一项,被圈起来的小项数就是被测者的最后得分,再将这一分数与常模(表5-8)进行对照就可以得到被测者的画人智力测验商数。为了便于操作者的使用,这里对画人智力测验的一般步骤和注意事项给以简单介绍。

第一步:填写"画人智力测验受试者基本情况登记表"。画人智力测验一般是用于对儿童的形象思维能力和空间知觉能力发展的水平进行测查和鉴定,并据此筛查出智力发展存在障碍的儿童,以便对其进行早期干预。但是智力发育迟滞有多种可能的原因,所以我们在对儿童进行智力测查时,一般对有关被测者的个人基本情况进行调查和记录,这对于测试结果的分析非常重要。尤其是在分析儿童智力发展迟滞的可能原因时,这些个人基本资料很有价值,所以在正式测试之前先填写下表中的项目。

表5-5 画人智力测验受测者基本情况登记表

```
编号_____
学校名称_____ 年级_____
姓名_____ 性别_____ 民族_____
父名_____ 年龄_____
职业:①技术干部 ②行政干部 ③工人 ④农民 ⑤个体 ⑥其他
⑦不详
文化程度:①大学 ②中学 ③小学 ④文盲 ⑤不详
母名_____ 年龄_____
职业:①技术干部 ②行政干部 ③工人 ④农民 ⑤个体 ⑥其他 ⑦不详
文化程度:①大学 ②中学 ③小学 ④文盲 ⑤不详
出生史:足月_____ 早产_____ 过期产 双胎 独生:①是 ②否
分娩方式:_____ 窒息:①无 ②有( )分钟
```

续表 5-5

| 重要疾病史：①无　②有（　　）　说明 |
| 绘画学习史：①无　②有（　　）　说明 |
| 测查日期：＿＿＿年＿＿＿月＿＿＿日　　出生日期：＿＿＿年＿＿＿月＿＿＿日 |
| 年龄：＿＿＿岁＿＿＿月＿＿＿日　评分＿＿＿　能力商数＿＿＿ |
| 家长反映：①好　②中　③差　语文学习成绩：①好　②中　③差 |
| 算术学习成绩：①好　②中　③差 |
| 测查者签名： |

为了便于获得可靠的信息，这里对表5-5的填写作适当的说明：

(1)窒息：有(2分钟或2分钟以上)。

(2)重要疾病史：有(可能影响智力发育的有关疾病，说明是何种病)。

(3)绘画学习史：有(指参加正规绘画学习3个月或3个月以上)。

(4)家长反映：好(儿童聪明、反应灵活、接受能力强)、中(智力一般，与同年龄儿童相比差异不明显)、差(反应迟钝、注意力不集中、学习效果差)。

(5)学习成绩：好(语文或算术分数在85～100)、中(语文或算术分数在60～84)、差(语文或算术分数在60分以下)。

测查的方式可以是集体进行，也可以单个进行。集体测查一般是为了进行某些相关的课题研究时使用，因为这种测查方式便于获得大量的数据和获得有统计意义的数据资料，缺点是不能对受试儿童在画人过程中的内在心理活动进行询问；单个测查可以对受试儿童在画人过程中的细微动作进行观察和询问，获得较为深入和系统的个案资料，便于对个案进行细致的测查与分析，一般是为了进行诊断而进行的测查。

第二步：发放测试材料、工具，并出示指导语。给每个受测被试发放测验表格、铅笔、橡皮等。等被试准备停当后，开始出示测验的指导语。指导语可以这样："你按自己头脑里想的人，画出一张全身的人像。可以是男人也可以是女人,或是男孩或女孩,随你的便。当然不要画机器人、动画片里的人或演戏跳舞的人,也不要照着什么东西画,就画你头脑里想像的人。"

画人测验不限制时间,但多在10~20分钟内完成,快的1~2分钟就可完成。画时可用橡皮擦,必要时也可用纸的背面重画一张。此外,需要说明的是,正式测验开始前要建立和儿童的融洽关系,尽量消除儿童的紧张情绪,争取儿童的合作,使其在轻松愉快的气氛中完成测验。

第三步:儿童开始画人。测验者要注意观察儿童的画人过程,捕捉一些重要的信息,甚至可以进行一些询问,以了解被测者当时的一些心理活动。被试画完后收回测试表格。

第四步:进行评分和画人智力商数的换算。收回画人测验纸以后,就可以根据表5-6和表5-7中的评分项目对儿童所画出的人像进行评分。具体方法是:对于表5-6中的每个大项能够得到多少分,按照表格中的内容顺序一个大项一个大项地进行。在评定某一个大项时与表5-7进行对照,哪个小项符合评分标准或规则,就在哪个小项的序号上画圈。比如关于第一个大项"头",其评分规则有三个小项(见表5-7):①轮廓清楚,什么形状均可;②形状基本正确;③头<躯干长的1/2,头>身长的1/10。如果三个标准都符合,就在该大项的"1"、"2"、"3"上都画圈,这就代表此项得满分3分;如果被试所画人像的头只是轮廓比较清晰,而形状和比例都不符合要求,则只能在"1"上画圈,就代表被试此项只得1分。依次对17个大项进行评分,然后计算总共符合的小项数,即在表5-6中画的圈数,就是被试画人测验的实际得分。

有了被试的最后实际得分以后再查表5-8的画人测验智商对照表,即可得到被试的画人测验智力商数。

第五步:对儿童的画人测验智力水平进行评定和分析。如果测验是为了对个案进行智能发展水平的鉴定与分析,得到智力商

数后,根据下列标准对其智力发展水平作出评定:

高智能:130≤AQ

中上智能:115≤AQ<130

中等智能:85≤AQ<115

中下智能:70≤AQ<85

低智能:AQ<70

把这一评定结果与其他方面的基本情况结合起来,并收集有关被试在学习、生活、游戏过程中的有关资料,特别是一些自然观察的记录,依靠这些丰富的材料对其形象思维和空间知觉能力的发育状况及其多方面的影响因素进行深入分析。对于一些发育迟滞的儿童还要提出一些教育的干预措施。

表5-6 画人智力筛查量表

大项	小项	大项	小项
头	1 2 3	颈	32 33
眼	4 5 6 7 8	手	34 35 36 37 38
躯干	9 10 11 12	耳	39 40
下肢	13 14 15	足	41 42
口	16	脸	43 44 45 46
		画线	47 48
上肢	17 18 19	侧位	49 50
头发	20 21		
鼻	22 23	总计	
连接	24 25 26		
衣着	27 28 29 30 31	AQ	

表 5-7 画人智力测验评分表

评分\项目	1	1	1	1	1	满分
1.头	轮廓清楚,什么形状均可	形状基本正确	身长的1/10＜头＜躯干长的1/2			3
2.眼	形状不论	有眉毛和睫毛	眼长度＞眼裂开的长度,双眼一致	有瞳孔	双眼视线一致	5
3.躯干	形状不论	长度＞宽度	有肩、角或弧形均可	躯干轮廓正确		4
4.下肢	形状不论	长度＞宽度,长于躯干,长度＜躯干的2倍	有膝关节或膝盖			3
5.口	形状不论,在脸的下半部					1
6.上肢	形状不论	长＞宽,长于躯干,短于漆关节	有肘关节			3
7.头发	形状不论,一根也可以	在头轮廓之上画头发,更好些				2
8.鼻	形状不论	有鼻孔				2
9.上下肢与躯干连接	上下肢均从躯干出来	上肢从肩处伸出,下肢从躯干下部伸出	上下肢有轮廓,与躯干连接处不变细			3

续表 5-7

评分项目	1	1	1	1	1	满分
10. 衣着	1件,用钮扣、口袋、衣领表示也可以	2件,衣、裤、鞋、袜、书包、帽、领巾等	有衣及裤,均为不透明	4件	服装齐全,符合身份	5
11. 颈	有颈,能将头与躯干分开	有轮廓				2
12. 手	有手,形状不论	有手掌	各有5个手指	手指轮廓长＞宽	拇指短于它指,位置正确	5
13. 耳	有双耳,形状不论	位置正确,小于面部横位1/2				2
14. 足	有脚后跟,鞋后根或正面有鞋	足长度＞厚度,足＜1/3下肢长,足＞1/10下肢长				2
15. 脸	清楚的表示出下颚	上颚与下颚各占面部的1/3	口、鼻须有轮廓	耳、眼、鼻、口均有轮廓,左右对称		4
16. 画线	清楚,无重复或交叉	画面干净,有素描风度				2
17. 侧位	头、躯干、下肢都是正确侧位	要更好一些				2

表5-8 画人智力测验智商对照表

分	年龄（岁）							分	年龄（岁）						
	4	4.5	5	5.5	6	6.5	7		4	4.5	5	5.5	6	6.5	7
1	94	81	71	64	58	53	48	17	136	123	113	106	100	95	90
2	97	84	74	67	61	55	51	18	139	125	116	109	102	97	93
3	100	86	77	69	63	58	54	19	142	128	119	111	105	100	96
4	102	89	79	72	66	61	56	20	144	131	121	114	108	103	98
5	105	91	82	74	68	63	59	21	146	133	124	116	110	105	101
6	108	94	84	77	71	66	61	22	149	136	126	119	113	108	103
7	110	97	87	80	74	69	64	23	150	139	129	122	116	110	106
8	113	99	90	82	76	71	67	24		141	132	124	118	113	109
9	115	102	92	85	79	74	69	25		144	134	127	121	116	111
10	118	105	95	88	82	76	72	26		146	137	129	123	118	114
11	121	107	98	90	84	79	75	27		149	140	132	126	121	116
12	123	110	100	93	87	82	77	28		150	142	135	129	124	119
13	126	112	103	95	89	84	80	29			147	137	131	126	122
14	128	115	105	98	92	87	82	30			147	140	134	129	124
15	131	118	108	101	95	89	85	31			150	143	137	131	127
16	133	120	111	103	97	92	88	32				145	139	134	130

下面我们举一个例子来说明对儿童所画人像进行评分和换算智力商数的方法：

某儿童实际年龄是5岁7个月，他画的人像如图5-1所示：

图5-1 一个5岁7个月的儿童画的人像

按照表 5-7 中的评分标准,可以将该儿童的画人测验得分情况列入表 5-9 所示:把该儿童所画的人像与表 5-7 中的各个项目进行对照,在凡是符合标准的项目的序号上打上方框,然后计算打上方框的项目数,总共是 15 个项目,即该儿童的实际测验分数是15。因为该儿童的实际年龄是 5 岁 7 个月,所以其年龄可以定为5.5 岁,这样查表 5-8 得到其画人测验智商分数就是 101 分,属于中等智能水平。

表 5-9 一儿童画人智力测验得分表

大项	小项	大项	小项
头	[1] 2 3	颈	32 33 眼
眼	[4] [5] 6 [7] 8	手	[34] 35 36 37 38
躯干	[9] [10] 11 12	耳	[39] 40
下肢	[13] 14 15	足	41 42
口	[16]	脸	43 44 45 46
		画线	
上肢	[17] 18 19	侧	47 48
头发	[20] 21	侧位	49 50
鼻	[22] 23		
连接	[24] 25 26	总计	15
		AQ	101
衣着	[27] 28 29 30 31		

从上述的介绍和分析可以看出,画人智力测验是一套简便易行、符合学前儿童的兴趣和智力发展的阶段性特点,值得推广运用的儿童心理评估方法。但是在使用中也必须看到,这种测验容易

受到儿童在绘画方面的先天素质、后天训练和情绪情感等多种因素的影响和制约,所以在使用时一定要慎重,一般在对儿童进行心理筛查时还要结合其他心理和行为评估方法才能比较可靠。此外,还要指出,本书所引用的常模换算表(即表5-8)转引自1993年出版的著作,这一数据已经不能适用于当前儿童测查结果的转换,本书引用这一表格只是为了说明该方法的具体操作过程,使用者可以在条件允许的情况下进行较大样本的测试与分析,然后在使用这一方法进行心理筛查时就可以有所依据。

实践与思考

1. 什么叫做心理测验?
2. 画人测验的基本过程是什么?
3. 尝试运用画人测验方法对一个儿童进行智能评估。

本章小结

本章主要是介绍对学前儿童,特别是幼儿园儿童心理和行为能力的发展水平进行评估的方法。我们认为幼儿发展阶段,个体的心理和行为能力水平较低,但却处在快速的发展过程中,因此对学前儿童的心理与行为能力进行科学客观的观察与评估非常重要,它既有利于准确地描述其特征和发展水平,也有利于对有问题行为或有问题行为倾向的儿童进行早期甄别和教育干预。

本章的具体内容包括:

(1)学前儿童行为评估的一般问题,讨论了对学前儿童的行为进行评估的目的和原则。

(2)学前儿童行为评估中的访谈法,这种方法对于自我意识尚未发展到较高水平的学前儿童来说具有一定的困难,这就要求在采取这种方法进行行为评估时注意访谈中的谈话方式,而且要注意与儿童的父母、幼儿园老师及保育员等的访谈。

(3)学前儿童行为评估中的行为观察法,这是比较适合于学前儿童行为评估的一个方法。本章在讨论中不仅介绍了对儿童进行直接观察的方法、步骤和注意事项,而且还提出间接观察的意义、方法和作用,列举了一些很有实际借鉴价值的行为观察问卷和表格。

(4)学前儿童行为评估的标准化心理测验法,除介绍心理测验方法的一般操作规则及注意事项以外,还介绍了用于儿童问题行为筛查的《Rutter儿童行为问卷》、非常适合于对学前儿童的智能发展进行测查的《儿童画人智力测验》。

总之,对学前儿童进行行为评估的方法很多,但是教育者和研究者在使用这些方法时切忌机械照搬,要在实践中不断探索,灵活掌握,把多种方法结合起来使用;对儿童的行为进行评估也必须从多方面收集资料,进行系统分析,尤其对问题行为儿童进行诊断时要特别慎重。

本章参考文献

1. 傅宏:《儿童行为评估与矫正》,江苏教育出版社1993年版,第60~100页。
2. 汪向东等:《心理卫生评定量表手册》,中国心理卫生杂志社1993年版,第61~65页。
3. 刘翔平:《中小学生心理障碍的评估与矫正》,江苏教育出版社1999年版,第19~30页。
4. 陈永胜:《小学生心理诊断》,山东教育出版社1994年版,第50~62页。
5. 南京师范大学教育科学研究所、南京市实验幼儿园:《幼儿发展评估手册》,南京大学出版社1993年版。

第六章 早期预防与诊察

本章主要内容
- ◆ 三级预防保健的概念与方法
- ◆ 早期预防或干预的意义
- ◆ 创设环境,进行儿童早期训练

在前面的内容中对于各种属于幼儿常见心理障碍的案例进行了分析,并对案例提出了对策和建议,但是,从个人毕生发展的意义上讲,预防才是最为重要的。到目前为止,人们即便是在治疗那些最常见的疾病时(如感冒、鼻炎),也还是没有什么灵丹妙药,而在对付那些具有十分复杂背景的各种心理障碍上就更是如此了。因此,解决这一问题的最好办法是做好基本的预防保健工作,防患于未然。

一、建立三级预防保健网络

在公共卫生学中,从早期预防保健到对疾病的治疗干预的完整工作被称为三级预防保健(tertiary prevention)。其中,对于心理健康的初级和次级保健都是一种预防性的社会保健工作,只有第三级保健才是所谓的"专业治疗"工作。

(一)初级预防保健

初级预防保健的目的不是减轻已有问题的症状,而是借助于某种预防干预使人们避免发生问题,因此其定义是指在心理障碍尚未发生之前,通过一系列的预防工作来减少心理障碍的发生比率。具体包括下面一些项目:

(1)通过教育、舆论宣传等来增加保健意识;

(2)通过训练来帮助人们抵御生活事件压力和增强社会适应能力;

(3)通过改造环境来减少一些有害的外部影响;

(4)发展更加完善的社会支持系统。

事实上,进行初级预防保健在三级保健系统中是最为困难的,因为它是以人类社会整体作为保健对象,而不仅仅是针对个别人,所以需要全社会的参与和支持。心理卫生保健工作更是如此,目前还远远不能满足大多数人的需要。

在实际应用中,心理治疗与初级和次级预防保健是彼此紧密联系在一起而很难截然区分开来的。举例来说,当幼儿面对父母离婚时,可能会经历着严重的发展性功能失调。如果我们把这样一些孩子都集中到一个团体中来,让他们接受以下一些训练时,实际上,我们就已经为他们提供了一套预防—治疗的连续训练活动。

(1)在一个充满温暖、相互信任和支持的环境中,分享彼此的经验、思想和感受;

(2)通过观察、模仿和角色扮演来学习新经验;

(3)学习驾驭愤怒和焦虑的新方法。

从理想的角度来看,这种将治疗和预防相结合的训练计划是最好的。但是,事实上,绝大部分的治疗方法都无法做到在治疗障碍的同时还能够帮助预防或减少心理障碍发生的比率,更无法消除这些心理障碍。心理治疗最多只不过是在心理障碍出现之后,能够帮助解除或减轻由于这种障碍所造成的结果。要想从根本上杜绝或者至少是减少各种障碍的发生比率,最好的办法只有预防。

初级预防实际上是一种真正意义上的预防保健,它的要义就是通过发展积极健康的行为来促进心理发展,消除疾病隐患,做到"防患于未然"。在初级预防保健中所要做的工作包括了两个方面的内容:一是改造和利用环境资源,二是刺激个人内部动机,发展合理行为。

从对环境资源利用的角度来看,家庭、学校、社区是几个值得关注的重要环境资源。而这三者对于幼儿的影响存在一种递进关系(图6-1):当幼儿处于年幼阶段时,家庭环境的影响显得更加重要,这时,父母是操作这个家庭环境的基本要素,针对父母教养方式进行训练,可以有效地影响幼儿的成长。社会应该增加对于家长学校的投入,为家长提供各种交流互动的机会。除了举办各种涉及营养、保健方面的知识培训之外,更重要的还应该训练父母合理的养育方式,开展针对独生子女教育训练的讨论,帮助那些只能有唯一一次做父母机会的人们学会真正承担起父母的职责。

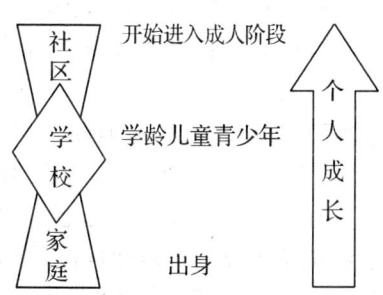

图6-1　环境资源对于儿童青少年影响差异示意图

及至幼儿进入学前教育之后,幼儿园就开始逐渐取代家庭成为对幼儿影响最为重要的因素。这时,对于幼儿园环境的干预便开始成为初级心理保健的一个重要内容。目前国内在相当多的大学已经普及了心理卫生方面的训练课程,在中小学及幼儿园中,尤其是在一些比较发达地区的中小学及幼儿园中也正在逐步推广一些心理教育训练课程。但是,由于还处在起步阶段,大部分的训练课程都缺乏比较明确的训练指向,而是处在简单的知识传授阶段。事实上,对于幼儿园来说,心理保健应该是一个具有比较明确计划性、指向性的工作。

(二)次级预防保健

次级预防保健的含义是指对于那些尚未演变成为严重心理障碍的问题进行早期识别诊断和防治。经过次级保健,一些心理障碍在发生初期的时候就能够得到有效的干预和治疗,把一些原本可能会演变成为大病的问题,变成为小病;同时,让一些可能会有较长病程的问题,缩短了患病周期。幼儿经常是次级预防保健的主要对象,因为他们的心理尚处在一个发展、易变和不稳定的阶段,进行早期干预可以阻止避免使一些尚不稳定的心理问题进一步扩大成为更加严重的障碍。

次级预防是一种对于问题早期发现、早期干预,避免使问题扩大和加重的防御系统。目前,国内担负这种次级预防保健工作的基本上仍然是以学校教师、各种专职或兼职的学校心理辅导员以及家长为主。近年来,这方面的工作在中、小学扩展得比较快,大量的学校德育教师开始转向从事这方面的工作,许多学校相继成立了心理咨询中心。而在幼儿园内,目前还没有正式成立心理咨询中心,但幼儿中存在的一些心理问题已逐步被重视。在这种情况下,对于这种次级预防干预的规范化问题是搞好次级干预的主要任务。对于学龄前儿童心理保健的规范化工作主要涉及以下几个方面。

1. 合理使用心理评价工具

对幼儿的心理问题进行准确合理的界定,是进行有效次级预防保健的关键。对于绝大多数预防保健工作者来说,所谓能够合理使用评价工具包括两层含义,即合理地运用工具和对测验结果作出合理的解释。这就如同一名内科医生,要能够根据患者病情的不同决定选择做心电图或是血常规检查,并且在检查完成后能够根据检查报告上所显示的结果对患者的问题作出相应的解释。目前已有的评价工具,适用于评价儿童青少年心理健康与筛选障碍的问卷大致有两种,一种是常模参照测验,另一种是准则参照测验。以下对这两种测验分别作一个简单的介绍。

所谓常模参照测验,是指按照人群总体平均心理水平为参照依据来对个人心理水平进行评价的一种测验工具,像艾森克人格调查表(EPQ)、卡特尔16种人格因素调查表(16PF)都是属于这类问卷。由于这类问卷可以评判一个人或一群人的心理健康水平,因此利用这类问卷意味着在普通人群当中进行心理健康状况的检查会十分有效。在增进心理健康的教育训练活动中,将训练组与其他人群进行比较,或将训练前后的情况进行比较,都可以采用这类问卷。但是,这种问卷不能够从正常人群中区分出那些有心理症状的人,无法测查那些有障碍人群的心理健康水平差异,所以这种问卷也有其局限性。

准则参照测验正好弥补了这方面的不足,这类测验往往以一定的心理诊断标准为依据来评判一个人是否有某种心理症状以及这种症状的严重程度。譬如像90项症状自评量表(SCL-90)、儿童孤独量表(CLS)就是属于这种问卷。这类问卷对于具有心理障碍或处于障碍边缘且具有某些心理症状的人之间程度差异具有良好的区分能力,但是,对于那些没有心理障碍或较少心理问题的人的心理健康水平差异则缺乏区分能力。因此,严格地来说,这类测验并不适用于评判普通人之间的心理健康水平差异,它只能用来测查某一个人或一群人是否具有某种心理障碍或者这种心理障碍的差异如何。

2. 建立心理保健档案

为了使次级预防干预工作更加有针对性,对幼儿进行有效的系统化行为管理是十分重要的。大规模行为管理的一种最基本方法就是建立心理保健档案。尤其在幼儿团体当中,它除了可以服务于初级保健的需要,提供幼儿心理健康水平外,还可以应用于次级保健工作中,发现和分辨出幼儿中出现的一些问题苗头,并及时有针对性地予以调节和矫治。建立幼儿心理保健档案是一项专业工作,在分类上大致有两种,一种为系统性档案,用于收集幼儿广泛的心理行为资料;另一种为分类档案,是指针对专门问题或特定人群的专项档案,这类档案通常是在特定条件下服务于一些特殊需要时使用的,经常是出于研究的需要或是针对某些特殊人群的问题来确定使用何种类别的档案。譬如,生活在孤儿院的孩子,在获得母爱和承担社会责任方面的问题比较突出,教师可以专门针对这两个方面建立心理档案,以求取得比较有针对性的问题资料。

3. 进行初步的咨询治疗干预

幼儿园、家庭以及社区次级保健干预的另外一项任务就是为那些显示有一些轻微问题的幼儿提供必要的咨询和治疗干预。现在存在于很多学校中的咨询中心实际上就承担着这样一种任务,其他包括热线电话、危机干预中心等也是类似的次级干预手段。为了能够达到有效地进行咨询或治疗干预的目的,对于咨询人员的规范化是最为重要的一个保证环节。咨询员的规范化工作在美国这样一些国家已经有了比较明确的法律保证,但是作为正在起步的中国儿童青少年心理保健业,要想达到很好的合理规范化状态还不太容易。在这种情况下,为了既保证使更多的人能够得到必要的初步咨询治疗帮助,同时又能够维护咨询治疗工作的科学性和严肃性不致受到破坏,为广大的咨询员提供必要的工作规范和适当的限制条件是十分重要的。这种规范和限制包括如咨询室的环境设置、与来访者进行会谈的一些规则、咨询的取向等。

(三)专业治疗工作

这是针对那些已经具有了某些心理障碍的幼儿进行有针对性

治疗、康复的活动过程。与前两种预防干预手段相比较,这种干预方法显然消极得多了。但是,这种方法往往也是不可缺少的。目前可以通过这种手段进行干预的机构除了一些比较正规的大医院门诊之外,还包括一些专门性的心理门诊。从三级防治网点的角度来看,虽然已经有了一些做得很不错的网点(如北京、上海、江苏、湖南等),但是全国范围内的普及性网络还远远不够健全,大部分农村地区在这方面的条件还相当缺乏。中国儿童青少年心理卫生三级预防保健工作距离世界卫生组织的要求还相距甚远,需要得到来自更多方面的支持和推动。

实践与思考

1. 建立三级预防保健网络的意义是什么?
2. 三级预防保健的基本内容有哪些?
3. 幼儿园在三级预防保健中的作用是什么?

二、早期诊察,早期干预

幼儿园的每个班级都有二三十个小朋友,他们来自不同的家庭,具有不同的个性和不同的的发展水平、发展速度。他们天真活泼、开朗可爱。但在这群招人喜爱的小朋友当中,有可能隐藏着一些不和协音符,有可能存在着一些潜在的"问题幼儿",这就需要我们教师在平时的工作中能仔细地观察、深入地了解,对潜在的"问题幼儿"进行早期诊察,早期干预,使"问题幼儿"能在最佳的教育干预中,尽快地发展为正常孩子。

案例一 芳芳,3岁6个月,是个胖胖的小女孩。在幼儿园的集体活动时间里,她总是瞪着眼睛,吮吸着自己的拇指;在小朋友自由活动和游戏时间里,常常胆怯地用一只手拉着老师的衣服,一只手放在嘴里吮吸着,不敢与别的小朋友一起参加活动,甚至不敢独自一人游戏。来园后的好几个星期,她一直是依赖着教师。当她看到小朋友们在一起高兴游戏时,也明显地表现出感兴趣的样子。有时她紧靠教师坐着,在钢琴旁或坐在玩粘土的桌边,把手指放在嘴里吮吸着,成为那个小组的观看人员。

问题分析

有些幼儿以咬指甲、卷衣角、吮吸手指来表现他们的紧张情绪。芳芳在幼儿园里所表现的这些行为,也充分地反映了这一点。通过向其父母调查、询问,了解到原来芳芳在上幼儿园前,一直由奶奶带着,因为奶奶年纪比较大,行动不方便,又怕孩子小,容易出事,所以芳芳基本上在家里活动,很少到外面去玩。这样一来,就使芳芳形成了内向、胆小怕事的个性,养成了见到生人不说话,怕与别人交往,一紧张就吮吸手指的习惯。芳芳的这些习惯,完全是由于上幼儿园后,改变了生活环境不适应造成的。但是,在这些习惯中,存在着一些潜在的问题,如果不加以重视,进行教育干预,芳芳很可能发展成"问题幼儿"。

对策与建议

作为教师要对芳芳身上表现出来的这些问题加以重视,找出引起症状的原因,对症教育。具体应注意做好以下几点:

(1)到芳芳家里进行家访,让芳芳对老师产生好感和信赖。

(2)了解芳芳的家庭环境,父母的教育方法及芳芳在家里的生活习惯、个性特点、身体状况等。

(3)在幼儿园活动中,教师随时注意带着芳芳一起活动,消除她的陌生感和害怕心理。

(4)注意发现芳芳对哪个小朋友有好感,请这个小朋友做芳芳的好朋友。

(5)当发现芳芳愿意和小朋友一起游戏时,教师应在集体面前表扬芳芳,并给予物质奖励(小红花、小贴画等),以提高芳芳的自信心。

(6)及时和家长取得联系,了解芳芳在家里的反应和表现,并及时调整教育方法。

(7)对芳芳每天的表现、变化和进步进行详细记录,并做好分析,提出对策。

案例二 涛涛,4岁2个月,黑黑、瘦瘦的小男孩,中班上学期转入幼儿园,来园三个星期,不能很好地适应幼儿园的生活,小朋友做操的时候,他在场地上乱跑;小朋友做游戏的时候,他一会儿撞这个小朋友,一会儿撞那个小朋友,一会儿又跑到自然角用手把鱼缸里的小鱼捏死;小朋友上课的时候,他一会儿在座位上怪叫,一会儿跑到厕所里放水;小朋友睡觉的时候,他把自己的毛衣拆了许多。在幼儿园的一天活动中很难有安静的时候,和小朋友不能相处,小朋友也不愿意和他在一起玩。

问题分析

涛涛小朋友所表现出的行为有轻微多动症的症状。在转入该园前,他曾经在一所幼儿园入托。由于多动、不能和小朋友正常相处,他常常一个人被关在小房间里不允许参加活动;有时小朋友游戏的时候,他被安排在教室边上坐着,不允许游戏;甚至于老师在班级中对其进行孤立,要求班上小朋友不要和他玩。长时间的冷落、孤立,使他越来越不能控制自己,常常做一些怪异的动作和事情来引起别人对他的注意。在家里,由于父亲长期在外地工作,不能回来,而母亲又要学习又要工作,平时照顾他的时间就很少,更不要说陪伴他一起游戏了。长期在这种环境中生活,造成了他孤独、好动、不能与人友好相处的不良行为。如果继续发展下去,将会成为严重的"问题幼儿"。为此,对涛涛小朋友的行为要进行有目的、有计划的教育干预。

对策与建议

(1)班级教师要对涛涛的情况进行分析、讨论、研究,并根据实际问题制定干预计划。

(2)与涛涛小朋友的父母进行交谈,让他们了解涛涛小朋友的表现及发展下去的严重性,引起他们的重视。

(3)与涛涛小朋友进行交谈,明确告诉他老师很喜欢他,但是,对他的一些行为不满,希望他能改进。

(4)为涛涛小朋友制作一个进步记载栏,一旦发现涛涛进步了,就进行记录,并给予表扬。

(5)在班级中重新树立涛涛的形象,经常在同伴面前对涛涛的点滴进步进行表扬,刺激他的自尊心,调动他积极向上的热情。

(6)在班级中挑选两名性格开朗、交往能力强、控制能力好、能谦让的小朋友,和他们商量好做涛涛的特别伙伴,带着涛涛参加小朋友的活动。

(7)教师每天上午和下午分别安排一个时间和涛涛进行交谈,帮他分析在这段时间里什么地方做得对,什么地方做得不好,应该如何去做。

(8)平时,教师要有多一些的注意力放在涛涛身上,经常用眼神、点头、摇头、摆手等动作给予提示。

(9)要求妈妈在家里每天抽出一定时间来与涛涛交谈、游戏,以排除涛涛在家里的孤独感。

上述两个案例在幼儿园中是比较具有代表性的,第一个案例中的幼儿行为安静,不容易被注意,往往会被看做是胆小、内向的幼儿而受忽视;第二个案例中的幼儿动作比较粗野,与同伴关系紧张,又容易被简单地概括为一般概念中的"调皮幼儿"。因此,作为幼儿园的教师,首先要掌握一些心理学知识,了解一些简单的诊断心理疾病的常识及常见心理疾病的行为表现。如果在幼儿中一旦发现"问题幼儿",就应和家长取得联系,教师和家长要引起重视,并共同研究、商量,制定出教育干预的方法;在教育干预的过程中,教师既要高度重视、细心观察、小心干预,但又不能给幼儿施加心理压力,加重其心理负担。在教育干预的过程中,对把握不准的事情尽量找心理专家咨询,要运用科学的方法进行干预、调整,不得随心所欲,想怎么办就怎么办,自始至终保持科学、严谨的态度。

实践与思考

1. 什么叫做"问题幼儿"?
2. 如何进行"问题幼儿"的早期诊断与干预?

三、创设环境,早期训练

广义上讲,幼儿园环境是指幼儿园教育赖以进行的一切条件的总和。它既包括人的要素,又包括物的要素;既包括幼儿园内的小环境,又包括与幼儿园教育相关的园外的家庭、社会、自然等大环境。狭义上讲,则仅指幼儿园的内部环境,包括幼儿园内的物质环境和人际环境。过去幼儿园教育较多地局限在幼儿园内部的小环境中,而较忽视大环境。如果说社会发展较缓慢时,这种忽视还无关大局的话,那么现在社会如此快速地变革,社会的生产方式、生活方式、信息的传递和获取方式以及社会对幼儿园教育培养规格的要求等等都发生了巨大的变化,再忽视外部大环境的话,将使幼儿园教育与社会脱节,不能适应时代发展的需要。

广义环境观的理论基础主要是终身教育的理论。这一由联合国教科文组织终身教育局局长保罗·朗格朗在20世纪60年代提出的理论,现在已经成为全世界的共识。这一理论使教育在纵向上从人的出生延展到生命之末,在横向上从学校扩展到教育的一切方面和各个阶段。从这一理论出发,幼儿园教育是人的终身教育的一个重要阶段,也是与社会一体化的教育的一个组成部分。那种只考虑园内小范围教育的微型幼教观必须转变成大教育观,即把幼儿园教育置于终身教育的大范围中,把教育这个小系统置于社会这个大系统中来加以考虑。这一理论给幼教工作者提供了一个认识、思考、实施、发展幼儿园教育的广阔视野和思路。大教育观的内涵十分深刻,涉及的面非常广阔,广义的幼儿园环境观从一个角度体现了大教育观的精神。1981年联合国教科文组织的报告中明确指出,幼儿教育必须从学校这个封闭的范围解放出来,扩展到家庭与社区。这一报告的精神现已成为全世界幼儿园教育共同的发展方向。

从我国的情况来看,随着近年来社会的飞速发展和幼教改革的深入,大教育观已经开始成为我国幼教实践的指导思想。作为非义务教育的幼儿园,无论从事业发展的角度还是从幼儿发展规律的角度,都必须考虑与社会结合的课题。当然,这种结合应当以幼儿园自身的建设为前提,创设良好的幼儿园内环境是创设良好的外环境的基础。

尽管幼儿园内环境的教育功能很强,但局限在这样一个小范围里是不够的。陈鹤琴先生早就指出过"大自然,大社会,是我们的活教材"。今天,社会发展,特别是文化、科技的发展,使外界的教育影响比过去任何时候都要强大,形式、内容也越来越丰富多样,再把幼儿园当作一方封闭的"净土"来培养理想幼儿的做法已经完全行不通了。幼儿园要提高教育质量,必须主动与外界结合,尽管外部因素不能左右,但是可以选择、组织、吸取其中有教育价值、有意义的积极因素,控制和削弱消极因素,并在此过程中扩大幼儿园对社会,主要是对家庭、社区的影响,通过外部大环境和幼儿园小环境的结合,构筑开放的幼儿教育基地。

1. 建立良好的人际关系

幼儿心理的健康发展是建立在稳定而和谐的人际关系之上的。在幼儿园里、班组里要形成一种使人感到温暖、亲切、合作与具同情心的氛围,每个教师或成人应该真诚地关怀幼儿和其他成人,让人人都对这个集体有一份归属感,这是健康心理发展的根本。

为了能创设温暖与安全、亲切与合作的人际环境,幼儿的一日生活应形式多样,合理而灵活地使用班组、小组、个别的活动形式,为每个幼儿提供与不同的成人、不同的幼儿进行不同形式的交往的机会。尤其要重视提供幼儿自由活动、做个人选择、进行个体接触的机会。这样的安排提供了许多非正式学习的机会,以及表达人际间关怀的自然情境,教师可以自然而真实地了解并满足不同幼儿的兴趣、需要,使幼儿觉得教师是值得信赖的,感到安全和温暖;幼儿也可以自由自愿地与同伴以团体或个别的形式交往,从中学会处理冲突、控制自我、同情与接纳他人,培养幼儿独立的个性,以及与人合作的能力,感受生活在同伴中的愉快和满足。只有这样,幼儿才能避免压抑、焦虑、紧张等消极情绪,得到健康的发展。

在幼儿的一日生活中,提供各种形式的交往机会,特别是个体间的交往,是十分重要的。我们切不可把教师与幼儿之间的关系变成为指挥官与士兵的关系,让幼儿随时听从调遣,致使幼儿之间的自由交往只有在入厕时才能进行。

2. 创设内容丰富、形式多样的学习环境

幼儿的发展是在与其生活环境中的各种因素互动的过程中进行的。创设能满足幼儿各方面发展需要的教育性环境,是幼儿一

日生活中必不可少的条件。

幼儿园里的环境是为幼儿创设的,应该从幼儿的视角去看待环境中的各种布置。从内容上要为幼儿身体、认知、情感、社会性等方面的发展提供不同的学习经验,这里包含幼儿所能接触到的各个学习领域,如健康、自然、认知和社会等领域内容;从形式上要多样化,并方便幼儿的主动参与,特别是在自选活动时间,幼儿可以自由地选择活动的内容和交往的伙伴,也可以自己决定活动的方式。在教室内设置各种活动区是个很有效的途径和方法。在一日生活中必须保证幼儿自主地参与不同活动区活动的时间。活动区的活动,是幼儿自己运用游戏的形式进行学习和综合运用自己各方面的经验解决问题的好时机。在活动区活动的过程中,幼儿可以得到自由的、最充分的表现,同时也是教师观察和了解幼儿,给予幼儿个别辅导的极好时机。

幼儿的学习环境应当是具有丰富刺激,同时又井然有序的。教室内要有适当的和明确的规则或纪律,让幼儿知道如何进行区域活动,如何取放物品或材料等。但需要注意的是,教师应当把执行纪律的过程作为引导幼儿积极参与、发表意见、逐步学习自己管理自己的过程,而不是用规则和纪律去束缚幼儿。只有这样,才能使幼儿养成遵守规则的习惯和增强规则意识,学会独立自主地活动,教师也才能最大限度地控制活动环境。

3. 活动要适合发展,使幼儿感到学习愉快

"适合发展"是指为幼儿安排的各种类型的学习活动,要适合幼儿的年龄和能力,能满足他们的兴趣和需要。这是非常重要的。如果活动所提供的内容和材料正好符合幼儿的发展层次,并有一些挑战性,幼儿就会被它吸引,想要去学习;如果活动的要求不符合幼儿的能力,超越其实际水平太多,幼儿就会产生一种被迫感,即使在能做到的时候也会逃避。

幼儿教育和保育的目的不应该是强迫或力促幼儿忙着踏入下

一个阶段,出现拔苗助长的"热室效应"。最近的研究指出,给学前儿童学业压力,是造成幼童对学校负面态度及创造力减少的元凶(Hysont 和 Hirsh-Pasek,1990)。幼儿教育的重要意义在于为人的一生学习打下基础,这个基础就是一个人对学习的爱好。对学习的爱好来自于幼儿在学习过程中愉快的情绪体验,发现自己对活动的内容和材料具有控制的能力,建立起自信心,觉得学习是值得投注心力去追求的事。

目前,在我们幼儿园的教育中还有少数的"热室效应"现象,不顾幼儿身心发展的需要和能力所及,让幼儿机械而单调地模仿、记忆和练习一些知识上的技能技巧,甚至以牺牲幼儿游戏的权利为代价,来达到成人所追求的"专长"和"特色"。例如,"××速算法",专门的舞蹈、器乐课等等,这些学习常常是占用幼儿游戏活动的时间,甚至打乱幼儿园正常的教育秩序。这种现象应该得到纠正。幼儿园的重要任务是面向每一个幼儿的全面发展的素质教育,幼儿需要时间成为他们自己,他们需要生活在他们童年的时间里,而不是只经过他们的童年。为此,教师的责任是对各个年龄段的幼儿进行深入的了解,把握他们从一个阶段转移到另一个阶段的发展历程,并根据幼儿在特定阶段的实际水平和能力设计适合发展的课程活动,引导和促进其发展,而不是强迫其"发展"。

4. 进行幼儿生活技能训练

教育的首要功能应该是培养公民,然后才谈得上培养人才。不能成为一个社会接纳的好公民,人才也就无从说起。当前我国的教育倾向在人才方面的考虑远远超出了培养公民的概念,这种思维模式是十分危险的,至少对于幼儿在心理社会适应性的健康发育来说是不利的。尤其对于独生子女这一代人来说,由于他们从小就受到了父母比较多的呵护,生活技能基础比较差,日后在面对职业、组织家庭上面都会感到有障碍。推广幼儿园生活技能训练方案,其目的就是要使幼儿在幼儿园中除了进行游戏、活动以外,还应该有更多的机会去接触生活、参与劳动、磨炼生活品质,使得个人的心理承受能力得到锻炼。

5. 掌握人际交往的基本技巧

对于学龄前阶段的幼儿来说,学习知识、参与生活和进行人际交往,是他们的三大基本活动内容。Myrick(1987)的研究已经证明,通过在幼儿园中增加与同伴交往的适应能力可以有效地减少学龄前幼儿心理问题的发生比率。而增进社交技能除了要让幼儿有机会交往之外,还要帮助他们学会交往。严格来说,交往是一种技巧,它是借助适当的训练而获得的。很多幼儿因为没有学到必要的交往技巧,而产生了一系列的心理困扰,包括如自卑、孤独、习惯攻击他人等。他们往往在强烈的交往冲动和对挫折的畏惧之间焦虑。

目前,幼儿园对幼儿人际交往能力的训练一般通过游戏进行。在游戏活动中,幼儿不仅能体验到交往的满足,而且可以学到怎样来适应社会生活。在游戏中幼儿可以学习用语言来交流,这也就是说,掌握人与人之间交流信息的基本手段。幼儿在游戏中还可以学习交往的表情和动作,学习社会成员之间交流的一些基本知识,比如交流中需要合作精神等等。幼儿在游戏中还可以把老师、成人教给他们的人际认知的知识通过实际行动来体验、加深和巩固。在游戏中幼儿还可以体会成功和失败的情感。游戏对失败或不适当的行为比较宽容,因为游戏是虚构的活动,不像其他活动的不适当行为会引起严重的后果,因此,幼儿在游戏活动中就比较容易接受教训,获得教育。

6. 家园形成教育合力

家庭与幼儿园教育的合力的大小取决于两者之间的关系,两者完全一致时合力最大。如下图所示:两者越一致,即图形两条边之间的夹角越小,则合力——对角线就越长;夹角为零即两者完全一致时,则两条边重合,合力线最长,为两条边之和。(参见图6-2)

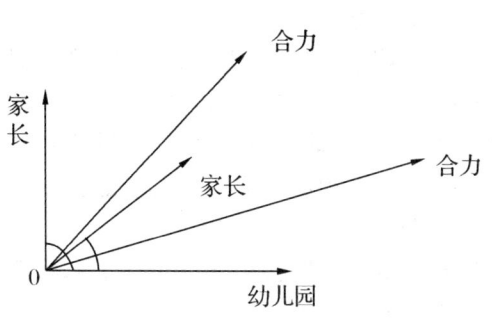

图6-2 家园合力图

一般来说,幼儿园方面对家园合力的大小和质量有较大的影响。因此,幼儿园应当主动着手与家长合作,牢固树立家园合作的思想。香港《学前教育服务幼稚计划》中提出,"与家长沟通须以'家长是影响儿童生命的关键人物'的概念为基础","如果不正确对待父母的需要,那么,学校对儿童帮助的价值就有可能受到限制"。幼儿园应当确立这样的认识,否则就会把这一工作看得可有可无。

实践与思考

1. **课堂讨论**:如何认识对儿童进行早期训练?
2. **结合工作实际中的案例讨论**:如何对儿童进行早期训练。

本章小结

本章主要介绍了三级预防保健网建设、幼儿园中有可能存在的一些容易被忽视的"问题幼儿"的案例,以及幼儿园创造环境,做好幼儿心理早期训练的重要性及其方法。在幼儿生长发育的过程中,首要的是为幼儿提供良好的生长环境,促进幼儿身心得以健康成长,这是教师和家长要引起共识的问题。

本章具体内容包括:

(1)建立三级保健网络。主要介绍了初级预防保健、次级预防保健、专业治疗工作的概念和一般方法。

(2)如何进行早期预防、早期干预。通过两个案例,进行问题分析、对策与建议讨论,引起教师对一些心理上有"问题"的幼儿加以重视,并进行早期观察、诊断、干预工作。

(3)幼儿园如何根据幼儿的心理、生理特点,创造环境,进行幼儿良好心理的早期训练工作。

总之,对学前儿童心理进行早期预防和诊察是十分重要的,作为学前教育工作者一定要明确它的重要性,并做好幼儿心理健康发展的引导者,让幼儿在学前阶段打好基础,为今后的发展提供条件。

本章参考文献

1. 傅宏:《儿童青少年心理治疗》,安徽人民出版社 2000 年版,第 341~366 页。
2. 李季湄,肖湘宁:《幼儿园教育》,北京师范大学出版社 1997 年版,第 101~113 页。

附表 5-1-1 幼儿一般健康情况观察表

项目	内容	年龄	男 1	男 2	男 3	男 4	男 5	男 6	女 1	女 2	女 3	女 4	女 5	女 6
生长发育	体重*1(公斤)	3岁	10.93	12.44	13.2	14.71	15.46	16.97	10.60	12.02	12.73	14.15	14.86	16.28
		3.5岁	11.59	13.17	13.96	15.54	16.33	17.91	11.32	12.79	13.53	15.0	15.73	17.20
		4岁	12.11	13.86	14.74	16.49	17.36	19.11	11.73	13.47	14.34	16.08	16.95	18.69
		4.5岁	12.81	14.65	15.57	17.41	18.33	20.17	12.44	14.28	15.2	17.04	17.96	19.80
		5岁	13.29	15.34	16.37	18.42	19.44	21.49	13.15	15.15	15.88	17.70	18.81	20.43
		5.5岁	14.04	16.14	17.2	19.37	20.43	22.56	13.38	15.55	16.64	18.81	19.89	22.06
		6～7岁	14.69	17.25	18.53	21.09	22.37	24.93	14.24	16.66	17.87	20.29	21.50	23.92
	身高*1(厘米)	3岁	87.7	91.4	93.25	96.95	98.8	102.5	86.8	90.5	92.35	96.05	97.9	101.6
		3.5岁	90.7	94.6	96.55	100.45	102.4	106.3	89.7	93.5	95.4	99.2	101.1	104.9
		4岁	93.7	97.9	100.00	104.2	106.3	110.5	93.0	97.1	99.15	103.15	105.3	109.4
		4.5岁	96.7	101.0	103.15	107.45	109.6	113.9	96.1	100.3	102.4	106.6	108.7	112.9
		5岁	99.6	104.1	106.35	110.85	113.1	117.6	99.2	103.4	105.5	109.7	111.8	116.0
		5.5岁	102.6	107.1	109.35	113.85	116.1	120.6	101.6	106.2	108.5	113.1	115.4	120.0
		6～7岁	106.4	111.3	113.75	118.65	121.1	126.0	105.3	110.2	112.65	117.55	120.0	124.9
	血色素	1分	7～8 g/dl		2分 8.1～9 g/dl		3分 9.1～10 g/dl		4分 10.1～11 g/dl		5分 11.1～13 g/dl		6分 13.1 g/dl 以上	
发育	发病次数*2	1分 五次		2分 四次		3分 三次		4分 二次		5分 一次		6分 0次		
身体适应能力														

* 体重和身高的标准基本上参照 1985 年九市城区正常儿童体格发育指标，但为了更加精确分析儿童的发育状况，特将原三个中等水平细分成四等。
* 2：1. 连续发烧 38℃以上。
　2. 请病假二天以上（含二天）符合以上情况为一次。
　3. 有龋齿和视力在 1.0 以下的各扣一分。

附表5-2-1 幼儿社会能力评估表

序号	项目	内容	方法	评分标准 1	2	3	4	5	6
1	*认识自我和周围人	知道自己和周围熟悉的人的某些特征	小组或个别谈话	知道任何2项	知道4项	知道6项	知道8项	知道10项	全知道
2	了解日常规则	知道日常活动和课堂的行为规范	小组或个别谈话	不知道	了解少部分规则(1~2项)	了解大部分规则(3~4项)	全面清楚地了解规则(5项)	清楚了解,且知道部分原因	清楚了解,全面明确理解其原因
3	了解人际交往规则	知道在与人交往中应遵守哪些行为规则及其原因	小组或个别谈话	不知道	了解少部分(1~2项)	了解大部分(3~4项)	全面了解(5~6项)	清楚了解,且知道部分原因	清楚了解,且全面理解其原因
4	理解他人见解	从别人的角度出发理解别人的一些看法或想法	小组或个别谈话活动情景观测	完全以自我为中心,不能理解别人的看法,不注意别人会怎么想	基本上以自我为中心,偶尔注意到别人会有不同的看法或想法	有时注意到别人不同看法,但不能正确理解之	在老师的启发下,有时能理解别人的看法和见解	在老师的启发下,经常能理解别人的看法和见解	有时能自己从别人的角度去看待一些简单的问题

续表 5-2-1

序号	项目	内容	方法	1	2	3	4	5	6
5	爱周围的人	热爱父母、老师、小朋友等	日常观察父母问卷	对周围人不信任,对父母无安全依恋	仅依恋父母或主要抚养者,不愿接近别人	爱父母和家庭其他成员,有时愿接近其他人	爱父母,喜欢少数老师与小朋友	爱父母、爱大多数老师和同伴	爱周围大多数自己所熟悉的人,并经常会关心他们
6	爱集体	关心幼儿园、班级、小组的东西和荣誉	日常观察记录与父母问卷	不关心集体,不爱护集体的东西	在老师的发动或要求下,有时能关心爱护班上的东西	在老师发动或要求下,经常能关心爱护班级上的东西	有时能主动关心班上的事,主动爱护班上的东西	经常能主动关心班上的事,主动爱护班集体的东西,关心集体的荣誉	非常关心班级、幼儿园、小组的事,主动作贡献,关心并维护集体的荣誉
7	控制与表达情绪情感	控制自己的情绪,保持正的心境,在不同情景下作出大致适宜的情绪反应	日常观察记录与家长问卷	经常性情绪过分压抑或焦虑	经常性情绪过分激动或兴奋	经常性情绪不够稳定	一般情况下情绪稳定,但较易受情景、事件的影响而产生较大波动	一般能保持正常的心境,尚能控制自己的情绪	能保持正常心境,能在不同情景下作出大致适宜的情绪反应

续表 5-2-1

序号	项目	内容	方法	评分标准 1	2	3	4	5	6
8	与别人交流情感	识别他人情绪情感,作出适宜的反应;与别人谈心,互述要闻与感受,互相安慰与鼓励	日常观察记录;情景观察	不能识别他人情绪情感,不与人交流情感	偶尔能识别他人情绪并作出适宜反应	一般能识别他人情绪,并作出适宜反应	能识别他人情感并作适宜反应;有时能主动发起时,参与交流	有时主动发起与别人交流情感	经常主动发起与别人交流情感
9	自信	自信能完成各种任务	任务情景观察;家长问卷	通常无自信,总认为自己完不成任务	偶尔自信能完成某些简单的任务	一般自信能完成简单的任务	一般自信能完成老师交待的较多任务	经常自信能完成较多任务	自信能比较完成比较困难的任务(别人难以完成的)
10	成就感	对自己任务完成得好否感到在乎的程度	定期观察记录;家长问卷	无所谓	偶尔看重	有时看重	一般看重	经常看重	非常看重

续表 5-2-1

序号	项目	内容	方法	评分标准 1	2	3	4	5	6
11	自我表现	在集体面前发表意见,表示自己的欲望与行为	集体活动中观察 家长问卷	不想表现或不敢表现	在老师鼓励下,有时发表意见	在老师鼓励下,能经常发表意见	偶尔主动发表意见或显示自己的成果	有时主动发表意见或显示自己的成果	经常迫切要求发表意见或显示自己的成果
12	坚持性	坚持完成任务或达到目的	任务情景观察 家长问卷	经常不能坚持完成任务	经老师的再三鼓励,有时能坚持一定时间完成一般任务	在老师鼓励下,一般能坚持一定时间完成一般任务	在老师鼓励下,能坚持较长时间或一定能克服困难完成任务	有时能自己主动地克服困难、坚持完成任务达到某种目的	经常能主动克服困难,坚持完成任务达到目的
13	与老师交往	与老师交往的欲望及行为	定期观察记录 家长问卷	对老师冷淡、回避,不信任,不愿作反应	不主动发起交往,但对老师交往方式愿作反应	有时想引起老师的注意,但任方式不宜,难以得到正面反应	有时把自认为重要的事情主动告诉老师	经常把自认为重要的事情或想法主动告诉老师	有强烈的与老师交往的欲望,经常主动与老师谈心,并得到正面反应

续表 5-2-1

序号	项目	内容	方法	评分标准					
				1	2	3	4	5	6
14	同伴交往	与同伴交往的欲望及交往行为	日常观察及家长问卷	一向不愿与小朋友交往,总是自己独处	不主动与小朋友交往,但对别人的邀请有时愿作反应	很想与同伴一起玩,但不敢或不会主动发起,对别人的邀请十分乐意	有与同伴交往的欲望,经别人帮助或指点有时会主动发起交往或结交朋友	交往欲望较强,有时会主动发起交往,有时能得到积极反应	交往欲望强烈,经常主动发起交往并得到积极反应
15	同伴地位	在同伴心目中的地位～被欢迎(正选择)或被拒绝(负选择)的程度	社会测量技术	被5人以上拒绝或无人欢迎	3～4人拒绝,至多1～2人欢迎;或1～2人拒绝,无人欢迎	1～2人拒绝,1～2人欢迎(或同等人数,被正负选择)	无人拒绝,1～2人欢迎或3～4人欢迎/人拒绝/3～4人拒绝	3～4人欢迎无人拒绝或5人以上欢迎,1～2人拒绝	被5人以上欢迎,且无人拒绝

续表 5-2-1

序号	项目	内容	方法	评分标准 1	2	3	4	5	6
16	交往策略	在交往中使用言语、动作或其他方式要求加入活动并获取成功的能力	情景观测 日常观察 家长问卷	想不出办法,无法成功地加入别人的活动	有时尝试某些办法,但效果不好,常无法成功	能使用某一种单一的策略获取成功	能使用少量不同方式,获得成功	能尝试使用多种方式进行,常能成功	交往策略丰富,能根据不同情景选择有效的方法,常能成功
17	自己解决矛盾	比较合理地自行解决冲突	日常观察与记录	不会或不愿自己解决,总需要教师出面解决	想自己解决,但结果并不理想	偶尔会自行解决	一般会自行解决	经常自己解决	自己合理解决,且会帮助别人解决
18	与陌生人交往	与陌生人作言语或非言语交往	日常观察 家长问卷	怕羞,回避,不愿与陌生人交往	仅被动地回答简单的提问,不愿多作交往	被要求时能作交往,但不主动发起	偶尔主动发起交往	有时主动发起交往	经常主动发起交往

* 凡有此符号的项目在评分时每达到一条标准便得 1 分

附表 5-3-1 幼儿习惯评估表

序号	项目	内容	方法	评分标准1	2	3	4	5	6
1	进餐	用匙和筷子自己进餐,并能保持餐具及桌面干净	日常观察定期观察	自己用匙进餐,但常用手取食物	自己用匙进餐,基本吃得干净	能独自用匙进餐,不挑食,吃完自己一份食物	用筷子吃饭、夹菜,但吃得不干净	正确使用筷子进餐,保持餐具干净	进餐时能保持衣服干净,并在规定时间内吃完
2	睡眠	独立安静地睡觉,无不良睡眠习惯	日常观察	有别人陪同或抚摸某种物体方能入睡	需要别人不断督促方能入睡	基本上独自入睡,但有时需别人提醒	会独立睡觉	较快入睡,醒后能安静休息	迅速入睡,醒后保持安静
3	入厕	需要时自行入厕,正确处理大、小便	日常观察	大小便常需要提醒、帮助	自己会去大小便,有时会将大小便弄在身上	大小便时会入厕,便后呼唤成人帮助	便后会自己揩擦,但有时擦不干净	便后自己揩擦,擦干净	正确使用手纸揩擦,并能将装整理好
4	穿戴衣服	会自己穿脱衣服、鞋袜,穿戴整齐	日常观察	会脱不解鞋带的鞋子	会脱袜子,穿鞋子	会穿鞋子,分清左右,会解扣子	会穿外衣,会扣扣子	会穿拉链,戴整齐	会系鞋带,并系牢

续表 5-3-1

序号	项目	内容	方法	评分标准 1	2	3	4	5	6
5	个人整洁	注意个人卫生,自己洗手洗脸,洗得干净,能保持服装、仪表整洁	日常观察	在成人帮助下将手洗干净	自己用肥皂洗手,洗得干净	餐前、便后,手脏时自己洗手,并洗擦干净	会用手帕、手纸擦鼻涕	自己洗脸,拧毛巾,擦干净脸的各部分	经常保持服装仪表整洁
6	注意公共卫生	会保持家庭、幼儿园及公共场所清洁卫生	日常观察情景观察家长调查	不会保持公共卫生	有时会随地吐痰,随手丢弃果皮	在提醒下将果皮纸屑丢入垃圾箱	能保持幼儿园及家庭清洁卫生,但不注意公共场所卫生	保持公共场所卫生,不随地吐痰,丢弃杂物	养成公共卫生习惯,能参与幼儿园及家庭卫生打扫,收拾整理
7	*安全意识	知道要注意安全,保护自己,不做危险的事	日常观察家长调查	上下楼梯及行走时不跑跳	不离开成人独自在大街上行走	小心使用剪刀、小刀及火、玻璃片等危险品。	不触摸电灯、电扇、电插座等	冬天会防冻,外出时间戴帽子、围巾,戴手套等	夏天防暑,不在阳光下活动,勤洗澡

续表 5-3-1

序号	项目	内容	方法	1	2	3	4	5	6
8	礼貌行为	对人有礼貌，会使用礼貌用语	日常观察，情景观察	常有不礼貌行为和语言	在提醒下会礼貌地和别人打招呼	有时会用一些礼貌语言	会使用较多的礼貌语言	经常使用礼貌语言，行为较文明	习惯使用礼貌语言，行为文明
9	*关心他人	关心父母、同伴，帮助他们做事，解决困难	日常观察，情景观察，家庭调查	关心父母及和自己亲近的人	关心老师及幼儿园工作人员	关心、帮助比自己年龄小的同伴	关心自己周围的同伴	关心、帮助同伴	关心、帮助有困难的人
10	遵守规则	遵守幼儿园学习、游戏、生活等规则	日常观察	不能遵守规则，常影响集体	需别人经常提醒，才能遵守	知道要遵守规则，但有时不能控制自己	基本能遵守规则，偶而不遵守	较好的遵守规则	自觉的遵守各项规则
11	劳动习惯	会收拾玩具，抹桌椅，做值日生；有条理，能坚持	定期观察	很少参加劳动	在成人鼓励下会做抹桌椅等简单劳动	能参与抹桌椅，收拾玩具等劳动，但不能坚持做完	能完成大人交给的劳动任务，认真做值日生	认真参加集体劳动，并能坚持做完	积极主动参加劳动，做事有条理，劳动效果好

续表 5-3-1

序号	项目	内容	方法	评分标准					
				1	2	3	4	5	6
12	爱护物品	正确使用自己和幼儿园的玩具、图书、文具材料，并保管好文具	日常观察 情景观察	常损坏玩具，丢失用品，不会保管自己物品	在帮助下能爱护使用自己的玩具物品，不会保管自己物品	基本能正确使用玩具、文具，偶尔损坏玩具图书	正确使用学习材料，不丢失、不浪费，基本会保管自己物品	正确使用各种玩具、文具材料，不丢失，会保管自己物品	十分爱护个人和集体物品，会随时收拾和整理，妥善放置
13	*诚实	不拿别人东西，有了错误能承认	日常观察 情景观察	不随便拿别人东西	拾到东西交给老师，还给别人	不说谎话	做错了事能承认	承认缺点并愿意改正	不背着大人做不该做的事
14	独立活动	会自己游戏、学习劳动等	日常观察	各项活动需要成人陪同	经常需要别人陪同	有时能独自游戏活动，但持续时间短暂	基本能按要求独自活动，有时需成人陪同帮助	喜欢独自活动，能独立完成任务	独立活动能力强，能自己解决日常生活中遇到的问题

续表 5-3-1

序号	项目	内容	方法	\\ 评分标准 \\ 1	2	3	4	5	6
15	学习兴趣	对各类学习的爱好和积极性	日常观察	对任何学习内容兴趣不高	对两类活动有兴趣	对三类活动有兴趣	对四类活动有兴趣	对五类活动有兴趣	对六类以上活动有兴趣
16	注意力	活动时能集中注意,时间较长	日常观察	任何时候注意力不易集中	在小组活动中注意坚持力五分钟	在小组活动中注意坚持力十分钟	在小组活动中注意坚持力20分钟	在集体听故事或音乐、体育活动中,整段时间内注意力集中	注意力维持时间长,坚持上完一节课,一节活动
17	任务意识	完成成人交给的任务	日常观察 情景观察	任务意识差,基本不完成任务	能完成自己感兴趣的任务	在提醒和督促下完成部分任务	有任务意识,基本上能完成,但有时完成或完成不及时	任务意识强,能认真按时完成任务	能积极克服困难去完成一定任务
18	学习姿势	坐立、阅读、握笔、书写姿势正确	日常观察、定期测查	各种姿势均不正确	一项姿势正确	两项姿势正确	三项姿势正确	四项姿势正确	五项姿势均正确

后　记

幼儿期是个体心理健康成长的黄金时期。广大教育工作者尤其是幼儿教师有责任帮助幼儿学会独立和自信，引导幼儿在与环境的交互作用中发展自身的聪明才智，在与同伴的交往中学会相互合作并形成良好的社会行为，使幼儿的身心得以健康发展。因而，《学前儿童心理健康》应该成为幼儿教师继续教育的必修课之一，这也是我们编写此书的缘由。

在本书的编写过程中，考虑到幼儿教育工作的特点，我们在努力吸收国内外学前儿童心理咨询与治疗方面最新理论与技术的基础上，大量选用了典型的案例，力图突出实践性、操作性和具体指导性，从而使幼儿教师能更好地理论联系实际，提高培育幼儿心理健康的质量。

参加本书撰写的人员有：朱智红、陈红霞、徐群、倪敏、傅宏，参与本书案例编写的同志有：江阴市长泾中心幼儿园蔡玲伟、南京市鼓楼幼儿园李庆、南京市栖霞区教师进修学校夏方、连云港市赣榆县孙丽、南京市"六一"幼儿园张颖等。傅宏教授对全书进行了统编和定稿，郭亨杰教授对全书作了终审。

由于时间和编者的水平有限，书中不足之处在所难免，期待得到读者朋友的指正。

编　者

2002 年 5 月